WiWi klipp & klar

Reihe herausgegeben von

Peter Schuster
Fakultät Wirtschaftswissenschaften
Hochschule Schmalkalden
Schmalkalden, Deutschland

WiWi klipp & klar steht für verständliche Einführungen und prägnante Darstellungen aller wirtschaftswissenschaftlichen Bereiche. Jeder Band ist didaktisch aufbereitet und behandelt ein Teilgebiet der Betriebs- oder Volkswirtschaftslehre, indem alle wichtigen Kenntnisse aufgezeigt werden, die in Studium und Berufspraxis benötigt werden.

Vertiefungsfragen und Verweise auf weiterführende Literatur helfen insbesondere bei der Prüfungsvorbereitung im Studium und zum Anregen und Auffinden weiterer Informationen. Alle Autoren der Reihe sind fundierte und akademisch geschulte Kenner ihres Gebietes und liefern innovative Darstellungen – WiWi klipp & klar.

Weitere Bände in dieser Reihe: http://www.springer.com/series/15236

Anett Mehler-Bicher · Frank Mehler
Nicolai Kuntze · Sibylle Kunz
Bernhard Ostheimer · Lothar Steiger
Hans-Peter Weih

Wirtschaftsinformatik Klipp und Klar

Springer Gabler

Prof. Dr. Anett Mehler-Bicher
Hochschule Mainz
Fachbereich Wirtschaft
Mainz, Deutschland

Prof. Dr. Nicolai Kuntze
Hochschule Mainz
Fachbereich Wirtschaft
Mainz, Deutschland

Prof. Dr. Bernhard Ostheimer
Hochschule Mainz
Fachbereich Wirtschaft
Mainz, Deutschland

Hans-Peter Weih
Hochschule Mainz
Fachbereich Wirtschaft
Mainz, Deutschland

Prof. Dr. Frank Mehler
Technische Hochschule Bingen
FB 2
Bingen, Deutschland

Sibylle Kunz
Hochschule Mainz
Fachbereich Wirtschaft
Mainz, Deutschland

Lothar Steiger
Hochschule Mainz
Fachbereich Wirtschaft
Mainz, Deutschland

ISSN 2569-2194   ISSN 2569-2216 (electronic)
WiWi klipp & klar
ISBN 978-3-658-26493-2   ISBN 978-3-658-26494-9 (eBook)
https://doi.org/10.1007/978-3-658-26494-9

Die Deutsche Nationalbibliothek verzeichnet diese Publikation in der Deutschen Nationalbiblio-
grafie; detaillierte bibliografische Daten sind im Internet über http://dnb.d-nb.de abrufbar.

Springer Gabler ist ein Imprint der eingetragenen Gesellschaft Springer Fachmedien Wiesbaden
GmbH und ist ein Teil von Springer Nature.
Die Anschrift der Gesellschaft ist: Abraham-Lincoln-Str. 46, 65189 Wiesbaden, Germany

Vorwort

Was zeichnet ein gutes Vorwort aus? So wie bei einer Rede gilt auch hier, dass es möglichst kurz sein sollte.

Wir danken allen Mit-Autoren Nicolai Kuntze, Sibylle Kunz, Bernhard Ostheimer, Lothar Steiger und Hans-Peter Weih sowie Inka McAtee für die sorgfältige Erstellung der Grafiken. Maren Mehler und Philippe „the Duke" Jacquemin haben fleißig Korrekturen geliefert – ohne Protest, aber mit Lacheinlagen.

Die Kombination aus Wirtschaft und Informatik ist mehr als die Summe der einzelnen Teile. Das gilt auch für dieses Buch. Wir hoffen, durch das Zusammenwirken ausgewiesener Spezialisten zur Einarbeitung und Orientierung im weiten Feld der Wirtschaftsinformatik beizutragen.

Unser Autorenteam lehrt seit vielen Jahren im Bereich der Wirtschaftsinformatik und war schon länger auf der Suche nach DEM Buch, das eine Vielzahl an Themen so kurz wie möglich, aber so ausführlich wie notwendig vereint – „klipp & klar" eben. Also haben wir es kurzerhand selbst geschrieben.

Mainz, Deutschland   Anett Mehler-Bicher
Bingen am Rhein, Deutschland   Frank Mehler

Inhaltsverzeichnis

Abbildungsverzeichnis

Einleitung

Die digitale Transformation bezeichnet einen fortlaufenden, durch digitale Technologien begründeten Wandel, der die gesamte Gesellschaft verändert. Insbesondere Unternehmen sind aus wirtschaftlicher Perspektive betroffen; die digitale Transformation von produzierenden Unternehmen wird beispielsweise als Industrie 4.0 bezeichnet. Die Treiber der digitalen Transformation sind entsprechende Technologien wie z. B. Internet of Things (IoT), Cloud Computing, vielfältige Hard- und Softwaresysteme mit möglichst permanenter Verfügbarkeit einer Internetanbindung. Neben den digitalen Technologien werden immer mehr digitale Geschäftsmodelle entwickelt, die genau diese Technologien miteinander verknüpfen.

Hauptakteure der digitalen Transformation sind Unternehmen und die Nutzer von deren Produkten, aber auch die Wissenschaft mit Forschung und Lehre. Diese Akteure üben vielfältige Einflüsse aufeinander aus. So führt der digitale Wandel zu neuen Erwartungshaltungen bei den Nutzern, was zu immer schnelleren Zyklen der Weiterentwicklung führt.

Die Wirtschaftsinformatik verbindet Betriebswirtschaft und Informatik zur Gestaltung der digitalen Transformation und versucht, die an diesen Schnittstellen entstehenden Aufgaben zu analysieren und zu lösen. Im Wesentlichen geht es darum, im Unternehmen die richtigen Entscheidungen zu treffen, um im digitalen Zeitalter erfolgreich zu sein.

Dieses Buch richtet sich an alle, die einen Überblick über grundlegende Begriffe, Strukturen und Methoden der Wirtschaftsinformatik bekommen möchten. Das Buch kann in der Studienvorbereitung oder in den ersten Semestern mit (nicht immer freiwilligem) Interesse an diesen Themen verwendet werden, aber auch in der Berufspraxis. Wir haben uns „stets bemüht", den Praxisbezug mit Beispielen und Übungen zu veranschaulichen, denn Wirtschaftsinformatik ist keine rein theoretische Wissenschaft, sondern lebt von aktuellen Fragen, die sich aus der technischen Entwicklung und Problemstellungen in den Unternehmen ergeben.

Wir haben uns bei dem Aufbau des Buchs von dem klassischen Managementzyklus leiten lassen:

- In der Planungsphase werden Vorbereitungen getroffen, um IT-Systeme zu analysieren und zu konzipieren. Hierunter fallen unter anderem Methoden zur Datenmodellierung und Geschäftsprozessmodellierung.
- In der Umsetzungsphase werden Lösungsvorschläge realisiert. Hierbei muss die bestehende oder geplante IT-Infrastruktur einbezogen werden, z. B. cloudbasierte Systeme unter Berücksichtigung der IT-Sicherheit oder die

A. Mehler-Bicher et al., *Wirtschaftsinformatik Klipp und Klar*, WiWi klipp & klar, https://doi.org/10.1007/978-3-658-26494-9_1

Nutzung innovativer Geschäftsmodelle des E-Business.

- In der Steuerungsphase erfolgen Überprüfungen, ob die eingesetzten Maßnahmen erfolgreich waren: Es geht um Fragen der Wirtschaftlichkeit und des Controllings von IT-Lösungen, aber auch um Organisation und Management der Informationstechnologie.
- In der Anpassungs- und Weiterentwicklungsphase werden Einflüsse beschrieben, wie sich das Spielfeld (= die Unternehmenswelt) durch die Digitalisierung verändert und wie Unternehmen fit für die digitale Zukunft werden.

Unser Ziel war es, dass die Kapitel und die darin enthaltenen Abschnitte soweit möglich in sich abgeschlossen und ohne Kenntnisse der anderen Abschnitte verständlich sind, um die „selektive Wahrnehmung" (= das selektive Lesen) einzelner Abschnitte zu unterstützen.

2.1 Informationsmanagement

Sibylle Kunz

Lernziele
- Wissen über die Bedeutung von Information für Unternehmen
- Aufgaben des Informationsmanagements und ihre Abhängigkeiten

Überblick

Wirtschaftliches Handeln ist ohne zugrunde-liegende Informationen über Märkte, Produkte, Kunden, Gesetze, Finanzen, Ressourcen, Materialien, Mitarbeiter, Umwelt, Prozesse und Verfahrensweisen undenkbar. Der Umgang mit diesen Informationen muss geplant und gezielt erfolgen. Der Begriff „Informationsmanagement" besitzt mehr Facetten und Bedeutungen als viele andere zentrale Begriffe der Wirtschaftsinformatik. Deswegen soll im Folgenden eine Annäherung von verschiedenen Seiten erfolgen.

2.1.1 Informationen und Informationsmanagement

Informationen ergeben sich, indem Daten in einen Bedeutungszusammenhang gestellt werden. Die Begriffe Daten, Information und Wissen sind eng miteinander verbunden (vgl. Abb. 2.1).

- Der Computer arbeitet auf Basis von 0 und 1. Eine Codierung ist eine Zuordnungstabelle, die einer Folge von 0 und 1 ein Zeichen zuordnet. Beispielsweise kann man der Folge 0100 0001 das Zeichen ‚A' zuordnen, der Folge 0100 0010 das Zeichen ‚B' usw. Zeichen sind Zahlen, Buchstaben, Satzzeichen oder ähnliches.
- Mehrere Zeichen zu einer größeren Einheit zusammengefasst bezeichnet man als Daten. Ein Beispiel eines Datums (= Einzahl von Daten) ist „12:45" oder „München". Daten können aus mehreren Bestandteilen bestehen, die z. B. mit Semikolon getrennt werden: „Maier; München; 12:45".
- Information ist die Bedeutung einer Nachricht bzw. die Bedeutung von Daten. Daten haben zwar eine Struktur, aber wertvoll werden Daten erst dadurch, dass der Inhalt einen Mehrwert bietet, z. B. die Information über die aktuelle Uhrzeit. Somit kann 12:45 die Bedeutung 12 Uhr und 45 Minuten haben, aber auch andere Interpretationen z. B. als Koordinaten oder Punktestand wären denkbar.
- Wissen ist organisierte Information, d. h. Wissen stellt die Information in einen Zusammenhang zum Vergleich, zur Analyse, Anwendung oder Bewertung. Wissen entsteht oft erst im

© Springer Fachmedien Wiesbaden GmbH, ein Teil von Springer Nature 2019
A. Mehler-Bicher et al., *Wirtschaftsinformatik Klipp und Klar*, WiWi klipp & klar,
https://doi.org/10.1007/978-3-658-26494-9_2

Abb. 2.1 Zusammenhang
zwischen Zeichen, Daten,
Information und Wissen

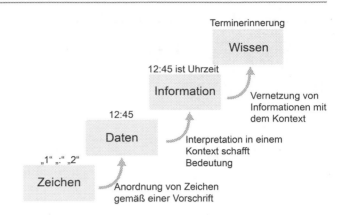

Bewusstsein des Menschen. Die Information 12:45 Uhr kann z. B. eine Terminerinnerung oder im Zusammenhang mit anderen Terminen einen Zeitkonflikt bedeuten.

Informationen stellen auf ökonomischer Ebene einen entscheidenden Produktionsfaktor dar. Im Rahmen der digitalen Transformation ergeben sich völlig neue Geschäftsmodelle, die vor allem auf einer geschickten Generierung, Verdichtung, Bündelung und Vermarktung von Informationen beruhen, wie man an sozialen Netzwerken (z. B. Facebook), aber auch Auktionsplattformen (z. B. Ebay) oder Transportdienstleistungsplattformen (z. B. Uber) erkennen kann.

Informationen sollen hier zunächst als Wirtschaftsgut und Produktionsfaktor betrachtet werden. Dabei weisen Informationen einige entscheidende Unterschiede zu anderen Produktionsfaktoren wie z. B. zu Rohstoffen wie Eisen oder zu Betriebsstoffen wie Strom auf:

- Informationen können in verschiedenen Formaten vorliegen, die durch Standards definiert werden.
- Informationen besitzen einen Wert, der von einem Kontext abhängt und stark schwanken kann. So ist z. B. eine präzise Wettervorhersage drei Tage im Voraus von großem Wert für Landwirte, dieselbe Information rückblickend in die Vergangenheit aber weniger wichtig.
- Informationen verlieren nicht an Substanz oder Wert, wenn man sie nutzt oder teilt, wie

z. B. Hinweise zur Verarbeitung eines Rohstoffs. Eine Ausnahme stellen Informationen dar, die zu wettbewerbsrelevantem Wissen führen, das man nicht unbegrenzt preisgeben möchte, wie z. B. die Rezeptur für ein Medikament.

- Informationen nutzen sich nicht ab und können von vielen Stellen gleichzeitig verwendet werden. Allerdings können sie auch rasch veralten, wie z. B. Benzinpreise an Tankstellen.
- Informationen können einfach und schnell vervielfältigt werden – und dies bei Grenzkosten, die annähernd Null sind. Das heißt, die Produktion einer weiteren Kopie kostet so gut wie nichts. Dies ist ein gleichzeitiger Vor- und Nachteil beispielsweise von digitalen Gütern wie Musik- oder Filmdateien, die mit dem Problem von Raubkopien zu kämpfen haben.
- Es ist verhältnismäßig aufwendig und schwierig, Besitzrechte an Informationen zu erzeugen, nachzuweisen und zu nutzen (vgl. die umfangreichen Debatten zum sog. Digital Rights Management bei Mediengütern).
- Die Kombination und Verdichtung von Informationen kann zu einer Wertanreicherung führen (vgl. die oben erwähnten Geschäftsmodelle von Facebook, Ebay oder Uber).
- Die Qualität von Informationen ist nur mit gewissem Aufwand feststellbar. So muss für den jeweiligen Kontext geklärt werden, ob die Informationen valide, vollständig, hinreichend genau und zuverlässig sind.

Informationen und der strategische Umgang mit ihnen sind ein entscheidender Wettbewerbsfaktor. Dies erfordert ein aktives Bewirtschaften der im Unternehmen anfallenden und benötigten Informationen – die Kernaufgabe des Informationsmanagements.

▷ Unter **Informationsmanagement** versteht man das strategische Planen, Verwenden, Kontrollieren, Steuern und Kommunizieren von Informationen im betrieblichen Kontext.

2.1.2 Aufgaben und Betrachtungsebenen des Informationsmanagements

Zu den grundlegenden Aufgaben des Informationsmanagements gehören:

- Erfassen des jeweiligen Informationsbedarfs und entsprechend anfallender Daten
- Erzeugen oder Sammeln von benötigten Daten
- Aufbereiten, Verdichten oder Konvertieren von Daten je nach Verwendungszweck, um Informationen zu erhalten
- Zeitgerechte Verteilung relevanter Informationen an die richtigen Stellen
- Schützen und sicheres Verwahren von Informationen (Datenschutz und Datensicherheit) und Verwalten von Zugriffsrechten
- Unterstützen von Geschäftsprozessen mit den erforderlichen Daten
- Bereitstellen und Verwalten der Anwendungssysteme und der Kommunikationsinfrastruktur

Das betriebliche Informationsmanagement bewegt sich dabei immer im Spannungsfeld des technisch Machbaren und des wirtschaftlich Sinnvollen:

Immer kürzer werdende Technologielebenszyklen üben Innovationsdruck auf das Unternehmen aus. Ein Zuviel an „Technik um ihrer selbst willen" aber erhöht die Kosten unnötig und verwirrt und frustriert womöglich die Anwender. Ändert sich beispielsweise bei einem etablierten Anwendungssystem in der Buchhaltung plötzlich aufgrund eines Versionswechsels die komplette Oberfläche oder Menüstruktur, führt das zunächst zu einem Absinken der Produktivität, bis sich alle daran gewöhnt haben, oder es werden ineffiziente „Workarounds" entwickelt, ohne die neuen Funktionalitäten zu nutzen.

Eine mögliche Unterteilung der Ebenen, an denen sich Informationsmanagement ausrichtet, ist die Unterscheidung in:

- Management der Informationswirtschaft (Informationsangebot und -nachfrage),
- Management der Informationssysteme (Anwendungen),
- Management der Informations- und Kommunikationstechnik (Infrastruktur).

Management der Informationswirtschaft

An zahlreichen Stellen im Unternehmen entstehen Informationen wie z. B. Bestellungen, die der Einkauf aufgibt, Maschinen- und Werkstückinformationen, die während der Herstellung von Gütern aus Produktionsdaten erzeugt werden, oder Bestandsinformationen aus Lagerbewegungen. Diese bilden das Informationsangebot, das noch um Informationen, die das Unternehmen von außen erreichen, wie z. B. Marktinformationen, Finanzinformationen, Gesetze und Vorschriften, ergänzt wird.

Demgegenüber steht die Informationsnachfrage. Jeder Mitarbeiter im Unternehmen benötigt zur Ausführung seiner Arbeit Informationen darüber, welchen Zustand von ihm bearbeitete Vorgänge haben, welche Arbeitsschritte zu erledigen sind, wie, wann und mit welchen Kunden oder Lieferanten kommuniziert werden muss und welche Regelungen dabei zu beachten sind. Die individuelle Informationsnachfrage kann über den eigentlichen Bedarf hinausgehen. Mitarbeiter fragen beispielsweise mehr Informationen nach als zur Lösung einer Aufgabe benötigt wird. Daher lässt sich noch zwischen subjektivem und objektivem Informationsbedarf unterscheiden.

Angebot und Nachfrage sind in Übereinstimmung zu bringen. Weil es sich um kein statisches Gleichgewicht handelt, finden ständig Anpassungsprozesse statt. Um zu ermitteln, welche Informationen objektiv benötigt werden, bietet sich z. B. das Instrument der IT-Balanced Scorecard an (vgl. Abschn. 2.2.3).

Zur konkreten Deckung des Informationsbedarfs sind entsprechende interne und externe Informationsquellen zu identifizieren und nutzbar zu machen. Das heißt, aus den anfallenden Daten müssen durch entsprechende Aufbereitung verwertbare Informationen entwickelt und bereitgestellt werden. Umgesetzt wird dies in betrieblichen Informationssystemen. Zu klären sind dabei quantitative und qualitative Anforderungen an die Daten, die zeitlichen und räumlichen Bedingungen ihrer Erzeugung und Verteilung sowie die Zugriffsrechte der Nutzer.

Management der Informationssysteme
Betriebliche Informationssysteme dienen dazu, ein unternehmensintern entstehendes Informationsangebot für interne Nachfrager bereitzustellen. Dazu gehören Aspekte der Modellierung, Sammlung und Aufbereitung von Daten und das Management der Prozesse.

Management der Informations- und Kommunikationstechnik
Hier erfolgt die technische Umsetzung und Implementierung der zuvor beschriebenen Konzepte, d. h., im Fokus stehen Fragen der Verarbeitung und Speicherung von Informationen und der Verteilung über Kommunikationsarchitekturen.

Weitere Aufgaben des Informationsmanagements
Zu den weiteren Kernaufgaben des Informationsmanagements gehören die IT-Strategie, die IT-Governance (die Ausrichtung der IT an den Unternehmenszielen), die IT-Compliance (die Einhaltung rechtlicher Rahmenbedingungen in Bezug auf IT), das IT-Personal, das IT-Controlling und die IT-Sicherheit.

2.1.3 Rollen im Unternehmen

In vielen Unternehmen gibt es seit einigen Jahren zusätzlich zum Chief Executive Officer (CEO) und dem Chief Financial Officer (CFO) die Position des Chief Information Officer (CIO) in der Verantwortung der Unternehmens-IT (im Deutschen auch oft als IT-Leiter/in oder bisweilen noch als EDV-Leiter/in bezeichnet). Dies hat auch mit der stark geänderten und erweiterten Wahrnehmung von Informationstechnologie zu tun.

Aufgabe des CIO ist die strategische und operative Führung der Unternehmens-IT in enger Abstimmung mit der Unternehmensstrategie. Neben die Kernaufgabe „Run the Business" (operativer Betrieb der IT) treten dabei zunehmend die Aufgaben „Change the Business", also das kontinuierliche Verbessern und Optimieren oder Neugestalten von Systemen, und „Engineer the Business", d. h. das ingenieurmäßige Planen, Umsetzen und Verbessern von Geschäftsprozessen mit Hilfe von IT.

Mitverantwortlich für das Informationsmanagement sind somit die Mitarbeiter der Unternehmens-IT, aber auch Prozessverantwortliche aus den Fachabteilungen.

Zusammenfassung

Informationsmanagement ist eine strategisch angelegte Führungsaufgabe, die durch eigene Rollen im Unternehmen abzubilden ist. Planung, Steuerung und Kontrolle der IT-Landschaft im Unternehmen sind Kernaufgaben des Informationsmanagements. Ausgangspunkt ist die Informationswirtschaft, die Informationsangebot und -nachfrage in Übereinstimmung bringt, Informationsquellen erschließt und als Informationsressourcen nutzbar macht. Informationssysteme werden anhand von Daten und Prozessen erstellt und durchlaufen einen Lebenszyklus, der gemanagt werden muss. Für all dies benötigt man Informations- und Kommunikationstechnik, deren Beschaffung, Entwicklung, Betrieb, Wartung und Ersatz ebenfalls zu planen und steuern ist. IT-Strategieplanung, IT-Governance und IT-Compliance, IT-Controlling und IT-Sicherheit sind weitere Säulen des Informationsmanagements.

2.1.4 Aufgaben

Aufgabe 1
Eine neue Restaurantkette sieht folgendes Konzept vor: Kunden betreten das Restaurant und identifizieren sich mittels eines IT-Systems (z. B. Kundenkarte oder Smartphone). Sie suchen sich die gewünschten Speisen aus einer Speisekarte aus, bestellen diese online oder an einem Tresen und können von dort auf Wunsch zusehen, wie das Gericht zubereitet wird. Sie nehmen das Gericht mit an ihren Tisch, verzehren es und bezahlen beim Verlassen des Restaurants alle konsumierten Produkte an einer zentralen Kasse. Das Ganze soll „digital" ablaufen, d. h. alle Schritte sollen entsprechend mit IT unterstützt werden. Welche Fragen sind dabei aus Sicht des Informationsmanagements zu klären?

2.1.5 Lösungen zu Aufgaben

Lösung zu Aufgabe 1

- Management der Informationswirtschaft (Informationsangebot und -bedarf):
  - Informationen für den Kunden: Digitale Speise- und Getränkekarte, Informationen über Preise und Bezahlverfahren, allgemeine Informationen über das Restaurant, Lage, Erreichbarkeit usw.
  - Informationen für das Personal: Bestellungen, Belegung der Tische, Speisen- und Getränkeangebot usw.
  - Informationen für das Management: Auslastung, Buchungen, Stammkunden, Reklamationsfälle usw.
  - Informationen für die Beschaffung: Speisen- und Getränkeangebot, Lagerbestände, Absatzprognosen usw.
- Management der Informationssysteme:
  - Daten: Einkaufs- und Produktionsdaten der angebotenen Speisen und Getränke, Personaldaten, Abrechnungsdaten, Kundendaten, Informationen über Wettbewerber und gesetzliche Vorschriften usw.

- Geschäftsprozesse, z. B. Beschaffung der Zutaten, Herstellung der Speisen, Reservierung von Tischen usw.
  - Informationssysteme, z. B. Warenwirtschaftssystem, Bestellsystem, Abrechnungssystem, Kundenverwaltung, Website mit Reservierungsfunktion usw. Die Erstellung oder Beschaffung, Inbetriebnahme, Wartung und langfristig auch Außerbetriebnahme, also der gesamte Lebenszyklus dieser Systeme, ist zu planen und umzusetzen.
- Management der Informations- und Kommunikationstechnik:
  - Endgeräte wie Tablets oder interaktive Tische mit Touch-Oberfläche zum Aufgeben der Bestellungen, Kassensystem mit Kontaktlosbezahlfunktion, Kreditkartenterminal, Onlineanbindung zu Bezahlsystemen, PC-basierte Warenwirtschafts- und Lagersoftware für Einkauf und Bevorratung, cloudbasierte digitale Rezeptbücher auf Displays oder Tablets für das Küchenpersonal, Entertainment-Soft- und Hardware für Musik- oder Filmeinspielung durch Streaming (Lautsprecher, Bildschirme, Streamingserver), digitale Telefonanlage, Webserver zur Administration der Website usw.

2.2 IT-Strategie und IT-Governance

Bernhard Ostheimer und Frank Mehler

2.2.1 Von der Unternehmensarchitektur zur IT-Strategie

Lernziele
- Kenntnisse über eine Strukturierung der Unternehmensarchitektur
- Zusammenspiel der IT-Strategie mit Unternehmenszielen und daraus abzuleitenden Strategien
- Vorbereitung der IT-Planung und -Überwachung

Überblick

Der IT-Bereich eines Unternehmens muss viele Aufgaben erfüllen: von der Bereitstellung der Hardware und Software über zahlreiche Dienstleistungen bis hin zu dem Ziel, die Voraussetzungen dafür zu schaffen, dass das Unternehmen auch in vielen Jahren noch erfolgreich ist. Um dieser großen Spannweite gerecht zu werden, wird ein Vorgehen zur Festlegung einer IT-Strategie benötigt, das eng mit den Unternehmenszielen und daraus abzuleitenden Strategien verknüpft ist.

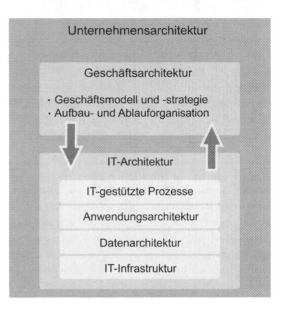

Abb. 2.2 Strategie und Aufbau der Unternehmensarchitektur

Grundlegend für das Verständnis der IT-Strategie ist deren Einordnung in den Unternehmenskontext, d. h. die Unternehmensarchitektur (engl. „enterprise architecture"), da die Ausgestaltung der IT wesentlich durch die betriebswirtschaftlichen Anforderungen bestimmt wird. Die Anforderungen ergeben sich vor allem durch die strategische Unternehmensplanung und die daraus folgende Organisationsstruktur eines Unternehmens. Dieser Zusammenhang wird mit „organizational structure follows policy" beschrieben. Die Organisationsstruktur eines Unternehmens wiederum bestimmt in wesentlichen Zügen die IT; diesen Zusammenhang bezeichnet man mit „information technology follows organization".

Die Unternehmensarchitektur lässt sich sowohl aus wirtschaftlicher Sicht (= Geschäftsarchitektur) als auch aus Sicht der Wirtschaftsinformatik (= IT-Architektur) untersuchen (vgl. Abb. 2.2).

Ziel der Unternehmensarchitektur ist die Erfassung der Geschäfts- und IT-Strukturen in einem Zusammenhang: Um ein Unternehmen weiterzuentwickeln, ist es wichtig zu unterscheiden, auf welcher Ebene und über welche Probleme diskutiert werden soll. Sonst passiert es in der Praxis häufig, dass ein Mitarbeiter beispielsweise über ineffiziente Abläufe im Unternehmen redet und der andere diese Probleme auf die Anwendungen oder die Infrastruktur im Unternehmen bezieht, sodass beide nicht auf einen gemeinsamen Nenner kommen. Folgende Teilarchitekturen können unterschieden werden:

- Geschäftsarchitektur
- Darstellung des Geschäftsmodells sowie der Aufbau- und Ablauforganisation
- IT-gestützte Prozesse
- Darstellung der Abläufe und IT-gestützten Geschäftsprozesse innerhalb der Organisation
- Anwendungsarchitektur
- Abbildung der IT-gestützten Anwendungen
- Datenarchitektur
- Darstellung der verwendeten Datenbanken, internen und externen Datenquellen und Datensenken
- IT-Infrastruktur
- Abbildung der Infrastrukturkomponenten, insbesondere Hardware und Netzwerke

▶ Die **IT-Architektur** umfasst alle Teilgebiete, die zur Beschreibung sowie zum Management der IT-Aufgaben im Unternehmen notwendig sind. Unter dem Begriff „IT-Architektur" werden die Teilarchitekturen IT-gestützte Prozesse, Anwendungen, Daten und IT-Infrastruktur zusammengefasst.

Geschäftsarchitektur und IT-Architektur bedingen sich gegenseitig: Geschäftsmodelle benötigen oft eine IT-Unterstützung, und umgekehrt sind zur Planung oder zum Betrieb einer IT-Architektur auch personelle Ressourcen notwendig.

Übergeordnet stellt sich die Frage, wie ein Unternehmen seine Ziele wie z. B. langfristige Sicherung des Fortbestands, Gewinnerzielung oder soziale Ziele verfolgen kann. Die IT-Strategie wird als Teilstrategie aus der Geschäftsstrategie abgeleitet. Dabei wird in der IT-Strategie berücksichtigt, wie eine optimale Unterstützung der Geschäftsziele durch die IT erfolgen kann. Will eine Bank beispielsweise Zahlungen an der Kasse mit dem Smartphone unterstützen, sind viele Fragen bzgl. Sicherheit, Integration, Organisation, Infrastruktur usw. zu beantworten.

Aus dem Zusammenspiel der Komponenten in der IT-Architektur lassen sich Potenziale zur Rationalisierung und Effizienzsteigerung ableiten. Zudem entstehen Potenziale zur Erzielung strategischer Wettbewerbsvorteile, die unter Umständen erheblichen Einfluss auf Geschäfts-, Prozess- und Organisationsstrukturen haben. Dieser Zusammenhang wird als „Hebelwirkung der IT" bezeichnet (engl. „information technology enables policy"); IT wird also als „Enabler" gesehen. Damit besitzt die IT-Architektur eine erhebliche Auswirkung auf die strategische Ausrichtung eines Unternehmens, und eine Einbindung der IT-Architektur in die strategische Unternehmensarchitektur ist vonnöten. Häufig spricht man von Business-IT-Alignment als Begriff für die Ausrichtung der IT an den Geschäftszielen des Unternehmens.

▷ **Business-IT-Alignment** hat als Ziel, die Businessebene eines Unternehmens und die IT-Architektur in Übereinstimmung zu bringen.

Beispiel

Ein Unternehmen möchte den Internetauftritt als erste Anlaufstelle zum Direktverkauf an seine Kunden ausbauen. Um dieses Ziel zu erreichen, ist eine mögliche IT-Strategie, im entsprechenden Markt (z. B. Deutschland) auf den wichtigsten Internetplattformen (z. B. Mobilgeräte, Suchmaschinen, soziale

Netzwerke, Handelsplattformen usw.) präsent zu sein. Hierdurch ergeben sich Auswirkungen auf die IT-Architektur wie z. B. die Geschäftsprozesse vom Kundenverkauf bis hin zu Produktion, Versand und Lieferung. Welche Anwendungen (z. B. Internet-Sales) können mit den internen Systemen (z. B. Buchführung) zusammenarbeiten? Diese Fragen reichen bis in die IT-Infrastruktur wie z. B. die Sicherheit der Daten gewährleistet werden kann.

Insgesamt müssen die Businessziele (z. B. Steigerung des Marktanteils im Bereich Internet-Sales) und die IT-Architektur zusammenpassen.

Die Abstimmung der IT-Strategie kann – abhängig von der Ausrichtung des Unternehmens – auf unterschiedliche Arten geschehen:

• Reagierend
  Von reagierender Strategieabstimmung wird gesprochen, wenn sich die Festlegung der IT-Strategie an der Planung der strategischen Unternehmensziele orientiert. Dies führt häufig zu einer Nichtberücksichtigung IT-basierter Innovationen und neuer IT-Trends und damit zu einem Nachteil für das Unternehmen.

• Agierend
  Eine Strategieabstimmung heißt agierend, wenn primär die IT-Strategie festgelegt wird und damit die IT-Strategie die strategischen Unternehmensziele beeinflusst. Diese Form der Abstimmung bedeutet für das Unternehmen einen Einsatz aktueller Technologien, was z. B. auch mit technischen Risiken verbunden sein kann.

• Interagierend
  Werden die strategischen Unternehmensziele und die IT-Strategie parallel gesetzt und abgestimmt, spricht man von interagierender Zielplanung.

▷ Hohe Investitionen in die IT oder der Einsatz neuester Technologien bedeuten noch keinen Wettbewerbsvorteil. Es kann sogar zur negativen Produktivitätsentwicklung kommen („Produktivitätsparadoxon der IT"). Eine Wirtschaftlichkeitsüberprüfung der IT-Vorhaben ist immer notwendig.

Beispiel
Die Einführung einer zentralen Unternehmens-
software kann aufgrund typischer Schwierigkeiten bei größeren Projekten dazu führen, dass
wichtige Unternehmensteile zeitweise lahmge-
legt sind. Auch die Nutzung einer neuen Softwareversion kann zu gravierenden Problemen
führen, falls die Software nicht vorab sorgfältig
getestet wird.

Der Planungszusammenhang ist in Abb. 2.3 dargestellt.

2.2.2 Prozess der strategischen IT-Planung

Angelehnt an die strategische Unternehmensplanung werden für die IT-Strategie häufig die
drei Schritte Situationsanalyse, Zielplanung und
Strategieentwicklung genutzt. Abb. 2.4 verdeutlicht diesen Prozess der strategischen IT-Planung.

Situationsanalyse

Eine Situationsanalyse untersucht sowohl die
unternehmenseigene (interne) Situation als auch
das unternehmensexterne Umfeld:

- Die unternehmensinterne Situationsanalyse
  befasst sich mit zentralen Elementen des Unternehmens wie z. B. Produkten, Kunden,
  Ressourcen oder Anwendungen.
- Die unternehmensexterne Situationsanalyse
  beschreibt hingegen Märkte, Wettbewerber,
  technologische Trends u. v. a. m.

Eine strukturierte Situationsanalyse kann durch
die Analyse von Problemfeldern, strategischen
Defiziten, Standortbestimmungen und durch den
Einsatz von Szenarien erfolgen. Abb. 2.5 visualisiert diesen Zusammenhang.

Problemfelder ergeben sich durch Planab-
weichungen, die bereits eingetreten sind. Ein
Anlass ist z. B. ein Absatzrückgang in einem Ge-
schäftsbereich. Natürlich können auch andere Faktoren eine Rolle spielen, wie z. B. technologische

Abb. 2.3 Ableitung der IT-Strategie

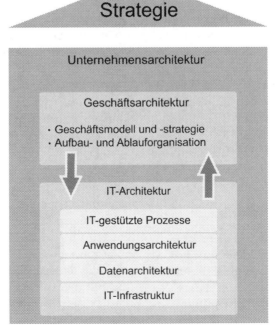

Abb. 2.4 Prozess der
strategischen IT-Planung

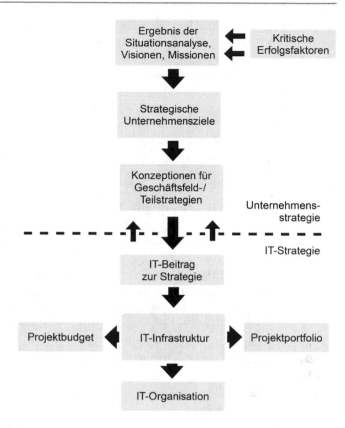

Abb. 2.5 Situationsanalyse

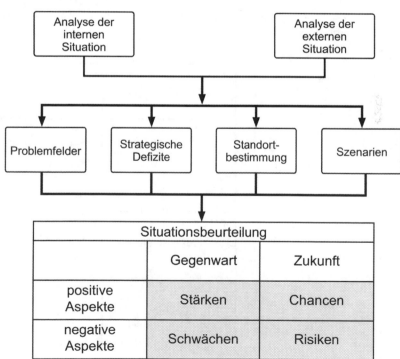

Innovationen, Änderungen rechtlicher Rahmenbedingungen oder der angekündigte Marktein-
tritt eines Wettbewerbers.

Unter strategischen Defiziten versteht man Mängel in wichtigen Bereichen eines Unternehmens, die
existenzgefährdend sein oder zumindest eine ernst-
hafte Bedrohung darstellen können. So kann z. B.
eine unzureichende Innovationsbereitschaft oder
ein Mangel an Know-how für Fertigungsverfahren
ein strategisches Defizit darstellen. Erfolgsfaktoren,
die diese strategischen Defizite adressieren und beeinflussen, werden als kritische Erfolgsfaktoren bezeichnet – im Kontext der IT-Strategie müssen sie
wesentlich durch IT beeinflussbar sein.

Im Rahmen der Standortbestimmung wird die
Position des eigenen Unternehmens zu wettbe-
werbsrelevanten Objekten bestimmt. Wettbewerbs-
relevante Objekte sind z. B. direkte Wettbewerber
oder Marktentwicklung. Typische Instrumente
der Standortbestimmung sind Benchmarkinganalysen
und Visualisierungen durch Polaritätsprofile
(vgl. Abb. 2.6).

Szenariotechniken sind Ansätze aus der strategischen Unternehmensplanung. Szenarien sind
Prognosen einer angenommenen Entwicklung;
dies ist z. B. die Entwicklung von Energiekosten
oder des Verbraucherverhaltens.

Zielplanung

▶ **IT-Ziele** beschreiben den zukünftigen, gewünschten Zustand der IT, kurz den „Sollzustand" der IT im betrachteten Unternehmen.

Ausgehend von den Ergebnissen der Situationsanalyse und den identifizierten strategischen Defiziten sind realistische und klare Ziele zu formulieren. Typischerweise werden Formalziele und
Sachziele unterschieden:

- Formalziele beziehen sich auf das unterneh-
  merische Handeln und haben damit einen weniger direkten IT-Bezug. Typisches Objekt eines Formalziels sind betriebswirtschaftliche
  Kennzahlen, wie z. B. der Periodengewinn.
  Auf den IT-Kontext bezogen ergeben sich
  Kennzahlen wie z. B. die Wirtschaftlichkeits-
  betrachtung der IT.
- Sachziele beziehen sich auf das konkrete Handeln des betrachteten Unternehmens, z. B. pro-
  duzierte Einheiten und deren Qualitätslevel.
  Auf den IT-Kontext bezogen können dies im
  Unternehmen angebotene IT-Dienstleistungen
  wie z. B. E-Mail oder ein Adressverzeichnis
  für andere Unternehmensabteilungen sein.

Abb. 2.6 Polaritätsprofil

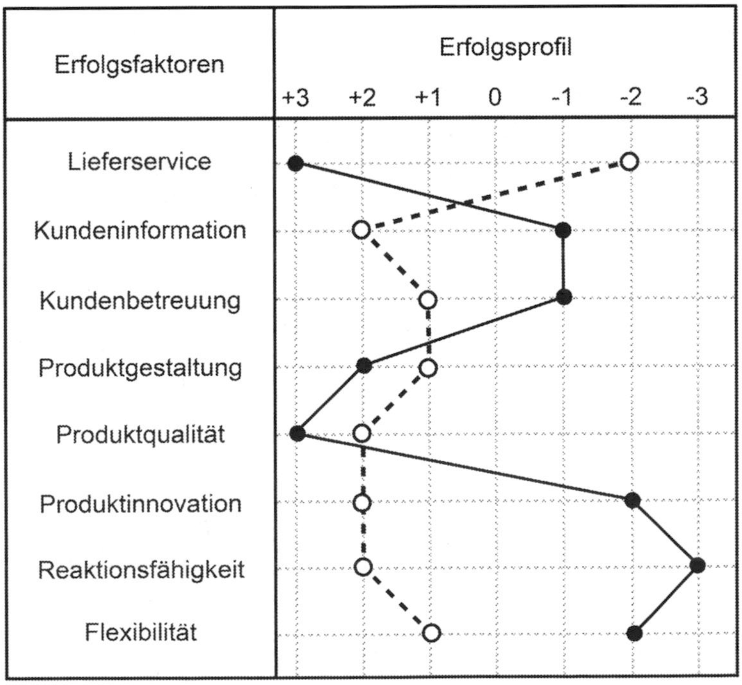

Zielformulierungen sind möglichst konkret vorzunehmen. Eine typische Anforderung an die Ziel-
formulierung sind folgende Kriterien, die durch
den Oberbegriff SMART beschrieben werden:

▶ Ein Ziel ist **SMART**, wenn folgende Eigenschaften erfüllt sind:

- Specific, d. h., ein Ziel ist so präzise und eindeutig wie möglich definiert.
- Measurable, d. h., der Grad der Zielerreichung
  soll messbar sein.
- Achievable, d. h., ein Ziel muss erreichbar sein.
- Reasonable bzw. Relevant, d. h., ein Ziel muss
  nicht nur realistisch, sondern auch wichtig sein.
- Time Bound, d. h., die Zielerreichung soll zu
  einem bestimmten Zeitpunkt überprüfbar sein.

Die Zielplanung ist ein komplexes Thema. So können Ziele in Beziehung zueinander stehen – Ober-
und Unterziele – und durchaus gegenläufig (= kon-
kurrierend) sein. Beispielsweise kann durch die
Verlagerung von IT-Dienstleistungen an externe
Dienstleister eine höhere Kostentransparenz entstehen, aber die Flexibilität für Anpassungen sinken.

Strategieentwicklung
Die IT-Strategie im engeren Sinne basiert auf der
Zielsetzung und damit indirekt auch auf den Er-

gebnissen der Situationsanalyse. Typischerweise
werden zunächst mögliche Alternativen untersucht, die zum gewünschten Zustand (Sollzustand)
führen. Hier werden Kreativitätstechniken wie
z. B. Brainstorming oder Mindmaps verwendet.

Jede der erarbeiteten Alternativen ist im Folgenden mit den Unternehmenszielen abzustimmen.
Daraufhin ist eine Bewertung der Alternativen
durchzuführen. Wichtiges Bewertungskriterium ist
der durch die jeweilige IT-Strategie-Alternative ge-
stiftete Nutzen. Ein typisches Instrument ist die
Nutzwertanalyse (vgl. Abschn. 4.1.5).

2.2.3 Umsetzung der IT-Strategie

Ist die IT-Strategie entwickelt, gilt es, diese umzusetzen. Hierfür ist die Zerlegung der IT-Strategie in
bearbeitbare Teile notwendig. Normalerweise sind
nicht genügend Ressourcen wie z. B. Budget,
Know-how oder Personal zu einem Zeitpunkt im
Unternehmen vorhanden, um gleichzeitig alle Teile
der IT-Strategie umzusetzen. Daher ist die Bildung
einer Umsetzungsreihenfolge notwendig: Die höher priorisierten Teile der IT-Strategie können dann
in konkrete IT-Projekte überführt werden.

Um eine Priorisierung vorzunehmen, können
Methoden wie die Portfolioanalyse (vgl. Abb. 2.7)
eingesetzt werden.

Abb. 2.7 Projektportfolio

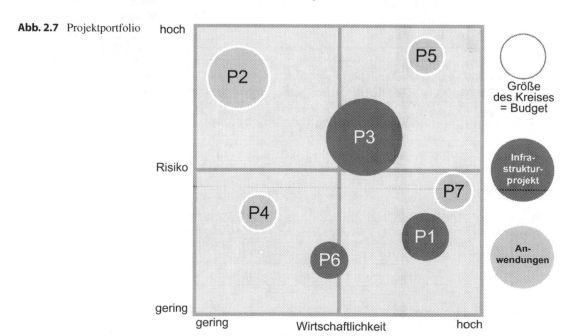

Ziel des Projektportfoliomanagements ist es, eine „Sammelmappe" für geplante Projekte bzw. Projektvorschläge zu erstellen, um die Projekte, die am besten geeignet sind, auszuwählen. Hierzu werden die Projekte nach den für die Entscheidung relevanten Kriterien geordnet, z. B. nach Kosten, Nutzen oder der Erfüllung strategischer Ziele. Auch die mit dem Projekt verbundenen Risiken oder die technische und organisatorische Umsetzbarkeit spielen eine wichtige Rolle. Das Portfolio wird oft mittels vier Quadranten dargestellt, um eine einfache Einordnung zu ermöglichen (vgl. Abb. 2.7). Weitere Dimensionen lassen sich z. B. durch die Größe oder Farbe der Kreise (= Projektvorschläge) veranschaulichen.

Die Umsetzung der IT-Strategie muss an die Mitarbeiter des Unternehmens kommuniziert werden. Hierfür wird ein IT-Plan erstellt. In diesem IT-Plan werden die häufig noch recht abstrakten Aussagen der IT-Strategie konkretisiert, die IT-Projekte mit Inhalt gefüllt und der gewünschte Sollzustand möglichst konkret beschrieben.

Der IT-Plan dient als Basis der Zielerreichungskontrolle. Hierfür gibt es eine Reihe von Instrumenten, wie z. B. die IT-Balanced Scorecard. Ausgehend von Zielen und daraus entwickelten Strategien wird die Unternehmens-IT aus vier Perspektiven betrachtet (siehe Abb. 2.8):

- Kundenbezogene Perspektive
  Welche Produkte und Services werden angeboten, wie werden diese nachgefragt? Als Messgrößen dienen z. B. Kundenzufriedenheit, Reklamationsraten, Onlinebesucherraten usw.
- Finanzielle Perspektive
  Wie verbessert Informationsmanagement den Unternehmenserfolg?
- Prozessorientierte Perspektive
  Welches sind die Management-, Kern- und Unterstützungsprozesse? Welche Kosten fallen in den einzelnen Schritten an? Wie gut ist die Verfügbarkeit der IT und wie gut werden Anwender unterstützt?

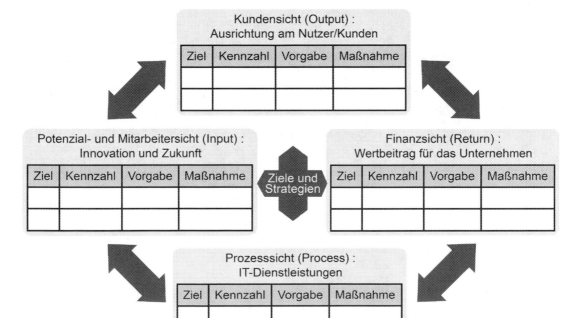

Abb. 2.8 IT-Balanced Scorecard

- Potenzial- und Mitarbeiterperspektive (Innovationsperspektive)
Welches Wissen ist bei den Mitarbeitern vorhanden, wie wird es ausgebaut und wie leistungsfähig ist die IT-Unterstützung?

Für diese Perspektiven wird ein Kennzahlensystem (= scorecard) entwickelt, das wesentliche Ziele überwacht. Grundidee ist, dass die Unternehmensführung nicht nur finanzielle Aspekte berücksichtigt, sondern einen ausgewogenen (= balanced) Überblick über die Unternehmens-IT gewinnt.

Ein Vorteil der IT-Balanced Scorecard ist die Berücksichtigung quantitativer und qualitativer Faktoren sowie direkter Maßnahmen zur Erreichung der Ziele.

Beispiele von Kennzahlen für die IT-Balanced Scorecard

Finanzsicht:

- Einhaltung von Budgets und Kostenzielen
- Business-Value von IT-Projekten

Kundensicht:

- Antwortzeiten im Helpdesk
- Verfügbarkeit von Systemen
- Nutzerzufriedenheit

Prozesssicht:

- Effizienz der IT-Dienste
- Prozessqualität

Potenzial- und Mitarbeiterperspektive:

- Schulungstage und Know-how-Aufbau
- Investitionsquote in Forschungsprojekte

2.2.4 IT-Governance

Governance ist ein aus dem Lateinischen (lat. gubernare, dt. das Steuerruder führen) abgeleiteter Begriff und bezeichnet den Ordnungsrahmen für die Leitung und Überwachung eines Unternehmens. Typischerweise beeinflussen

- externe Faktoren wie z. B. regulatorische und gesetzliche Vorgaben, Kapitalgeber, Wettbewerber und

- interne Faktoren wie z. B. Rollen, Kompetenzen, Funktionen und Zusammenwirken der Unternehmensbereiche

diesen Ordnungsrahmen.

IT-Governance ist ein Teilbereich der Corporate Governance, d. h. der Unternehmensführung.

▶ **IT-Governance** bezeichnet den Ordnungsrahmen für Leitung, Organisation und Überwachung der IT eines Unternehmens.

IT-Governance ist ein betriebswirtschaftlich ausgerichtetes Konzept und stellt je nach Sichtweise Performanceaspekte (= Leistungen der IT) und/oder Complianceaspekte (= rechtliche und unternehmensinterne Regeleinhaltung) in den Vordergrund. Mittels IT-Governance ist sicherzustellen, dass die Unternehmensziele und -strategien durch den Einsatz von IT, entsprechenden Prozessen und Organisationsstrukturen unterstützt und vorangetrieben werden (vgl. Abb. 2.9). IT-Governance liegt in der Verantwortung des (oberen) Unternehmensmanagements und ist wesentlicher Bestandteil der Unternehmensführung.

▶ **IT-Compliance** beschreibt die Einhaltung gesetzlicher, unternehmensinterner und vertraglicher Regelungen im IT-Bereich. IT-Compliance berücksichtigt zusätzlich die Aspekte Controlling, Geschäftsprozesse und Management.

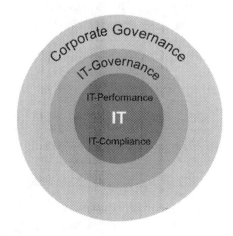

Abb. 2.9 IT-Governance

Der Schwerpunkt der IT-Compliance liegt auf Complianceanforderungen, die die IT-Systeme eines Unternehmens betreffen. Typische Complianceanforderungen in der IT sind Informationssicherheit, Verfügbarkeit, Datenaufbewahrung und Datenschutz. IT-Compliance ist also ein regulatorisch ausgerichtetes Konzept.

Zusammenfassung

Die Entwicklung einer IT-Strategie sollte in die gesamte Unternehmensarchitektur eingebettet werden. Der Prozess der strategischen Planung folgt allgemeinen Prinzipien der Zieldefinition und Strategieentwicklung. Die strategische Bedeutung der Unternehmens-IT wird aufgrund der technologischen Umbrüche und geänderter Märkte in Zukunft voraussichtlich noch zunehmen.

2.2.5 Aufgaben

Aufgabe 1
Das Management eines deutschen Unternehmens beschließt, eine neue Vertriebsniederlassung in Asien zu eröffnen. Was sind mögliche Konsequenzen, die sich aus dem Prinzip „information technology follows organization" ergeben?

Aufgabe 2
Ein Modehersteller beobachtet, dass die Konkurrenz individuell konfigurierbare Kleidungsstücke (z. B. Farben, Stoffe, Muster) anbietet. Welche Art der Abstimmung der IT-Strategie mit den Unternehmenszielen (agierend etc.) liegt vor und was ist ein Beispiel eines SMARTen Ziels?

Aufgabe 3
Welche der folgenden Maßnahmen sind in den Bereich Corporate Governance, IT-Governance, IT-Compliance bzw. IT-Performance einzuordnen?

- Ein neuer Mitarbeiter soll innerhalb von zwei Stunden einen Zugang zu den wichtigsten IT-Systemen erhalten.

- Die IT-Systeme dürfen keine Sicherheitslücken besitzen.
- Die Gehälter des Vorstands sollen offengelegt werden.
- Digitale Unterlagen für Rechnungen müssen gemäß Bundesfinanzministerium für Steuerprüfungen aufbewahrt werden.

2.2.6 Lösungen zu Aufgaben

Lösung zu Aufgabe 1
Die IT-Unterstützung ist auch in der neuen Vertriebsniederlassung sicherzustellen. Das kann je nach Größe der Niederlassung bedeuten, dass es entweder vor Ort Ansprechpartner für IT-Aufgaben gibt oder in der Zentrale in Deutschland Mitarbeiter und andere Ressourcen (auch außerhalb der deutschen Geschäftszeiten) bereitgestellt werden. Gemäß der IT-Architektur müssen alle vier Ebenen untersucht werden: Welche IT-gestützten Geschäftsprozesse werden in Asien durchgeführt (z. B. Verkauf, Reklamation), welche Anwendungen werden benötigt, wie erfolgt der Austausch von Daten und Informationen mit der Zentrale, welche Infrastruktur wird in Asien bereitgestellt?

Lösung zu Aufgabe 2
Es liegt ein reagierender Planungszusammenhang vor.

Spezifisches Ziel: Es soll eine Auswahl aus drei Farben und zwei Stoffen für die spezielle Produktlinie xyz im Internetauftritt in Deutschland getestet werden. Falls eine Umsatzsteigerung von 20 % bis 31.07. erreicht wird, werden weitere Produktlinien überprüft.

Lösung zu Aufgabe 3
- Ein neuer Mitarbeiter soll innerhalb von zwei Stunden einen Zugang zu den wichtigsten IT-Systemen erhalten → IT Performance, damit auch IT-Governance
- Die IT-Systeme dürfen keine Sicherheitslücken besitzen → IT-Compliance, damit auch IT-Governance

- Die Gehälter des Vorstands sollen offengelegt werden → Corporate Governance
- Digitale Unterlagen für Rechnungen müssen gemäß Bundesfinanzministerium für Steuerprüfungen aufbewahrt werden → IT-Compliance, damit auch IT-Governance

2.3   IT Resource Management

Anett Mehler-Bicher and Bernhard Ostheimer

Lernziele
- Definition und Abgrenzung von IT-Ressourcen im Unternehmen
- Management von IT-Ressourcen

Überblick

In der IT werden verschiedene Arten von Ressourcen genutzt, die nur im Zusammenspiel effizient und effektiv einsetzbar sind. Einerseits kommen Ressourcen wie Hard- und Software oder Infrastrukturkomponenten zum Einsatz, andererseits arbeiten Mitarbeiter mit/in der IT und nutzen Informationen, die mit IT-Systemen verarbeitet werden.

2.3.1   IT-Ressourcen

In der IT unterscheidet man folgende Ressourcen:

- Hardware
  Unter Hardwareressourcen lassen sich jegliche IT-Infrastrukturkomponenten zusammenfassen. Dazu zählen serverbezogene Hardware wie z. B. dedizierte oder virtuelle Server. Dedizierte Server sind eigenständige physische Geräte, während virtuelle Server auf einer gemeinsamen Hardware mehrere Server (z. B. mit jeweils getrennten Betriebssystemen) bereitstellen. Weitere Hardware-IT-Ressourcen sind Arbeitsplatzrechner (PC, Laptop, Notebook) samt Infrastruktur (Drucker, Scanner etc.) oder mobile Geräte. Hardwareressourcen umfassen

auch weitere Hardwarekomponenten wie z. B. Netzwerkgeräte (Switches, Router etc.).

- Software/Anwendungen
  Softwareressourcen sind Programme wie z. B. Betriebssystem, Textverarbeitung oder Tabellenkalkulation.

- Personal
  Die Ressource Personal unterliegt einem kontinuierlichen Wandel. Früher waren vor allem eigene Mitarbeiter vor Ort für die IT tätig; heute sind viele andere Ausprägungen denkbar wie z. B. Body Leasing, Outsourcing und Offshoring.

- Informationen
  Informationen gelten heute als Produktionsfaktor, d. h. zu den Hilfsmitteln, die an der Bereitstellung von Gütern/Dienstleistungen mitwirken.

Informationen enthalten Potenziale zur Erzielung von Wettbewerbsvorteilen. Dies spielt z. B. im Kontext von Innovationen eine Rolle, die auf Informationen basieren.

▶ Unter einem **Wettbewerbsvorteil** versteht man den Vorsprung eines Unternehmens auf einem Markt gegenüber seinen Wettbewerbern. Dabei sind drei Kriterien wichtig:

- Der Wettbewerbsvorteil muss aus Kundensicht wahrnehmbar sein.
- Ein für den Kunden wichtiges Leistungsmerkmal ist betroffen und stellt einen tatsächlichen Vorteil aus Kundenperspektive dar.
- Der Wettbewerbsvorteil darf nicht allzu leicht durch Konkurrenten imitierbar sein und besitzt eine gewisse Dauerhaftigkeit.

Menge und Dichte an Informationen nehmen heutzutage ständig zu. Berücksichtigt man aktuelle Entwicklungen wie z. B. Internet of Things, Virtual Reality oder Augmented Reality, wird sofort offensichtlich, dass Produkte und Dienstleistungen zu relevanten Teilen aus Informationen bestehen und Informationen wesentliche Ansatzpunkte für potenzielle Wettbewerbsvorteile liefern.

Informationen und entsprechende Informationsflüsse begleiten alle Aktivitäten, Transaktionen und Prozesse im Unternehmen und sind daher ebenso wie Hard- und Software von essenzieller Bedeutung. Informationsflüsse werden heute in der Regel in Informationssystemen, oft auch Anwendungssysteme genannt, abgebildet.

▷ Ein **Informationssystem** (kurz **IT-System**) ist ein System, das Informationen, die zur Abwicklung von Aufgaben notwendig sind, bereitstellt; es kann Informationen erzeugen, beschaffen, auswerten, weiterverarbeiten und verteilen.

Ein Informationssystem ist meist eine Kombination aus Hardware, Software und Dienstleistungen.

Die Begriffe „Informationssystem" und „Anwendungssystem" werden heute meist synonym verwendet.

Beispielsweise besteht ein Smartphone aus Gerät, Betriebssystem plus Apps und Dienstleistungen wie einer Mobilfunkverbindung oder Updates zur Fehlerkorrektur.

Ein Informationssystem nutzt also eine Vielzahl an IT-Ressourcen. Aufgrund der Bedeutung von IT und ihrer Ressourcen spricht man heute oft auch von (IT-)Assets.

▷ **IT-Assets** sind Vermögensgegenstände; hierzu gehören im engeren Sinne Hardware (Rechner, Zubehör, Netzwerke) und Software bzw. die zugehörigen Lizenzen. Im weiteren Sinne versteht man darunter auch das Know-how, das für die Softwareerstellung und die Nutzung der Software erforderlich ist.

Unter **IT-Asset Management** wird die Planung, Administration, Verwaltung sowie Bewertung der IT- Vermögensgegenstände verstanden.

2.3.2 Aufgaben des IT Resource Management

IT hat im Unternehmen heute einen anderen Stellenwert als früher (vgl. Abb. 2.10).

Die Aufgaben zum Management, d. h. zur Planung, Umsetzung, Steuerung und Kontrolle

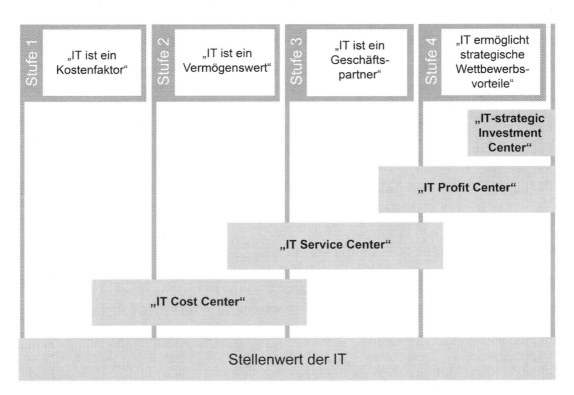

Abb. 2.10 Rolle der IT im Unternehmen

aller IT-Ressourcen, sind in den letzten Jahren deutlich komplexer geworden; daher hat sich das IT Resource Management entwickelt (vgl. Abb. 2.11).

▶ Das **IT Resource Management** dient der Beschaffung, Verwaltung und Steuerung aller IT-Ressourcen. Ziel ist der effiziente und effektive Einsatz aller Ressourcen, um einen zuverlässigen und reibungslosen IT-Betrieb sicherzustellen und die IT nachhaltig und zukunftssicher zu gestalten.

Im Rahmen des IT Resource Management ist eine Vielzahl von Aspekten zu berücksichtigen (vgl. Abb. 2.12). Dazu zählen neben dem optimalen Einsatz von Ressourcen das Controlling der IT, das Management von Services oder die Berücksichtigung der Kompatibilität verschiedener Ressourcen.

IT Resource Management muss unter Berücksichtigung der Anforderungen von IT-Governance (= IT-Steuerung) und IT-Compliance (= IT-Regeleinhaltung) erfolgen.

Im IT Resource Management kommen verschiedene IT-Steuerungs- und Prozessmodelle zum Einsatz. Wichtige IT-Steuerungs- und Prozessmodelle sind COBIT, ITIL und CMMI.

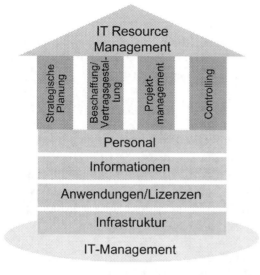

Abb. 2.11 IT Resource Management

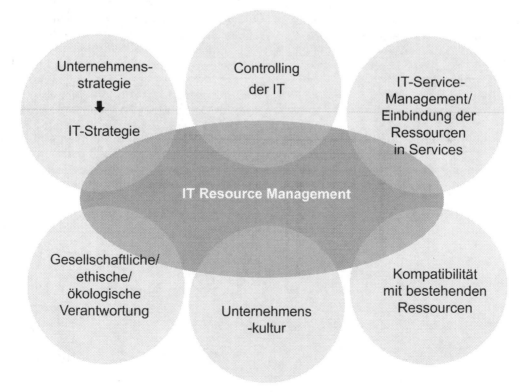

Abb. 2.12 Aspekte des IT Resource Management

COBIT

COBIT (Control Objectives for Information and Related Technology) beschreibt den Kreislauf zwischen Unternehmensanforderungen (Business Requirements), IT-Ressourcen und IT-Prozessen. Diese werden in Form eines Würfels (COBIT-Würfel) dargestellt (vgl. Abb. 2.13) und konzentrieren sich auf Management und Steuerung der IT.

Der Schwerpunkt von COBIT liegt auf der Ordnungsmäßigkeit und Sicherheit von IT-Ressourcen und IT-Prozessen sowie der Sicherstellung der IT-Governance beim Betrieb der IT-Services.

▶ Ein **IT-Service** ist eine Dienstleistung, die durch IT-Instrumente geprägt ist und Geschäftsprozesse eines Unternehmens unterstützt oder sogar ermöglicht. Ein IT-Service wird durch IT-Systeme ermöglicht, ist aber nicht mit einem IT-System gleichzusetzen.

Beispiel

Ein typischer IT-Service ist der Helpdesk. Mitarbeiter wenden sich an den Helpdesk, wenn sie Hard- oder Softwareprobleme haben.

ITIL

ITIL (IT Infrastructure Library) ist eine Sammlung von Best Practices (= bewährte Methoden), die eine mögliche Umsetzung eines IT-Service-Managements beschreiben (vgl. Abb. 2.14). ITIL wurde in den 1980er-Jahren von der Central Computing and Telecommunications Agency (CCTA), jetzt Office of Government Commerce (OGC), entwickelt und gilt inzwischen international als De-facto-Standard. ITIL wird in vielen IT-Abteilungen eingesetzt, insbesondere um den IT-Betrieb zu organisieren und zu verbessern.

ITIL unterstützt die Beschreibung und Umsetzung eines systematischen, professionellen Vorgehens für das IT-Service-Management, d. h. das Management von IT-Dienstleistungen. Das zentrale Ziel ist die wirtschaftliche Erfüllung der Unternehmensanforderungen.

CMMI

CMMI (Capability Maturity Model Integration) ist ein Prozessreifegradmodell (vgl. Abb. 2.15) und beschreibt Referenzmodelle, um die Verbesserung einer Organisation zu unterstützen.

Abb. 2.13 COBIT-Würfel

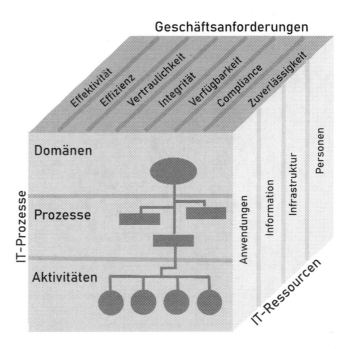

Abb. 2.14 ITIL-
Struktur

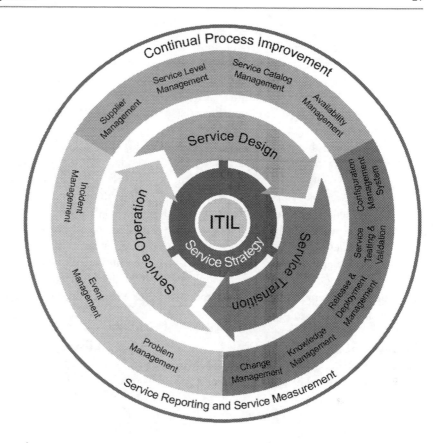

Abb. 2.15 CMMI-
Reifegradstufen

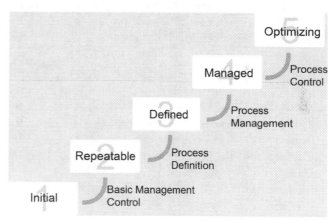

▶ Ein **Referenzmodell** ist ein allgemeines Modell einer gleichartigen Menge von Gegenständen oder Inhalten. Es dient als Vorlage für spezialisierte Modelle, die für die Konstruktion eines
konkreten Gegenstandes oder Inhalts (aus der
gleichartigen Menge) verwendet werden. Das
Referenzmodell kann für Vergleichszwecke mit

anderen Modellen verwendet werden, die ebenfalls auf diese gleichartige Menge von Gegenständen oder Inhalten zielen.

Die Einsatzbereiche von CMMI liegen insbesondere in der Produktentwicklung und der Service-
erbringung. So kann man beispielsweise bei der

Softwareentwicklung in der Reifegradstufe 1 davon ausgehen, dass einfach „drauflosprogrammiert" wird, viel schiefgeht und die Qualität des Ergebnisses unbefriedigend ist. Strebt ein Unternehmen eine höhere Reifegradstufe an, z. B. Stufe 3, dann müssen die Abläufe vorab definiert sein (z. B. mit Hilfe von Richtlinien oder Vorlagen), sodass mögliche Probleme frühzeitig erkannt und vermieden werden bzw. gewonnene Erkenntnisse zu Verbesserungen im nächsten Projekt führen.

Bei CMMI liegt der Fokus auf Prozessen, ihrer Optimierung und ihrem Reifegrad; die IT-Ressourcen sind nur Mittel zum Zweck, um diese zu erreichen. Mit CMMI liegt also ein Modell für die Steuerung von Prozessen zur Entwicklung, Implementierung, Beschaffung und Wartung von Systemen und Softwareprodukten und Dienstleistungen vor.

Kombination der Ansätze
Die drei Modelle COBIT, ITIL, und CMMI ergänzen sich und lassen sich sinnvoll miteinander kombinieren:

- COBIT und CMMI
  Die Kombination von COBIT und CMMI erlaubt die Abbildung der CMMI-prozessbereichsspezifischen Ziele und Vorgehensweisen auf die Ziele und Prozesse von COBIT auf hochaggregierter Ebene. Zusätzlich lassen sich die generischen Anforderungen der Praxis in CMMI auf in COBIT detailliert definierte Kontrollziele und Beschreibungen von Reifegradattributen abbilden.
- COBIT und ITIL
  Da ITIL auf ein systematisches, professionelles Vorgehen für das Management von IT-Dienstleistungen abzielt, kann in Kombination mit COBIT sichergestellt werden, dass die IT-Governance beim Betrieb der IT-Services eingehalten wird.
- ITIL und CMMI
  Während ITIL auf eine Verbesserung des IT-Betriebs abzielt, dient CMMI der Verbesserung der IT-Entwicklung. Da beide Modelle eine systematische Aufbereitung bewährter Praktiken erlauben, bietet die Integration beider Modelle die Basis für eine gemeinsame Gestaltung

von IT-Entwicklung und IT-Betrieb. Die Nutzung der Stärken beider Modelle dient der Verbesserung von IT-Betriebsorganisationen.

2.3.3 Aufgaben

Aufgabe 1
Vergleichen Sie die verschiedenen Arten von IT-Ressourcen. Definieren Sie hierfür geeignete Kriterien und ordnen Sie die IT-Ressourcen entsprechend ein.

Aufgabe 2
Beschreiben Sie die verschiedenen Steuerungsmodelle im IT Resource Management. Definieren Sie Gemeinsamkeiten und Unterschiede.

2.3.4 Lösungen zu Aufgaben

Lösung zu Aufgabe 1
Kriterien sind z. B. Art der Beschaffung, Ersetzbarkeit, Kosten

- Hardware und Infrastrukturkomponenten
  - Fremdbeschaffung, einfache Austauschbarkeit, definierte Kosten z. B. im Fall eines Ersatzes
- Software (Anwendungen)
  - Standardsoftware: Fremdbeschaffung, Ersetzbarkeit abhängig von der Integrationstiefe, definierte Kosten z. B. im Fall eines Ersatzes
  - Individualsoftware: Eigenentwicklung, Ersetzbarkeit abhängig von der Integrationstiefe, Kosten oftmals nicht eindeutig abschätzbar
- Personal
  - Aufbau von im Unternehmen notwendigen Qualifikationen und Kompetenzen, je nach Qualifikation schwierig ersetzbar, Kosten oftmals nicht eindeutig abschätzbar
- Informationen
  - Gewinnung sowohl interner als auch externer Informationen, Ersetzbarkeit abhängig von der Integrationstiefe, Kosten durch Verlust an Informationen nicht abschätzbar

Lösung zu Aufgabe 2
COBIT und ITIL

- Aufgaben von COBIT
  - Primärer Fokus liegt auf Ordnungsmäßigkeit und Sicherheit
  - Sicherstellung der IT-Governance beim Betrieb der IT-Services
- Aufgaben von ITIL
  - Beschreibung eines systematischen, professionellen Vorgehens für das Management von IT- Dienstleistungen
  - Fokus liegt auf der Bedeutung der wirtschaftlichen Erfüllung der Unternehmensanforderungen

COBIT und CMMI

- Aufgaben von COBIT
  - Primärer Fokus lag ursprünglich auf IT-Prozess- und Steuerungstechnik.
  - IT-Governance-Framework durch Ergänzung um Managementrichtlinien
- Aufgaben von CMMI
  - Modell für die Steuerung von Prozessen zur Entwicklung, Implementierung, Beschaffung und Wartung von Systemen, Softwareprodukten und Dienstleistungen

ITIL und CMMI

- Aufgaben von ITIL
  - Verbesserung des IT-Betriebs
- Aufgaben von CMMI
  - Verbesserung der IT-Entwicklung
- Synergien
  - Beide Modelle stellen eine systematische Aufbereitung bewährter Praktiken dar
  - Integration beider Modelle ermöglicht die gemeinsame effektive und effiziente Gestaltung von IT-Entwicklung und IT-Betrieb
  - Nutzung der Stärken beider Modelle für die Verbesserung von IT-Betriebsorganisationen

2.4 Planung, Konzeption und Modellierung von IT-Systemen

Frank Mehler

Lernziele
- Strukturierung der IT-Aufgaben im Unternehmen
- Modellbildung als Kernkompetenz der Wirtschaftsinformatik und Ausgangspunkt der Planung
- Einflussfaktoren auf die Konzeption von IT-Systemen
- Grundlegende Begriffe und Methoden der Modellierung von IT-Systemen

Überblick

Um die Ziele und Strategien eines Unternehmens umzusetzen, sind die Ressourcen, also Hard- und Software, Infrastruktur, Personal und Informationen sinnvoll zu nutzen. Im Folgenden wird beschrieben, welche Methoden oft eingesetzt werden, um IT-Systeme zu konzipieren.

2.4.1 Architektur von IT-Systemen

Eine IT-Architektur beschreibt die Struktur und das Zusammenspiel existierender oder geplanter IT-Komponenten einer Organisation. Bestandteile einer IT-Architektur sind (vgl. Abb. 2.2):

- IT-Infrastruktur
  Hardware, Netzwerk, Kommunikationsprotokolle, Betriebssysteme, Infrastrukturkomponenten und deren Management (z. B. Konfiguration)
- Datenarchitektur
  Datenbanksysteme, Datenmodelle, Datentransfer mit Standards wie z. B. XML oder EDIFACT, interne und externe Datenquellen
- Anwendungsarchitektur

Anwendungsprogramme, IT-Services, Schnittstellen zu anderen Anwendungen. Die Menge aller Anwendungen eines Unternehmens wird als Anwendungslandschaft bezeichnet.

- IT-gestützte Prozesse
  Aufbauend auf obigen Bestandteilen, insbesondere den Anwendungsprogrammen, lassen sich Geschäftsprozesse mit IT-Unterstützung gestalten und umsetzen.

Die IT-Architektur kann in einen größeren Zusammenhang eingebettet werden: die Unternehmensarchitektur, d. h. die Beschreibung des Unternehmens aus betriebswirtschaftlicher Sicht. Hierzu gehören u. a. Geschäftsmodell, Strategien, Organisation usw.

Allerdings ist der Begriff der Unternehmensarchitektur nicht eindeutig definiert. Oftmals wird die Unternehmensarchitektur stark IT-orientiert betrachtet und der Fachbegriff „Enterprise Architecture" verwendet. Die Untersuchung und Optimierung der Geschäftsprozesse werden als eine Hauptaufgabe des Enterprise Architecture Management (EAM) definiert. Um eine Unternehmensarchitektur zu beschreiben, gibt es sog. „Frameworks", d. h. Rahmenrichtlinien, die als Hilfsmittel zur Untersuchung und Gestaltung der Unternehmensarchitektur verwendet werden können.

▷ Ein **Architekturframework** definiert die Vorgehensweise zur Beschreibung und Veränderung einer Unternehmensarchitektur.

Es gibt eine Vielzahl von Architekturframeworks wie z. B. TOGAF, ARIS, AIOS und COBIT. Allen gemeinsam ist, dass die im Unternehmen verfügbaren oder benötigten Ressourcen ganzheitlich betrachtet werden, um gemeinsame Daten, Anwendungen, Standards usw. nutzen zu können.

Beispiel

Ein Reiseunternehmen möchte die Kundenbeziehungen stärken und intensiver nutzen. Einerseits sollen Bewertungen von Social-Media-Quellen integriert werden (z. B. Kundenbewertungen von anderen Portalen). Andererseits sollen den Kunden besondere Angebote übermittelt werden, die

zum Nutzungsprofil des Kunden passen (z. B. kundenspezifische Urlaubsziele, Urlaubszeiten, Hotelkategorien usw.). Die Frage ist, welche Systeme von diesen Änderungen betroffen sind (= Anwendungsarchitektur), wo die Informationen herkommen (= Datenarchitektur), welche Abläufe geändert werden müssen (= Geschäftsprozesse) und wie die Änderungen organisatorisch umgesetzt werden können.

Eine IT-Architektur ist in der Regel komplex, weil Unternehmen eine Vielzahl von Anwendungen einsetzen und viele Geschäftsprozesse unterstützt werden. Deshalb werden in der Wirtschaftsinformatik oft Modelle eingesetzt (vgl. Abb. 2.16).

▷ Ein **Modell** ist ein vereinfachtes Abbild der Realität, das einen bestimmten Zweck erfüllen soll.

Modelle beschreiben ein System aus einer bestimmten Sicht. Diese Sicht hängt von dem Ziel ab, das das Modell erfüllen soll. Falls ein Unternehmen beispielsweise einen Überblick über die eingesetzten Anwendungen benötigt, genügt eine Liste, die die Anwendungen aufzählt mit der Information, in welchen Bereichen diese eingesetzt werden. Geht es um die Frage, wann welche Anwendungen aus der Wartung fallen

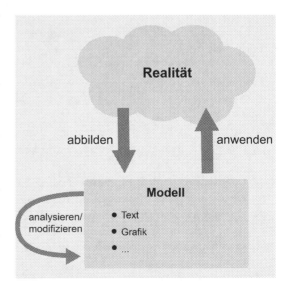

Abb. 2.16 Prinzip der Modellbildung

oder eine neue Version eingesetzt werden soll, ist eine Darstellung mithilfe einer Zeitachse unter Berücksichtigung von Abhängigkeiten sinnvoll. Die Anwendungslandschaft lässt sich entweder aus einer fachlichen Perspektive (welche Geschäftsprozesse werden unterstützt) oder aus einer technischen Perspektive (wie werden die Systeme mit welchen Servern bereitgestellt) darstellen.

Die Modellbildung kann dazu genutzt werden, den Ist-Zustand zu beschreiben, wie z. B. zur Dokumentation von Schnittstellen oder zur Untersuchung von Defiziten, aber auch, um den Sollzustand zu entwickeln. Mögliche Ziele sind dann insbesondere die Vereinheitlichung (Konsolidierung) zur Kostenersparnis bzw. Reduktion der Komplexität, aber auch die Erhöhung der Transparenz und die Flexibilität für Änderungen.

Die Planung der Geschäfts- und IT-Architektur muss eine Vielzahl unterschiedlicher Aspekte berücksichtigen: Inhaltliche/fachliche, technische, zeitliche, organisatorische, finanzielle Anforderungen usw. können eine wichtige Rolle spielen. In der Wirtschaftsinformatik ist es deshalb wichtig, für den jeweiligen Einsatzzweck geeignete Modelle erstellen zu können, die diese Anforderungen berücksichtigen. Typische Arten von Modellen sind:

- Architekturmodelle: Überblick über die Systeme einer Organisation
- Geschäftsprozessmodelle: Abläufe im Unternehmen
- Anwendungsmodelle: Überblick über Anwendungen und betriebliche Funktionen, z. B. mittels Anwendungslandschaften oder Projektportfolios
- Softwarestrukturmodelle: interner Aufbau der Software, z. B. objektorientierte Modelle
- Datenmodelle: Datenobjekte und ihre Beziehungen

2.4.2 Einflussfaktoren auf die Konzeption von IT-Systemen

Für die Konzeption von IT-Systemen sind aus Sicht der Wirtschaftsinformatik insbesondere folgende Fragen zu beantworten:

- Welche Ziele und Anforderungen muss das IT-System erfüllen?

Methodisch wird hierfür oft eine Anforderungsanalyse (engl. „requirements engineering") durchgeführt, die sich als Vorstufe zur Festlegung der zu unterstützenden Geschäftsprozesse einsetzen lässt.

In der agilen Entwicklung werden sog. „User Stories" verwendet, die mit kurzen Sätzen den Sachverhalt beschreiben, wie z. B.: „Als Vertriebsmitarbeiter möchte ich beim Start der Anwendung den zuletzt bearbeiteten Auftrag sehen, um sofort weiterarbeiten zu können."

- Soll eine Standardsoftware eingesetzt oder eine Individualsoftware entwickelt werden?

  - Standardsoftware wird von einem Softwarehersteller für viele Kunden entwickelt. Die Kunden erwerben ein vorgefertigtes Produkt. Typische Beispiele sind Office-Programme zur Textverarbeitung, Tabellenkalkulation oder Browser.

    Falls unterschiedliche Kundenanforderungen berücksichtigt werden, bieten die Anwendungen häufig die Möglichkeit des sog. „Customizing", d. h. der Systemanpassung. Beispielsweise gibt es in den Office-Produkten Einstellungsoptionen, in denen der Anwender Menüs, Sicherheitseinstellungen etc. konfigurieren kann.

  - Individualsoftware meint Anwendungen, die individuell für einen Kunden oder eine geschlossene Gruppe von Kunden „maßgeschneidert" entwickelt werden. Der Kunde erwirbt kein fertiges Produkt, sondern legt die Anforderungen fest, die die Software erfüllen soll. Die Entwicklung kann durch externe Softwareunternehmen, aber auch intern erfolgen, falls entsprechende Entwicklungskapazitäten vorhanden sind.

    Selbst wenn ein Unternehmen prinzipiell auf Standardsoftware setzt, gibt es Teilaufgaben, in denen eigene Entwicklungen sinnvoll sein können, z. B. in der Produktion oder zum Datenaustausch zwischen verschiedenen Systemen.

- Make-or-Buy
  Wird das IT-System selbst entwickelt oder eingekauft? Gibt es Zusatzleistungen, die eingekauft werden müssen (z. B. Beratung, Support)?
- Sollen Open-Source-Komponenten eingesetzt werden?
  Open Source bezeichnet Software, deren Quelltext offengelegt und die meistens kostenlos verfügbar ist. Es gibt für Open Source unterschiedliche Freiheitsgrade für die Nutzung der Software und ihre Weiterverbreitung. Die Open-Source-Datenbank MySQL z. B. steht unter GNU General Public Lizenz und darf kostenlos auch für kommerzielle Zwecke eingesetzt und verändert werden, aber Weiterentwicklungen sind auch unter diese Lizenz zu stellen.
- Bei Eigenentwicklung
  Welches Vorgehensmodell soll im Entwicklungsprojekt eingesetzt werden? Beispiele sind Phasenmodell oder agile Entwicklung. Für die Entwurfsphase stellt sich die Frage, welche Entwurfsprinzipien genutzt werden (vgl. Abb. 2.17):
  - Top-down: Zerlegung der Gesamtaufgabe in Teilaufgaben
  - Bottom-up: aus einzelnen Bausteinen eine Gesamtlösung erstellen
  - Outside-in: von der Benutzeroberfläche zu den Datenstrukturen
  - Inside-out: von den Datenstrukturen hin zur Benutzeroberfläche

Wie können IT-Systeme fachlich und technisch integriert werden? Eine wichtige Aufgabe in vielen Unternehmen ist die Überwindung von Abteilungsgrenzen zur horizontalen Integration von Geschäftsprozessen und vertikal die Weitergabe von Informationen von operativen Systemen hin zur Unternehmensführung (vgl. Abb. 2.18). Die betrieblichen Kernsysteme sollen mit Dokumenten- oder Workflowmanagementsystemen verknüpft werden, aber auch mit Kundenportalen im Internet, Online-Communities usw. Weitere Integrationsthemen betreffen die Integration über Unternehmensgrenzen hinweg und die Vernetzung von Informationssystemen mit dem „Internet der Dinge" (z. B. Produktionsanlagen, Sensoren usw.).

- Bei Eigenentwicklung: Welche technische Systemarchitektur soll verwendet werden (z. B. Softwareplattform, Schichtenarchitektur u. v. m.)?

Beispiel

Die Trennung in verschiedene Schichten/Ebenen ist ein wichtiges Prinzip in der Informatik. Ziele sind insbesondere die klare Aufgabentrennung und die Unterstützung einer zentralen Bereitstellung. In vielen Anwendungen kann man deshalb folgende drei Schichten identifizieren (vgl. Abb. 2.19):

- Darstellungsebene:
  Die Benutzeroberfläche (eng. „graphical user interface", GUI), wird oft auch als „Front-End" bezeichnet. Hier finden sich Fenster, Buttons, Checkboxen, Menüs usw.

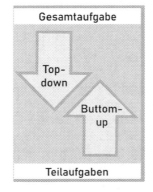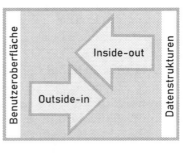

Abb. 2.17 Entwurfsprinzipien der Softwareentwicklung

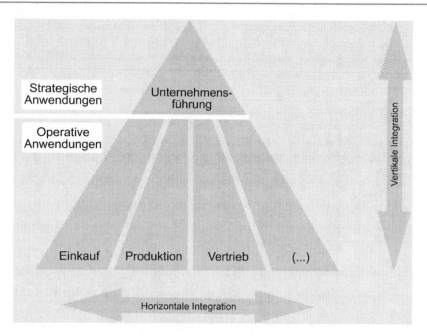

Abb. 2.18 Integrationsrichtung von IT-Systemen

Abb. 2.19 Drei-Schichten-Modell von Anwendungen

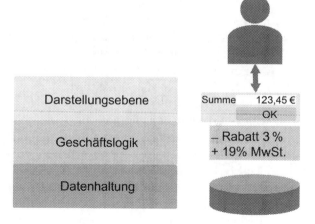

- Ebene der Geschäftslogik:
  Auf dieser Ebene findet u. a. die Verarbeitung der Eingabedaten statt (z. B. Prüfung der Anwendereingaben, Berechnung einer Auftragssumme mit Rabatten, Prüfung der Verfügbarkeit von Produkten).
- Ebene der Datenhaltung:
  Hier werden die Daten gespeichert, meist mithilfe eines Datenbanksystems.

2.4.3 Beispiele von Methoden zur Konzeption von IT-Systemen

In Abschn. 2.5 und 2.6 werden die aus Sicht der Wirtschaftsinformatik relevanten Modellierungsansätze für Geschäftsprozesse und Daten vertieft. Zunächst erfolgt ein Einblick in andere, häufig verwendete Grundbegriffe und Methoden zur Konzeption von IT-Systemen.

- Elementare Grundlage jeder Datenverarbeitung ist das Input-Process-Output-Prinzip Eine Funktion ist in der Informatik ein Softwareprogramm, das eine Berechnung oder Datenverarbeitung durchführt. Eine Funktion erhält als Input Daten und erzeugt ein Ergebnis, das als Output weiterverarbeitet werden kann. Eine Funktion zur Sortierung beispielsweise kann als Input eine Liste von Kunden und ein Sortierkriterium (z. B. Name oder Postleitzahl) erhalten, die Funktion (= Process) führt die tatsächliche Aufgabe durch und der Output ist die sortierte Kundenliste. Dies wird im Deutschen auch als EVA-Prinzip (Eingabe, Verarbeitung, Ausgabe) bezeichnet.
  - Funktionen können auch Bestandteile von Geschäftsprozessen sein; je nach Modellierungsmethode werden diese oft auch als Aktionen, Aktivitäten oder Vorgänge bezeichnet.
  - In der objektorientierten Entwicklung spricht man statt von Funktionen von Methoden. Der Unterschied ist, dass eine Methode ein Objekt benötigt, für das die Methode ausgeführt werden kann. Das Objekt beispielsweise, für das obige Sortierung ausgeführt wird, ist eine konkrete Kundenliste. Somit steht in der objektorientierten Programmierung ein Objekt im Mittelpunkt, nicht die Funktion. Die Methoden zu Objekten beschreiben die Aktionen, die man mit einem Objekt durchführen kann.
  - Ein Service (= Dienst) ist eine abgegrenzte fachliche Funktionalität, die ein Servicegeber einem Servicenehmer über eine Schnittstelle bereitstellt. Jedem Service liegt ein Vertrag zugrunde. Der Vertrag legt einerseits die bereitgestellte Funktionalität und andererseits nichtfunktionale Eigenschaften, wie z. B. die Verfügbarkeit fest. Ein Servicegeber beispielsweise kann jederzeit die aktuellen Börsenkurse zu bestimmten Aktien liefern.
- Eine Anforderungsanalyse kann eine Vorstufe zur Analyse der zu unterstützenden Geschäftsprozesse sein. Ziel ist eine Beschreibung aller Anforderungen, die dann in einer Anforderungsspezifikation gesammelt werden.

▶ Eine **Anforderung** ist gemäß IEEE 610 eine Eigenschaft oder Fähigkeit, die ein System oder eine Systemkomponente erfüllen muss, um einen Vertrag, eine Norm, eine Spezifikation oder andere, formell vorgegebene Dokumente zu erfüllen.

Zur Orientierung, wie eine Anforderungsspezifikation aufgebaut werden kann, gibt es mehrere Normen, z. B. DIN 69905, VDI 2519 und ISO/IEC/IEEE 29148;2018 zur grafischen Darstellung kann die Modellierungssprache SysML (= Systems Modeling Language) mit einem Anforderungsdiagramm eingesetzt werden.

- Ein Schnittstellendiagramm kann in der Analyse- und Entwurfsphase eingesetzt werden, um die an der Konzeption eines IT-Systems beteiligten Schnittstellen zu benennen. Hierdurch wird der Fokus auf die Definition dieser Schnittstellen und daraus folgende Abhängigkeiten gerichtet. Ein Schnittstellendiagramm ist eine vereinfachte Darstellung eines Datenflussdiagramms und besteht aus einem Kreis zur Kennzeichnung des betrachteten Systems. Externe oder interne Systeme, die in Beziehung zum betrachteten System stehen, werden mittels eines Rechtecks gezeichnet. Hierdurch können Daten, Dienstleistungen, Produkte etc. zur Verfügung gestellt oder empfangen werden. Die Kommunikation wird durch Pfeile symbolisiert, die die Richtung darstellen, in der diese Daten fließen (vgl. Abb. 2.20).
- Ein Anwendungsfall (engl. „use case") beschreibt, wie ein Akteur (z. B. der Nutzer) mit der Anwendung ein fachliches Ziel erreichen kann (vgl. Abb. 2.21). Hierbei spielen technische Details keine Rolle, sondern es wird beschrieben, welche Abläufe der Nutzer mit dem System durchführt. Bei einer Autovermietung sind das z. B. die Anwendungsfälle „Mietvertrag abschließen", „Auto zurückgeben" oder „Zahlungseingang überprüfen". Zusammenhängende Anwendungsfälle können mithilfe von UML (= Unified Modeling Language) in einem Anwendungsfalldiagramm modelliert werden.
- Eine Klasse ist ein Modell für eine Reihe ähnlicher Objekte bzgl. Struktur und Verhalten.

Abb. 2.20 Bestandteile von Schnittstellendiagrammen

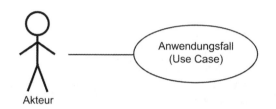

Abb. 2.21 Bestandteile von Anwendungsfalldiagrammen

Eine Klasse besteht aus Attributen (= Eigenschaften) und Methoden (= Verhalten). Konkrete Objekte der Realität sind beispielsweise verschiedene Fahrzeuge. Alle Fahrzeuge besitzen Gemeinsamkeiten wie z. B. aktuelle Geschwindigkeit oder Preis (= Attribute), die in einer Klasse „Fahrzeug" eingetragen werden. Typische Methoden dieser Klasse „Fahrzeug" sind Beschleunigen oder Abbremsen eines Fahrzeugs. Klassen werden für Anwendungen definiert, die mit objektorientierten Programmiersprachen entwickelt werden. Beziehungen zwischen mehreren Klassen werden mittels UML in einem Klassendiagramm modelliert (vgl. Abb. 2.22).

Zusammenfassung

Die Erstellung einer vollständigen IT-Architektur mit allen Prozessen, Anwendungen, Daten usw. ist sehr aufwendig und der Nutzen einer vollständigen Modellierung nicht immer auf Anhieb ersichtlich. Deshalb beschränkt man sich in der Praxis oft auf ausgewählte Themen oder Ausschnitte eines Unternehmens, um fundierte Entscheidungen treffen zu können. Eine mögliche Vorgehensweise ist, von der Darstellung des Istzustands der IT-Architektur ausgehend die Anforderungen zu ermitteln und geplante Geschäftsprozesse in Form von Anwendungsfällen oder anderen Geschäftsprozessnotationen zu beschreiben, um diese mithilfe von Software umzusetzen.

2.4.4 Aufgaben

Aufgabe 1
Ein Unternehmen möchte die Rohstoffbestände eines Lieferanten täglich einsehen, um die Produktionsversorgung mit einem Rohstoff sicherzustellen. Der Lieferant verlangt dafür Einblick

Abb. 2.22 Bestandteile von Klassendiagrammen

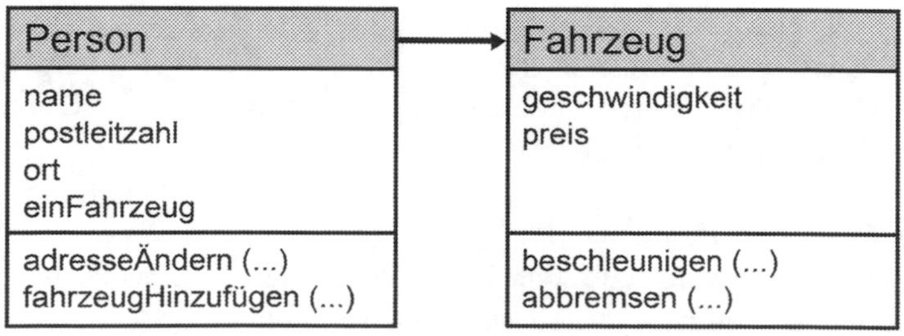

Person	Fahrzeug
name postleitzahl ort einFahrzeug	geschwindigkeit preis
adresseÄndern (...) fahrzeugHinzufügen (...)	beschleunigen (...) abbremsen (...)

in die Produktionsplanung des Unternehmens. Welche Bestandteile der IT-Architektur sind von der Fragestellung betroffen?

Aufgabe 2
Benennen Sie Vor- bzw. Nachteile von Standard- bzw. Individualsoftware.

Aufgabe 3
Ein Unternehmen setzt eine Vielzahl unterschiedlicher Anwendungen ein. Eine passende Planung der IT-Anwendungslandschaft stellt im Überblick diese Systeme zusammen. Welche Fragestellungen mit finanziellen Auswirkungen sind für den IT-Verantwortlichen im Unternehmen von Interesse?

Aufgabe 4
Ordnen Sie folgende Aufgaben der passenden Schicht aus dem Drei-Schichten-Modell zu:

- Der Anwender arbeitet in einem Dialog der Benutzeroberfläche und gibt dort einen Auftrag ein.
- Das System prüft die Eingaben des Anwenders und erzeugt eine Datenbankabfrage.
- Der Auftrag wird gespeichert und die Lieferadresse des Kunden gesucht.
- Es wird ein Folgedialog mit der Lieferadresse als Zusatzinformation erzeugt.
- Der Folgedialog wird dem Anwender angezeigt.

2.4.5 Lösungen zu Aufgaben

Lösung zu Aufgabe 1
- IT-Infrastruktur: Übertragung mit welchen Protokollen, Sicherheitsregelungen und Übertragungsmedien an externe Unternehmen?
- Datenarchitektur: Welche Daten sollen zu welchen Zeitpunkten in welchem Format übertragen werden?
- Anwendungsarchitektur: Welche Anwendungen führen die Datenübertragung durch?
- IT-gestützte Prozesse: Welche Mitarbeiter erhalten welche Inhalte?

Lösung zu Aufgabe 2
Standardsoftware ist schneller einsatzbereit und weist ein geringeres Risiko auf, weil lauffähige Versionen bereits vorliegen. Der Soft-

warehersteller bietet meist regelmäßige Pflege und Wartung an. Der Leistungsumfang des Produkts steht mehr oder weniger fest und der Kunde hat darauf nur geringen oder keinen Einfluss.

Eine Entwicklung von Individualsoftware ist sinnvoll, wenn es keine geeigneten Standardlösungen gibt. Die Individualsoftware deckt relativ genau die Anforderungen des Unternehmens ab, d. h., die Software wird so entwickelt, dass diese zu den Unternehmensabläufen passt. Dadurch werden weniger „überflüssige" Funktionen angeboten.

Lösung zu Aufgabe 3
- Lizenzmanagement: Kosten und Arten von Lizenzen
- Wartungsverträge: Kosten, Umfang, Dauer, Wartungsende
- Finanzierung der Folgeversionen
- Geplante Zusammenführung/Streichen von Anwendungen (Konsolidierung)

Lösung zu Aufgabe 4
Der Anwender arbeitet in einem Dialog der Benutzeroberfläche und gibt dort einen Auftrag ein. → Schicht 1 GUI

Das System prüft die Eingaben des Anwenders und erzeugt eine Datenbankabfrage. → Schicht 2 Geschäftslogik

Der Auftrag wird gespeichert und die Lieferadresse des Kunden gesucht. → Schicht 3 Datenhaltung

Es wird ein Folgedialog mit der Lieferadresse als Zusatzinformation erzeugt. → Schicht 2 Geschäftslogik

Der Folgedialog wird dem Anwender angezeigt. → Schicht 1 GUI

2.5 Modellierung und Optimierung von Geschäftsprozessen

Sibylle Kunz

Lernziele
- Definition und Identifikation von Geschäftsprozessen

- Aufgaben des Geschäftsprozessmanagements
- Rollen der Mitarbeiter im Geschäftsprozessmanagement
- Transformation von Prozessen in automatisierbare Workflows mittels IT
- Analyse, Modellierung und Optimierung von Prozessen
- Voraussetzungen für ein effektives Controlling von Geschäftsprozessen

---

Überblick

Globale Herausforderungen wie internationaler Wettbewerb, demografischer Wandel und Digitalisierung führen dazu, dass Unternehmen ihre Produkte immer schneller entwickeln und vermarkten müssen. Dazu kommt ein beständiger Kostendruck, da die Markttransparenz durch das Internet stark gestiegen ist. Die Anforderungen der Kunden an Qualität und oft auch Individualisierbarkeit der Produkte steigen ebenfalls. Vor diesem Hintergrund gewinnt das Geschäftsprozessmanagement beständig an Bedeutung.

2.5.1 Einführung

▷ Ein **Geschäftsprozess** ist eine Folge von Aktivitäten, die in einem logischen Zusammenhang stehen und inhaltlich abgeschlossen sind. Geschäftsprozesse sind oft arbeitsteilig, werden von Menschen oder Maschinen bzw. IT-Systemen ausgeführt und benötigen verschiedene Ressourcen und Informationen. Sie sind immer auf ein Unternehmensziel hin ausgerichtet (z. B. Kundenzufriedenheit, Marktdurchdringung usw.) und stehen im Einklang mit der Unternehmensstrategie.

Eigenschaften von Prozessen

- Prozesse laufen „End-to-End": Ein Prozess beginnt bei einem Bedarf (z. B. muss ein Material bestellt oder ein Mitarbeiter eingestellt werden oder der Kunde möchte ein Produkt kaufen) und endet mit der Deckung dieses Bedarfs (z. B. Wareneingang des Materials, Einstellung eines Mitarbeiters oder Lieferung des Produktes an den Kunden).
- Prozesse sollen gleichzeitig Kundenanforderungen erfüllen als auch der Organisation helfen, ihre Ziele zu erreichen, also dem Unternehmenszweck dienen.
- Prozesse verbinden Transformationen (z. B. Verarbeitung von Materialien zu Gütern) und Transaktionen (z. B. Auslieferungen in Zusammenarbeit mit Logistikpartnern). Oftmals erfolgen dabei schrittweise eine Wertschöpfung oder eine Steigerung von Größen, die den Unternehmenserfolg beeinflussen, wie z. B. eine Erhöhung der Kundenzufriedenheit.
- Prozesse beruhen oft auf Kooperationen organisatorischer Einheiten über Abteilungs- oder Funktionsgrenzen hinweg (engl. „cross-functional"). So arbeitet z. B. der Vertrieb mit der Produktionsplanung oder der Buchhaltung zusammen, um Kunden bestmöglich zu betreuen.
- Prozesse können über Unternehmensgrenzen hinweg angelegt sein (engl. „inter-enterprise"). In der Automobilindustrie finden sich viele Beispiele für Lieferketten, bei denen Hersteller von Teilen diese just-in-time direkt ans Fließband der Autohersteller liefern, was eine intensive Verzahnung der Informations-, Güter- und Geldflüsse voraussetzt.
- Prozesse werden über operative Prozessziele und Prozesskennzahlen (engl. „process performance indicators") gesteuert. Das kann z. B. die Wartezeit eines Kunden auf eine Helpdeskanfrage oder die Zahl der Retouren eines Produktes pro Monat sein.
- Prozesse werden durch einen Geschäftsprozessverantwortlichen geführt.

▷ **Geschäftsprozessmanagement** (engl. „business process management", BPM) hilft, die Bedürfnisse der Kunden und anderer Stakeholder im Einklang mit strategischen und operativen Unternehmenszielen zu erfüllen. Es umfasst Planung, Steuerung und Überwachung von Geschäftsprozessen im Hinblick auf Zeit, Kosten, Qualität und Kundenzufriedenheit. Aufgaben sind u. a. Beschreibung, Dokumentation, Optimierung und Überwachung von Abläufen im

Unternehmen. Dazu müssen Organisation, Methoden, Werkzeuge und IT-Systeme aufeinander abgestimmt und miteinander verzahnt werden.

Im Geschäftsprozessmanagement werden die einzelnen Leistungen des Unternehmens nicht isoliert betrachtet, sondern als wertsteigernde Abfolge von Funktionen und Aufgaben, die über mehrere organisatorische Einheiten verteilt sein können.

Beteiligte und Rollen

Geschäftsprozessmanagement schafft neue Rollen in der Aufbauorganisation:

- An der Spitze des Unternehmens kann es die Rolle des Chief Process Officers (CPO) geben, um geschäftsprozessorientiertes Denken im Unternehmen zu verankern und alle Voraussetzungen für erfolgreiches BPM in organisatorischer und technischer Hinsicht zu schaffen. Manchmal findet sich auch ohne formelle Rollenzuschreibung in der Unternehmensleitung ein „Vordenker", der die Führungsebene für Prozessorientierung sensibilisiert.
- Für jeden Geschäftsprozess ist ein Geschäftsprozessverantwortlicher (engl. „process owner") zu benennen, der den Prozess detailliert kennt und eng mit den Mitarbeitern in den einzelnen Fachbereichen zusammenarbeitet. Seine Aufgabe ist, dafür zu sorgen, dass sein Prozess möglichst schnell, kostengünstig und qualitativ einwandfrei läuft. Da manche Prozesse sehr umfangreich sind, kann diese Aufgabe durch entsprechende Teilprozessverantwortliche unterstützt werden.
- Prozessmitarbeiter arbeiten an einzelnen Aufgabenstellungen innerhalb eines Prozesses, wie z. B. dem Erstellen von Angeboten oder Anlegen von Kundenaufträgen, der Abwicklung von Lieferungen, der Buchhaltung usw.

Es ist hilfreich, wenn sich jeder Mitarbeiter als „interner Lieferant" von Zwischenergebnissen an seinen Nachfolger bzw. als „interner Kunde" der Ergebnisse seines Vorgängers begreift. Je besser das Verständnis zwischen Mitarbeitern insbesondere an den Abteilungsschnittstellen ist, desto

reibungsloser laufen Prozesse ab. Umgekehrt führt reines „Über-die-Mauer-Werfen" von Arbeitsergebnissen zu Wartezeiten, Abstimmungsproblemen und steigenden Kosten.

Vorgehen bei der Modellierung und Optimierung von Geschäftsprozessen

Konsequentes Geschäftsprozessmanagement erfordert das Analysieren, Optimieren und Umsetzen von Prozessen im Sinne eines kontinuierlichen Verbesserungsprozesses. Dies geschieht oftmals nach dem Plan-Do-Check-Act-Zyklus (PDCA) (vgl. Abb. 2.23).

Wichtige Prozesse werden zunächst identifiziert, eingeordnet und Veränderungen priorisiert. Dann wird für jeden Prozess eine Ist-Analyse durchgeführt, um Schwachstellen zu entdecken, Anschließend erfolgt eine Soll-Konzeption. Grafische Modellierungsverfahren wie EPK oder BPMN unterstützen dieses Vorgehen. Das Soll-Konzept wird anschließend implementiert und dahingehend geprüft, ob die erwarteten Verbesserungen eintreten. Ändern sich Randbedingungen oder werden neue Schwachstellen erkannt, beginnt der Zyklus von vorne.

Identifikation von Geschäftsprozessen: Management-, Kern- und Unterstützungsprozesse

Prozesse lassen sich unterscheiden in Management-, Kern- und Unterstützungsprozesse (vgl. Abb. 2.24).

- Die Managementprozesse planen, überwachen und steuern alle betrieblichen Abläufe.
- Die wichtigsten betrieblichen Kernprozesse (oft auch als Leistungsprozesse bezeichnet) in den meisten Industrieunternehmen sind:
  - Produktentwicklung („idea-to-market") von der ersten Produktidee bis zum fertigen Prototyp
  - Produktherstellung („plan-to-product") von der Produktionsplanung, der abgeleiteten Beschaffung aller notwendigen Ressourcen („purchase-to-pay") bis hin zum fertigen Produkt im Lager
  - Produktvermarktung („order-to-cash") von der ersten Anfrage eines Kunden über

Abb. 2.23 PDCA-
Zyklus

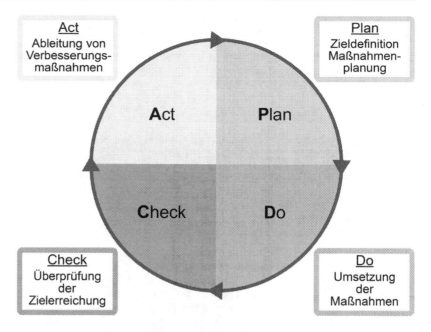

Abb. 2.24 Arten von
Geschäftsprozessen

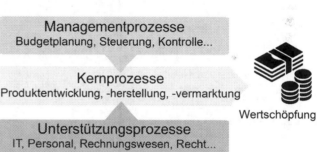

Angebot und Auftrag bis hin zur Auslieferung und Fakturierung der Lieferung.

Auch in Handels- oder Dienstleistungs-
unternehmen lassen sich solche Kernprozesse identifizieren.

Die Kernprozesse laufen horizontal entlang der Wertschöpfungskette.

- Die Unterstützungsprozesse stellen alles bereit, was dafür benötigt wird (Infrastruktur,
  Finanzen, Personalwesen, IT, Recht usw.).

Sogenannte Prozesslandkarten sind eine Visuali-
sierungsmöglichkeit für Geschäftsprozesse – sie
zeigen die Anordnung der wichtigsten Unterneh-
mensfunktionen und ihren Zusammenhang. Ergänzt um organisatorische Einheiten werden sie
auch als Prozessogramme bezeichnet.

Abb. 2.25 zeigt exemplarisch die Prozesslandkarte eines Restaurants.

Identifikation von Schwachpunkten
Schlecht oder ungünstig laufende Geschäftsprozesse erkennt man z. B. an folgenden Symptomen:

- Es passieren häufig Fehler in alltäglichen Ab-
  läufen.
- Die Liefertreue gegenüber den Kunden sinkt.
- Kunden retournieren oftmals Produkte oder
  reklamieren Mängel, die Kundenzufriedenheit
  sinkt.
- Die Lagerbestände sind ungeplant hoch.
- Es kommt zu langen Durchlaufzeiten in der
  Bearbeitung von Aufträgen durch unnötige
  Warte- und Liegezeiten.

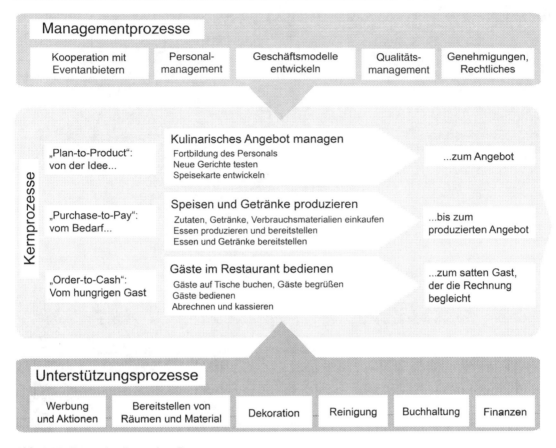

Abb. 2.25 Prozesslandkarte eines Restaurants

- Die Produkt- und Prozesskosten sind im Vergleich zum Umsatz sehr hoch.
- Prozessschritte ändern sich häufig und spontan.
- Mitarbeiter sind überfordert, wenn undefinierte Sonderfälle bei Bearbeitungsschritten auftreten.

Diese Phänomene lassen sich durch Datenerhebungen messen. Anschließend lassen sich die Daten zur Analyse und Optimierung von Geschäftsprozessen einsetzen.

2.5.2   Vom Prozess zum Workflow

Die Begriffe Prozess und Workflow werden oftmals irrtümlich synonym verwendet, obwohl sie auf unterschiedlichen Ebenen angesiedelt sind. Während Prozesse das „WAS" eher strategisch, fachlich-konzeptionell und abstrakt aus

Unternehmenssicht beschreiben, stellen Workflows das WIE der Abläufe aus Sicht der Technik dar.

▶ Ein **Workflow** beschreibt auf operativer Ebene in einem hohen Detaillierungsgrad einzelne Schritte bei der Abwicklung eines (Teil-)Prozesses. Er legt fest, welchem Mitarbeiter oder Anwendungssystem („wer?") zu welchem Zeitpunkt („wann?") welche Informationen, Dokumente und Werkzeuge („womit?") zur Verfügung gestellt werden, um eine Aktion („was?") in bestimmter Weise („wie?") ausführen zu können. Sowohl Input als auch Verarbeitung und Output eines Schrittes werden festgelegt. Workflows haben einen Auslöser (Trigger) und einen Abschluss. Nach jeder Aktivität im Workflow tritt ein definierter Zustand ein.

Man gelangt durch Verfeinerung und Konkretisierung vom Prozess zum Workflow (vgl. Abb. 2.26).

Abb. 2.26 Vom Prozess zum Workflow

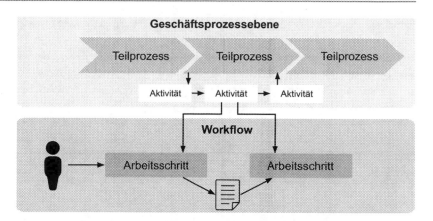

Ziel ist, Abläufe so weit wie möglich zu vereinheitlichen und alle Varianten durch Regeln möglichst gut abzubilden. Nicht alle Prozessaktivitäten eignen sich gleichermaßen für die Automatisierung. Man unterscheidet daher folgende Arten von Workflows:

- Produktionsworkflows (engl. „production workflows") sind stark strukturiert und zeichnen sich durch im Voraus abseh- und planbare Vorgänge mit bekannten Abhängigkeiten sowie klare Zuständigkeiten aus. Sie sind gut automatisierbar und können stark IT-gestützt ablaufen. Beispiel: Bestellung, Bau und Auslieferung eines PKW. Ähnlich gelagert, aber von geringerer strategischer Bedeutung sind „administrative Workflows", wie z. B. die regelmäßige Erstellung von Bilanzen oder Geschäftsberichten.
- Semistrukturierte Workflows sind nur teilweise gegliedert, im Voraus nicht vollständig bekannt und schwerer planbar. Zur Laufzeit müssen einige Schritte flexibel gehandhabt werden und unterscheiden sich bei jedem Durchlauf. Zuständigkeiten und Verantwortung sind nur zum Teil im Voraus festlegbar, weswegen sie auch als Collaborative Workflows bezeichnet werden. Beispiele: Vorbereitung eines Messeauftritts, Entwicklungsprojekte.
- Ad-hoc-Workflows sind kaum vorstrukturiert, ändern sich im Ablauf dynamisch und sind damit flexibler. Die Beziehungen zwischen den Vorgängen sind im Vorhinein nicht vollständig bekannt. Sie erlauben es, auf unvorhergesehene oder unregelmäßig auftretende Ereig-

nisse zu reagieren. Beispiele: Eine große Investitionsentscheidung oder eine Krise eines Unternehmens, die nicht nach „Schema F" abzuhandeln sind.

Zur Abbildung von Workflows in Informationssystemen existieren sogenannten Workflowmanagementsysteme (WMS). Sie erlauben die Analyse, Modellierung, Steuerung, Administration, Simulation und Überwachung von Workflows und bieten die Möglichkeit, Workflows über ihren kompletten Lebenszyklus zu bearbeiten.

Groupware-Systeme unterstützen die Kollaboration von Mitarbeitern durch E-Mail oder Chat-Funktionen, Kalender, Aufgaben- und Kontaktverwaltung usw. In Verbindung mit Workflowmanagementsystemen lassen sich in vielen Fällen Prozesse digital unterstützen.

Zur Modellierung bestehender Prozesse wie auch zur Konzeption neuer oder zu ändernder Prozesse stehen eine Vielzahl von Verfahren zur Verfügung. Die beiden meistverwendeten Verfahren EPK und BPMN werden in den folgenden beiden Abschnitten erläutert.

2.5.3 Ereignisgesteuerte Prozessketten

Ereignisgesteuerte Prozessketten (EPK) (engl. „event-driven process chain", EPC) sind eine etablierte Methode der grafischen Prozessdarstellung. Als Bestandteil der Architektur integrierter Informationssysteme (ARIS) finden EPK insbesondere im Umfeld der Einführung und

Anpassung von ERP-Systemen und im Qualitätsmanagement Anwendung.

EPK bestehen im Wesentlichen aus den beiden Elementen Ereignis und Funktion, ergänzt um Verknüpfungsoperatoren (Konnektoren) und Prozesswegweiser. Abb. 2.27 zeigt eine einfache EPK für einen Bestellprozess.

Regeln
Für die Erstellung von EPK gelten folgende Regeln:

- Ereignisse beschreiben einen Zustand, der eingetreten ist, und lösen ihrerseits eine Funktion aus. Sie werden als Sechseck dargestellt.
- Ereignisse werden meist mit einem Substantiv und Partizip benannt wie z. B. „Auftrag erfasst", „Antrag eingegangen" oder „Kunde benachrichtigt".
- Jede EPK beginnt und endet immer mit einem Ereignis.
- Funktionen stellen Aktivitäten dar, die ihren Input von Ereignissen beziehen und mit ihrem Output ein weiteres Ereignis auslösen. Sie beschreiben daher eine Transformation von Input- zu Outputdaten. Funktionen werden meist als Rechteck mit abgerundeten Ecken dargestellt. Sie werden mit einem Substantiv und Verb im Infinitiv beschriftet wie z. B. „Auftrag erfassen", „Bescheinigung drucken" oder „Kunde anrufen".
- Funktionen sind Träger von Zeit und Kosten und die Basis von Prozesskostenrechnungen (vgl. Abschn. 2.5.5).
- Ereignisse und Funktionen wechseln sich stets ab. Bereitstellungsereignisse wie z. B. „Auftrag wurde gedruckt", „Mail wurde verschickt" kann man zur besseren Lesbarkeit weglassen.
- Zwischen Ereignissen und Funktionen symbolisieren gerichtete Pfeile den Kontrollfluss.
- Verknüpfungsoperatoren können nach Ereignissen oder Funktionen stehen und schaffen Verzweigungen im Prozessablauf. Unterschieden werden die Operatoren AND (UND), OR (ODER) und XOR (exklusives ODER). Verzweigungen werden wie Klammern in der Arithmetik mit dem gleichen Operator geschlossen, mit dem sie geöffnet wurden. Darstellung und Verwendungsweise zeigt Abb. 2.28.

- Prozesswegweiser als doppelt umrahmtes Rechteck mit der Bezeichnung des Unterprozesses dargestellt (vgl. Abb. 2.27) verweisen auf weitere Prozesse oder Teilprozesse, um die Darstellungen nicht zu groß werden zu lassen.

Erweiterte EPK (eEPK)
Ereignisgesteuerte Prozessketten zeigen nur die Abläufe, nicht aber, welche Mitarbeiter diese durchführen oder mit welchen IT-Systemen dies geschieht. Das Problem der fehlenden Darstellbarkeit von Daten und Dokumenten, angebundenen IT-Systemen und organisatorischen Einheiten lösen erweiterte ereignisgesteuerte Prozessketten (eEPK). Sie ergänzen die EPK um Symbole und Regeln für diese drei Elementarten. Diese werden stets an Funktionen, nicht aber an Ereignisse angehängt. Formen und Farbgebung der Elemente sind je nach Software unterschiedlich; einige Programme verwenden auch kleine Symbole, um zu verdeutlichen, um welche Elemente es sich handelt (vgl. Abb. 2.29).

Organisatorische Einheiten und IT-Systeme werden über eine Assoziation mit einer Funktion verbunden (ungerichtete Kante), Inputobjekte besitzen eine gerichtete Kante (mit Pfeilspitze) hin zur Funktion, Outputdokumente eine gerichtete Kante von der Funktion zum Objekt.

Bei komplexeren Abläufen werden EPKs und eEPKs jedoch zunehmend unübersichtlich. Sie lassen sich nur schwer unmittelbar automatisieren und sind bisweilen nicht eindeutig. Ein Wechsel der Verantwortlichkeit für einen Prozessschritt ist schwerer zu erkennen als bei BPMN-Diagrammen. Im SAP-Umfeld haben EPK größere Bedeutung erlangt; in den letzten Jahren hat jedoch die Nutzung von BPMN stetig zugenommen.

2.5.4 Business Process Model and Notation

Eine weitere Notation zur Spezifikation und Darstellung von Geschäftsprozessen ist Business Process Model and Notation (BPMN), mit der sich ebenfalls betriebliche Abläufe dokumentieren lassen. BPMN wurde von IBM 2001 entwickelt und 2011 als Standard in der Version 2.0

Abb. 2.27   Ein
einfacher Bestellprozess
als EPK

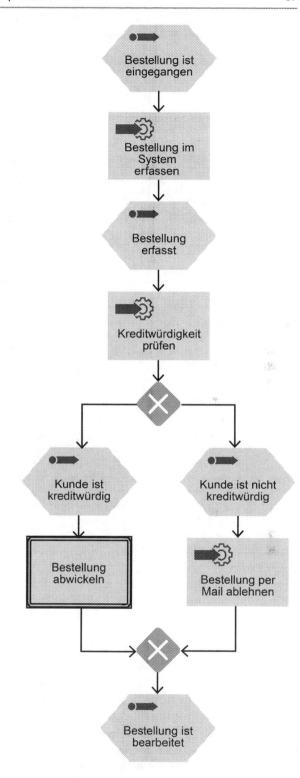

Operator	Verwendung
 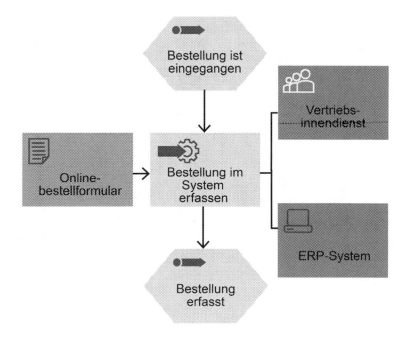	AND: Alle nachfolgenden Zweige werden parallel ausgeführt. Ein AND-Operator kann sowohl auf Ereignisse als auch auf Funktionen folgen.
	OR: Mindestens einer der nachfolgenden Zweige wird ausge- führt. Achtung: Ein OR-Operator darf nicht auf ein Ereignis folgen.
	XOR: Genau einer der nachfolgenden Zweige wird ausgeführt. Achtung: Ein XOR-Operator darf nicht auf ein Ereignis folgen.

Abb. 2.28 Verknüpfungsoperatoren in EPK

Abb. 2.29 Funktion in einer erweiterten EPK mit Inputdaten, Organisationseinheit und IT-System

von der Object Management Group (OMG) fest-geschrieben.

Jedes BPMN-Diagramm, auch Business Process Diagram (BPD) genannt, beschreibt einen Geschäftsprozess. Der Prozessablauf kann sich in verschiedenen sogenannten Bahnen (engl. „lanes") abspielen. Jede Bahn steht für einen Verantwortungsbereich (z. B. den Vertrieb) oder eine Rolle (z. B. Dozent) in einer Organisation. Mehrere Lanes bilden einen „Pool" – das Diagramm

sieht aus, als betrachte man ein Schwimmbad mit abgegrenzten Bahnen von oben. Deswegen heißen diese BPMN-Diagramme auch „Swimlane"-Diagramme.

BPMN-Diagramme sind intuitiv leicht verständlich. Ein Vorteil liegt darin, dass jederzeit erkennbar ist, welche Rolle oder Organisationseinheit für die aktuelle Aufgabe zuständig ist und wann die Verantwortlichkeit wechselt. Abb. 2.30 zeigt einen einfachen Bestellprozess.

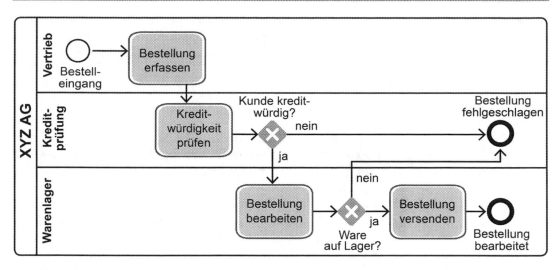

Abb. 2.30 Ein einfacher Bestellprozess als BPMN-Diagramm

BPMN stellt ein Symbolset zur Verfügung, das sich in vier Kategorien einteilen lässt:

- Flow Objects: Grundelemente von Geschäftsprozessen, d. h.
  - Event (Ereignis), dargestellt durch Kreise
  - Activity (Arbeit, Tätigkeit), dargestellt durch Rechtecke
  - Gateway (Entscheidungspunkte zur Kontrolle von Flows mittels AND, OR, XOR), dargestellt durch Rauten mit Symbol in der Mitte
- Connecting Objects
- Swimlanes: Definition von Verantwortlichkeits- oder Zuständigkeitsbereichen
- Artifacts: Weiterführende Informationen oder Datenobjekte

Für die Modellierung von Prozessen mit BPMN gelten Regeln, die im Folgenden dargestellt werden:

Ereignisse
Prozessdarstellungen in BPMN beginnen und enden stets mit einem Start- bzw. Endereignis. In Abb. 2.30 gibt es ein Startereignis („Bestelleingang") und zwei Endereignisse („Bestellung bearbeitet" oder „Bestellung fehlgeschlagen"). Dazwischen sind Zwischenereignisse möglich. Für Zwischenereignisse gibt es zwei Varianten:

- Zwischenereignisse können empfangend, d. h. eingetreten (engl. „catching") sein (z. B. eine eingehende E-Mail) und werden dann nicht ausgefüllt gezeichnet.
- Das Gegenteil sind Zwischenereignisse, die sendend, d. h. auslösend (engl. „throwing") sind (z. B. wird das in einer E-Mail gesendet), diese Ereignisse werden mit schwarz ausgefüllten Symbolen dargestellt.

Das grundsätzliche Schema zeigt Abb. 2.31. Startereignisse werden durch dünner gezeichnete Kreise, Endereignisse durch dicker gezeichnete Kreise dargestellt, Zwischenereignisse bestehen aus zwei ineinander gezeichneten Kreisen. Abgebildet ist ein Nachrichtenereignis, symbolisiert durch den Briefumschlag. Dabei kann die Nachricht als Brief, Fax, E-Mail oder sonstige Nachrichtenart vorliegen.

Es gibt eine Vielzahl von Ereignistypen (engl. „event types"), um z. B. den Versand oder Empfang von Benachrichtigungen (engl. „message"), das Ablaufen einer zeitlichen Frist (engl. „timer") oder das Auftreten eines Fehlers (engl. „error") abzubilden. Abb. 2.32 zeigt wichtige Ereignisse jeweils in den inhaltlich sinnvollen Varianten für Startereignis, eingetretenes bzw. auslösendes Zwischenereignis und Endereignis.

Eine Reihe von weiteren Ereignistypen kann der BPMN-Spezifikation entnommen werden.

Abb. 2.31 Darstellung
von Start-, Zwischen-
und Endereignissen

Aktivitäten

Bearbeitungsschritte, die von den einzelnen Rolleninhabern während des Prozesses ausgeführt werden, werden als Aktivitäten dargestellt. Ein Beispiel ist die Aktivität „Bestellung erfassen" in Abb. 2.30.

Gateways

Für Gateways, die Verzweigungen und Zusammenflüsse von Prozessabschnitten steuern, gibt es ebenfalls eine Vielzahl von Ausprägungen. In Abb. 2.33 kommt bei der Kreditwürdigkeitsprüfung als Gateway ein exklusives ODER (XOR) zum Einsatz – entweder der Kunde ist kreditwürdig und kann bestellen oder nicht.

Das Symbol im Inneren der Raute gibt an, um welche Art von Gateway es sich handelt. Ein Gateway kann selbst keine Entscheidung treffen, hierfür ist vorher eine Aktivität notwendig. Jedes Gateway eröffnet mehrere Pfade (SPLIT), an späterer Stelle laufen diese wieder zusammen (JOIN).

Das exklusive Gateway (XOR, exklusives ODER, Symbol: x) wurde bereits in Abb. 2.30 verwendet – nur einer von mehreren Zweigen wird durchlaufen.

Das parallele Gateway (AND bzw. UND, Symbol: +) teilt den Prozess in mehrere Teile auf, sodass alle Verzweigungen abgearbeitet werden (vgl. Abb. 2.34).

Ein inklusives Gateway (OR bzw. ODER, Symbol: O) bietet mehrere Verzweigungen an, von denen mindestens einer durchlaufen werden muss (vgl. Abb. 2.35).

Beim eventbasierten Gateway kann der Prozess durch unterschiedliche Ereignisse fortgesetzt werden (vgl. Abb. 2.36). Anhand des tatsächlich eintreffenden Ereignisses wird entschieden („getriggert"), welche Alternative zur Fortsetzung durchlaufen wird.

Komplexe Gateways formulieren eine oder mehrere Bedingungen, die erfüllt sein müssen, damit der Zweig durchlaufen wird. In Abb. 2.37 lautet die Bedingung „Mindestens zwei von drei Produktwerbearten sollen initiiert werden".

Token-Konzept

Damit ein Prozess bei einem JOIN-Gateway erst weiterläuft, wenn alle erforderlichen Zweige abgearbeitet sind, gibt es das Konzept der sog. „Token" (Prozessmarken). Ein solches Token repräsentiert zunächst eine Instanz eines Prozesses und wird beim Startereignis erzeugt. An manchen Gateways (z. B. an einem parallelen oder inklusiven Gateway) wird das Token vervielfältigt (SPLIT). Die zusätzlichen Token laufen durch die einzelnen Pfade und werden beim schließenden JOIN-Element wieder „konsumiert" bzw. zum Ursprungstoken verschmolzen. Bei einem exklusiven Gateway ist ein JOIN-Element am Ende nicht zwingend notwendig. Da die Anzahl der im Prozess kursierenden Token immer bekannt ist, „wissen" die Gateways, wann alle erforderlichen Token eingetroffen sind.

Einige Modellierungswerkzeuge setzen dieses Konzept auch grafisch um, sodass ein Prozessablauf dynamisch als Animation mit „wandernden" Marken simuliert werden kann. Abb. 2.38 zeigt, wie das ursprüngliche Token direkt beim parallelen Gateway in zwei Token aufgespalten worden ist.

Pools und Swimlanes

Alle Beteiligten an einem Geschäftsprozess werden in jeweils eigenen Swimlanes dargestellt. Beteiligte können beispielsweise Organisationseinheiten, Rollen, Personen oder Systeme sein. Mehrere Swimlanes bilden zusammen einen Pool. Beispielsweise kann ein Pool ein Unternehmen darstellen, das aus mehreren Swimlanes, d. h. Abteilungen besteht. In Abb. 2.30 besitzen die Vertriebsmitarbeiter, die Mitarbeiter der Kre-

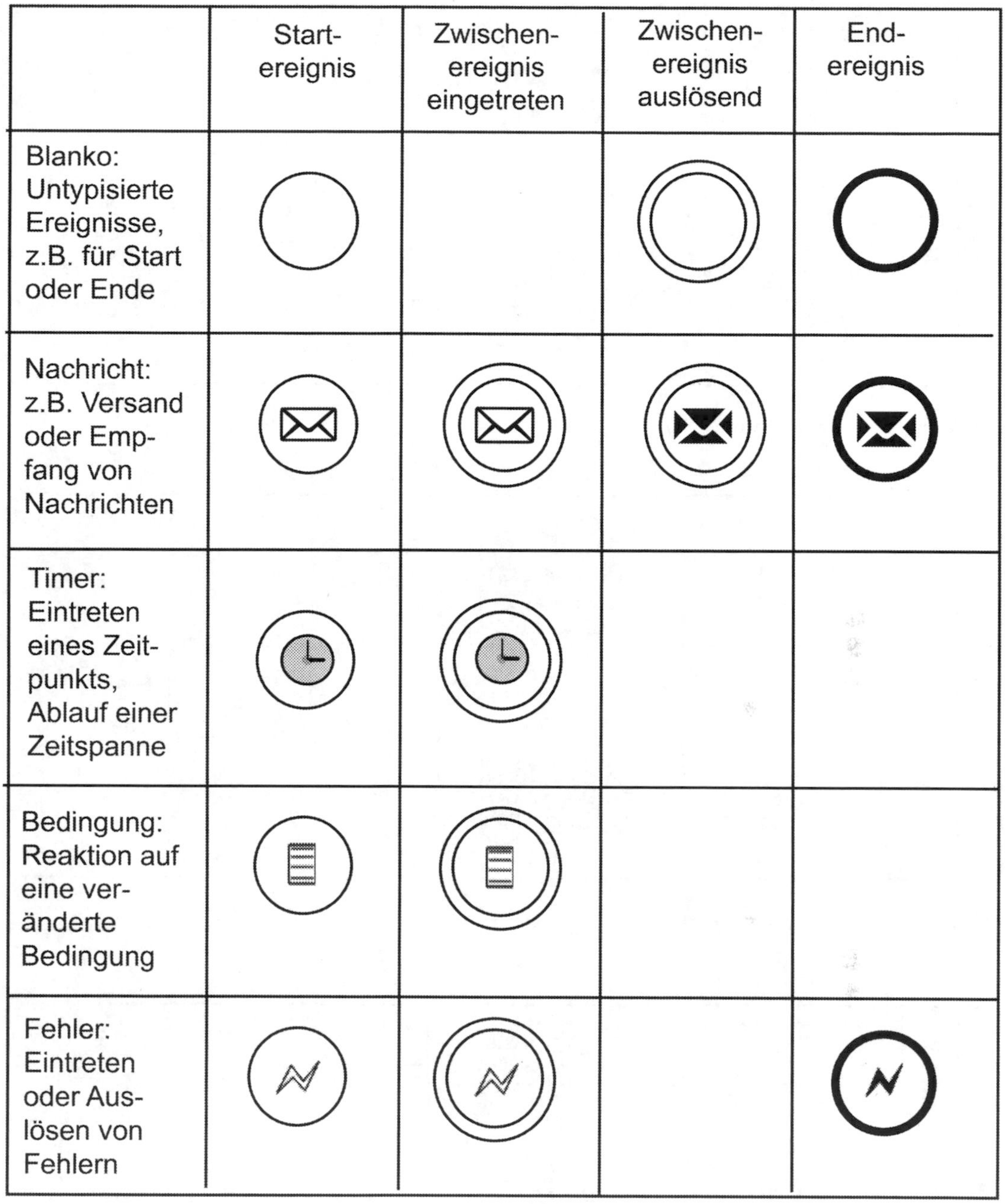

	Start-ereignis	Zwischen-ereignis eingetreten	Zwischen-ereignis auslösend	End-ereignis
Blanko: Untypisierte Ereignisse, z.B. für Start oder Ende	◯		◎	⬤
Nachricht: z.B. Versand oder Empfang von Nachrichten	✉	✉	✉	✉
Timer: Eintreten eines Zeit-punkts, Ablauf einer Zeitspanne	🕐	🕐		
Bedingung: Reaktion auf eine ver-änderte Bedingung	▤	▤		
Fehler: Eintreten oder Aus-lösen von Fehlern	∿	∿		∿

Abb. 2.32 BPMN-Notation für Ereignisse

ditabteilung und die Mitarbeiter im Lager jeweils eine eigene Lane. Die Swimlanes können von links nach rechts ablaufen, aber auch von oben nach unten.

Ein zweiter Pool kann z. B. der Lieferant oder Kunde sein. Jeder Pool ist eine eigene Prozessinstanz, d. h. ein eigenständig ablau-fender Prozess, der unabhängig von anderen Prozessen ist.

Kanten (Connecting Objects)
Die Kanten werden durch Linien mit Pfeilspitzen dargestellt, die die Knoten miteinander verbin-den. Es gibt zwei Arten von Kanten:

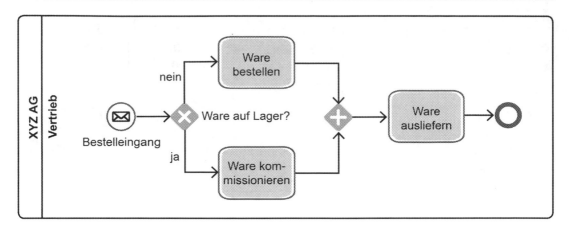

Abb. 2.33 Exklusives Gateway (XOR)

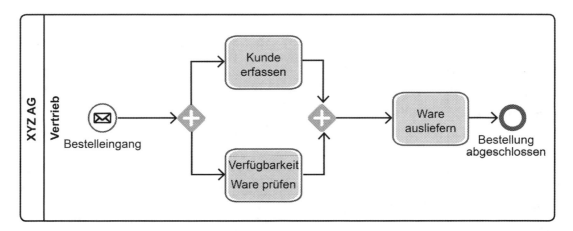

Abb. 2.34 Paralleles Gateway (AND)

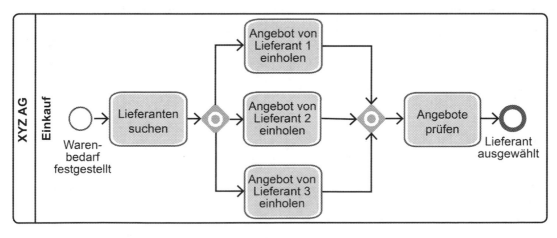

Abb. 2.35 Inklusives Gateway (OR)

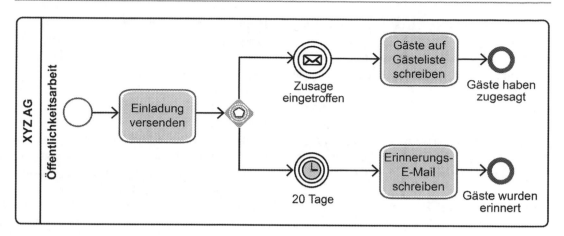

Abb. 2.36 Eventbasiertes Gateway

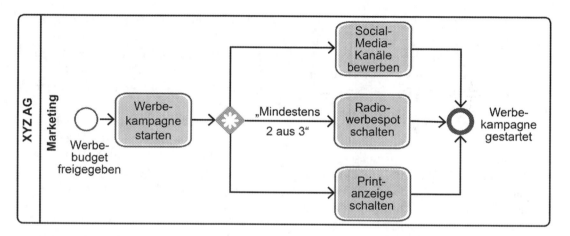

Abb. 2.37 Komplexes Gateway

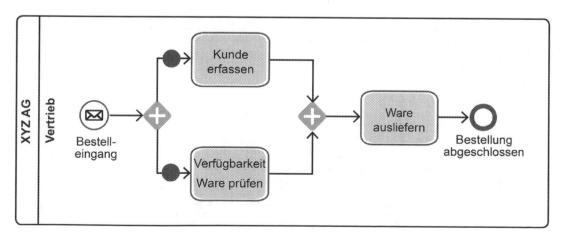

Abb. 2.38 BPMN-Diagramm mit Tokendarstellung

- Ein Sequenzfluss (engl. „sequence flow") beschreibt eine Reihenfolge. Er verbindet Aktivitäten, Ereignisse und Gateways. Die Darstellung erfolgt durch eine durchgezogene Linie.
- Ein Nachrichtenfluss (engl. „message flow") bildet den Austausch von Meldungen oder Nachrichten ab. Er verbindet Pools, Swimlanes oder Flow Objects. Die Darstellung erfolgt durch eine gestrichelte Linie.

Verbindet man zwei Pools miteinander (z. B. ein Unternehmen mit einem Kunden), dann muss somit ein Nachrichtenfluss zur Kommunikation verwendet werden, was auch als Kollaboration bezeichnet wird. So lässt sich beispielsweise der Kunde durch einen eigenen Pool darstellen, der Botschaften sendet und erhält. Damit wird der Kunde zur „Black Box" – aus Sicht des Geschäftsprozesses ist nicht erkennbar, was „im Inneren" des Kundenprozesses geschieht.

Artifacts
Mit Artifacts lassen sich Informationsobjekte wie z. B. Dokumente, Kommentare oder Gruppierungen innerhalb eines Prozesses symbolisieren. Beispielsweise kann die Bestellung eines Kunden, die Bestell- und Kundendaten enthält, als Dokument gekennzeichnet werden.

Globale Tasks und Teilprozesse
Oftmals lassen sich einzelne Tasks oder ganze Teilprozesse identifizieren, die in verschiedenen Prozessen aufgerufen werden wie z. B. Anmeldevorgänge oder Prüfroutinen. Hinter jeder dieser globalen Tasks verbergen sich wiederum umfangreiche Teilprozesse. Diese werden einmal als globale Elemente modelliert und dann immer wieder verwendet. Das sorgt für übersichtliche Darstellungen. Bei Änderungen muss nur ein Diagramm geändert werden. Erkennbar sind solche Elemente am Pluszeichen am unteren Rand (siehe Aktivität „Verfügbarkeit prüfen" in Abb. 2.39).

▷ **Tipps für die Modellierung**

- Am besten verschafft man sich zunächst einen Überblick über die einzelnen Prozessschritte und die Rollen der Ausführenden. So gelangt man schnell zu einem ersten Pool.
- Zunächst sollte immer der sogenannte „Happy Path" modelliert werden – das ist der Ablauf, bei dem alles ideal verläuft. So vermeidet man es, durch Betrachtung von Sonderfällen den roten Faden zu verlieren. Ein Diagramm muss übersichtlich sein, Details können auch in tiefere Ebenen verschoben werden.
- Es sollten Aktivitäten oder Teilprozesse identifiziert werden, die immer wieder auftauchen. Sie sind Kandidaten für glo-

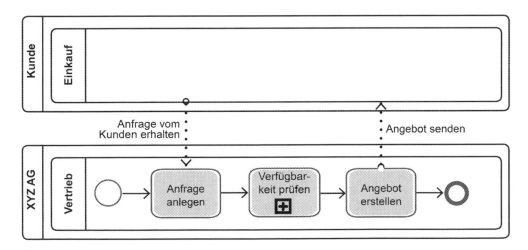

Abb. 2.39 Beispiel für eine Kollaboration

bale Tasks. Aber auch falls eine aus mehreren Teilaktivitäten bestehende Aufgabe
nur einmal als Unterprozess benötigt
wird, kann die Nutzung von globalen
Tasks hilfreich sein, um einen Prozess
schrittweise zu verfeinern.

- Bei der Verfeinerung wird berücksichtigt,
  ob Ereignisse z. B. zeitgesteuert ausgelöst
  werden oder Teilprozesse von Bedingungen abhängig sind.
- Es können auch Fehlersituationen modelliert werden. Häufig hilft es, bei jeder identifizierten Aktivität die Frage zu stellen:
  Was soll passieren, wenn dieser Schritt
  fehlschlägt? Achtung: Die vollständige Erfassung aller Fehlersituationen kann sehr
  aufwendig sein, deshalb gibt es weitere
  BPMN-Modellelemente, z. B. zur Ausnah-
  mebehandlung.

Ein großer Vorteil der BPMN ist die intuitive
Darstellung, die auch für weniger IT-affine Anwender zu verstehen ist. Prozesslücken oder Redundanzen lassen sich gut erkennen. Es werden
sowohl die Organisationssicht („wer tut et-
was?") als auch die Aktivitätssicht („was passiert?") und die Informationssicht („mit welchen   Informationsobjekten?")   verdeutlicht.
BPMN ist mächtig und enthält noch einige weitere, hier nicht beschriebene Elemente. Oftmals
werden auch nur wenige Gateway- und Ereignistypen eingesetzt, wenn ein Prozess zunächst
grundlegend erfasst wird.

Diese Eigenschaften haben in den letzten Jahren
die Popularität der BPMN verstärkt. Es existiert
eine Vielzahl freier und kommerzieller BPMN-
Programme, deren Funktionsumfang von der reinen Visualisierung bis hin zur Simulation und Pro-
zesskostenübersicht reicht.

2.5.5 Erfassung von Zeit und Kosten: Unterstützung einer Prozesskostenrechnung

Während Ereignisse nur dazu dienen, Start,
Ende und das Erreichen bestimmter Punkte im
Prozess zu verorten, können Aktivitäten mit

Metainformationen z. B. zu ihrer Ausführungs-
dauer, ihrer Ausführungshäufigkeit, den Kosten eines Durchlaufs oder der Wahrscheinlichkeit ihrer Ausführung versehen werden. Diese
Informationen lassen sich aggregieren und in
Tabellen- oder Berichtsform darstellen, um
beispielsweise eine Prozesskostenrechnung zu
ermöglichen.

> **Beispiel**
>
> Ein Kreditantrag wird vom Kunden online
> ausgefüllt. Nach Eingang bei der Bank wird
> er manuell auf Vollständigkeit überprüft und
> in ein bankinternes Validierungstool über-
> nommen. Dafür benötigt der Sachbearbeiter
> durchschnittlich 30 Minuten. Verrechnet mit
> einem internen Stundensatz von 50 € erge-
> ben sich Kosten von 25 € für diesen Prozess-
> schritt.
>
> Die anschließende Angebotserstellung wird
> mit durchschnittlich 25 Minuten veranschlagt,
> was zu weiteren Kosten von 20,83 € führt. For-
> mal wird das Angebot noch vom Abteilungs-
> leiter genehmigt (5 Minuten, interner Stun-
> densatz 84 €), sodass hier weitere 7 € anfallen.
> Anschließend wird das Angebot per Mail vom
> zuständigen Kundenbetreuer an den Kunden
> versandt und dokumentiert (5 Minuten, entspre-
> chend 4,17 €).
>
> Insgesamt ergeben sich somit 57,00 € für
> die Bearbeitung bei einer Bearbeitungszeit
> von 60 Minuten. Die tatsächliche Durchlauf-
> zeit kann darüber liegen, weil noch keine War-
> tezeiten berücksichtigt wurden.

Einige Softwarepakete erlauben die Erfassung
und Auswertung solcher Prozessinformationen,
indem die grafischen Symbole der Aktivitäten
mit Metadaten zu Dauer und Kosten hinterlegt
werden (vgl. Abb. 2.40).

Durch Summieren der einzelnen Wege durch
den Prozess erhält man Angaben zu Durchlaufzeit oder Kosten (vgl. Abb. 2.41).

Die vier gezeigten Anwendertasks wurden mit
Metadaten zu Dauer und Kosten versehen. Anschließend wurde ein Berichtswerkzeug eingesetzt, das die Kostendaten in eine Tabellenkalkulation exportiert und aufsummiert.

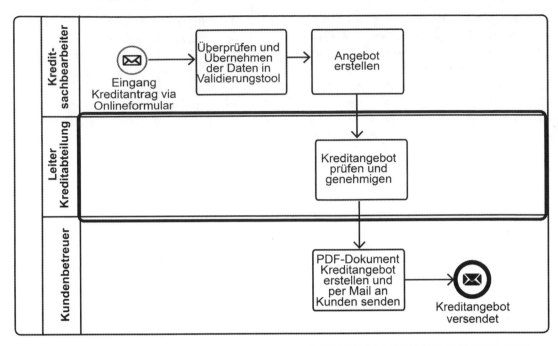

Aktivität	Kreditangebot prüfen und genehmigen
Funktion	Leiter Kreditabt.
Dauer	5 min
Kosten	7,00 €

Abb. 2.40 Task mit hinterlegten Metadaten

Abb. 2.41 Aus den Metadaten generierte tabellarische Kostenübersicht

Kostenbericht	
Aufgabe	Kosten
Überprüfen und Übernehmen der Daten in Validierungstool	25,00 €
Angebot erstellen	20,83 €
Kreditangebot prüfen und genehmigen	7,00 €
PDF-Dokument Kreditangebot erstellen und an Kunden mailen	4,17 €
Gesamt	**57,00 €**

2.5.6 Geschäftsprozessoptimierung

Hat man einzelne Geschäftsprozesse identifiziert, analysiert und mit geeigneten Methoden wie eEPK oder BPMN visualisiert, können Überlegungen zur Optimierung angestellt werden. Mögliche Ziele einer Optimierung sind

• Senkung der Gesamtkosten
  – durch Erhöhung des Automatisierungsgrades

- durch Verwendung anderer Roh-, Hilfs- und Betriebsstoffe
- durch Veränderung oder Wegfall lohnintensiver Bearbeitungsschritte
- durch Outsourcing usw.
• Verkürzung der Durchlaufzeit
  - durch Beschleunigung von Prozessschritten und ihren Bearbeitungszeiten
  - durch Verkürzung oder Eliminierung von Warte-, Rüst- oder Liegezeiten
  - durch schnellere Belieferung der Kunden usw.
• Erhöhung der Kundenzufriedenheit oder Kundenbindung
  - durch Erhöhung der Produktqualität
  - durch schnellere Erfüllung von Kundenwünschen oder höhere Liefertreue
  - durch Erweiterung der Serviceangebote usw.

Bezogen auf die Modellierung einzelner Tasks gibt es einige grundsätzliche Möglichkeiten, Prozesse zu verändern. Dazu gehören:

• Das Beschleunigen von Prozessen durch Vermeidung von Wartezeiten, wie sie z. B. durch Abwesenheiten von Mitarbeitern entstehen (Abhilfe: Vertreterregelungen)
• Das Automatisieren von Tätigkeiten durch geeignete Werkzeuge (z. B. Zutatenzerkleinerung in einer Großküche)
• Das Weglassen überflüssiger Prozessschritte wie z. B. manuelle Mehrfacherfassungen derselben Daten in Listen
• Das Eliminieren von Schleifen z. B. in der Überarbeitung von Dokumenten, die mehrfach zwischen zwei Bearbeitern hin- und hergeschickt werden
• Das Zusammenfassen zweier bisher getrennter Prozessschritte zu einem, wie z. B. das Erstellen und Versenden eines Kreditangebotes an einen Kunden durch denselben Sachbearbeiter
• das Parallelisieren von Arbeitsgängen, so könnte z. B. bei einer Computerspieleentwicklung die Musik schon produziert werden, während die Spielecodierung noch erfolgt (sofern hinreichende Absprachen bestehen)
• das Auslagern von Prozessteilen in Länder mit niedrigeren Lohnkosten (z. B. Software-

entwicklung in Indien oder Displayproduktion in Asien)
• das Verlagern von Tasks nach vorne oder hinten im Prozessverlauf, wo die Bearbeitung sinnvoller ist. Beispiel: Vorverlagern einer Qualitätskontrolle vor das Verpacken
• das Hinzufügen neuer, bisher unberücksichtigter Tasks wie etwa zusätzliche Qualitätskontrollen zwischen zwei Fertigungsschritten

Zusammenfassung

Geschäftsprozessmanagement hat angesichts globaler Herausforderungen für die Unternehmen stark an Bedeutung gewonnen. Es handelt sich um einen ganzheitlichen Ansatz, der von den Beteiligten ein Denken über Abteilungsgrenzen oder sogar Unternehmensgrenzen hinweg erfordert.

Die konsequente Identifikation, Ist-Analyse, Optimierung und Umsetzung von Geschäftsprozessen geschieht meist als kontinuierlicher Verbesserungsprozess (KVP, PDCA-Zyklus). Grafische Modellierungsmethoden wie eEPK oder BPMN erleichtern die Ist-Analyse und Soll-Konzeption. Aus abstrakten Prozessen werden – meist mit IT-Unterstützung – ganz oder teilautomatisierte Workflows. Zur Optimierung von Prozessen existiert eine Reihe von Möglichkeiten, Prozessschritte zu modifizieren, wegzulassen, zu ergänzen usw. Die Bestimmung von Dauer und Kosten einzelner Schritte erlaubt den Aufbau einer konsistenten Prozesskostenrechnung an der Schnittstelle zwischen Unternehmens-IT und Unternehmenscontrolling.

2.5.7 Aufgaben

Aufgabe 1
Benennen Sie die einzelnen Schritte in einem Kundenauftragsprozess.

Aufgabe 2
Nennen Sie drei Geschäftsprozesse, die in einer Bank eine wichtige Rolle spielen.

Aufgabe 3
Welche Kennzahlen könnte ein Restaurantbesitzer verwenden, um festzustellen, ob die Prozesse effizient laufen?

Aufgabe 4
Welche Management-, Kern- und Unterstützungsprozesse gibt es in einem Kino? Zeichnen Sie die zugehörige Prozesslandkarte.

Aufgabe 5
Folgender Prozess ist als eEPK darzustellen:
Die von einem Kunden bestellte Ware ist von einem Möbelhersteller produziert worden. Die Ware wird vom Lagermitarbeiter ins Lager gebracht. Dann erfolgt durch den Lagermitarbeiter im ERP-System eine Rückmeldung zum aktuellen Lagerbestand. Das ERP-System erstellt gleichzeitig einen Finanzbuchhaltungsbeleg. Nachdem dies erfolgt ist, erhält der Kunde vom Innendienst eine E-Mail zur Information.

Aufgabe 6
Modellieren Sie mittels BPMN:
In einem Onlinekinoticketsystem wählt der Besucher der Kinowebsite zunächst einen Tag, einen Film und eine Uhrzeit aus. Das System zeigt in einer Übersichtsgrafik alle noch freien Plätze an. Der Kunde klickt die gewünschten Plätze an. Danach wird der Preis aller gewählten Plätze berechnet und angezeigt. Geht der Kunde dann zur virtuellen Kasse, kann er zwischen Paypal und Kreditkartenbezahlung wählen. Hierzu wird dann jeweils ein gesonderter Teilprozess „Paypal-Zahlung" bzw. „Kreditkartenzahlung" ausgeführt.

Aufgabe 7
Betrachten Sie den Prozess „Essengehen in einer typischen Hochschulmensa oder Kantine". Welche Tasks können Sie identifizieren? Wo liegen Verbesserungspotenziale?

2.5.8 Lösungen zu Aufgaben

Lösung zu Aufgabe 1
Kunde stellt Anfrage – Vertrieb erarbeitet ein Angebot – Kunde und Vertrieb verhandeln – Kunde

platziert einen Auftrag – Auftrag wird gefertigt (Anstoß weiterer Teilprozesse wie Einkauf und Produktion) – Auftrag wird ausgeliefert, Kunde erhält Ware – Faktura wird erstellt – Kunde begleicht die Rechnung.

Lösung zu Aufgabe 2
Beispiele: Kredit vergeben, Kundenkonto eröffnen, Wertpapierdepot einrichten, Barabhebung, Fremdwährung umtauschen u. v. m.

Lösung zu Aufgabe 3
Beispiele: Zahl der ausgegebenen Mahlzeiten pro Tag, Auslastung der Tische zu verschiedenen Uhrzeiten, Zahl der Reservierungen, Menge der zurückgegebenen Speisen und Reste, Zahl der Beschwerden, Verweildauer der Gäste im Restaurant, Anzahl positiver/neutraler/negativer Bewertungen auf Internetplattformen, Anzahl der Gerichte, die sehr häufig/sehr selten im Vergleich zum Rest der Karte bestellt werden, Zahl der Stammgäste, Zahl der Teilnehmer an Bonusprogrammen (z. B. Coupons), Fluktuation des Servicepersonals usw.

Lösung zu Aufgabe 4
Vgl. Abb. 2.42.
Definition und Abgrenzung zu Prozessen, Merkmale von Workflows (voll automatisiert, teilweise automatisiert, nicht automatisierbar)

Lösung zu Aufgabe 5
Vgl. Abb. 2.43.

Lösung zu Aufgabe 6
Es gibt mehrere Lösungsvarianten: mit/ohne Kollaboration, mit zwei Pools oder einem Pool, horizontal oder vertikal aufgebaut usw. Eine mögliche Lösung zeigt Abb. 2.44.

Lösung zu Aufgabe 7
- Beispiele für Tasks: Anstellen in der Warteschlange, Entnahme eines Tabletts und Entnahme von Besteck, Servietten etc., Auswahl eines Gerichtes, Zusammenstellen von Menübestandteilen, Anstellen an der Kasse, Bezahlvorgang, Bezahlmittel usw.
- Beispiele für Verbesserungspotenziale: Verkürzung der Wartezeiten in der Schlange und

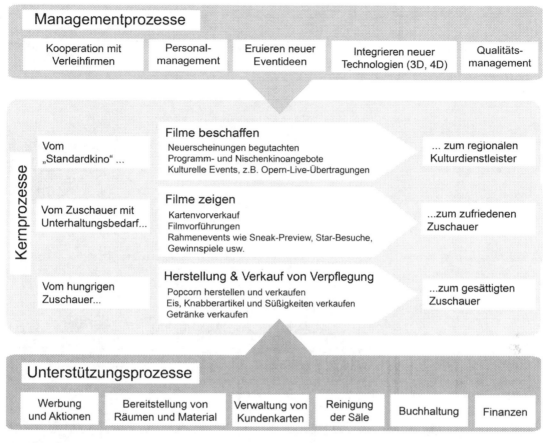

Abb. 2.42 Lösung zu Aufgabe 4

an der Kasse, Nachschub von Tabletts und Bestecken, Qualität der Speisen, Warmhalten von Speisen, Planung der Wochenspeisepläne usw.

2.6   Modellierung und Organisation von Daten

Frank Mehler

Lernziele
- Aufbau und Eigenschaften von Datenbanken
- Systematische Erstellung und Optimierung von einfachen Datenmodellen
- Grundlegende Operationen zur Auswertung von Datenbanken
- Aktuelle Entwicklungen des Datenbankbereichs

Überblick

Wir verwenden und erzeugen in unserer digitalisierten Welt permanent Daten: Als Kunde beim Einkauf, beim Suchen im Internet und bei der Navigation mit dem Smartphone. Daten sind für viele Unternehmen der wichtigste „Rohstoff" des 21. Jahrhunderts. In der Wirtschaftsinformatik wird das Wissen zur Datenmodellierung verbunden mit den Anforderungen der betrieblichen Anwendungsbereiche. Ein wichtiges Ziel ist die Speicherung von Daten in einer standardisierten Form. Beispielsweise werden Kundendaten normalerweise nicht als Textdokument abgelegt, sondern strukturiert anhand wesentlicher Eigenschaften wie Name, Straße, Ort. Dies ist für spätere Zugriffe sinnvoll, beispielsweise zur Rechnungserstellung.

Abb. 2.43 Lösung zu
Aufgabe 5

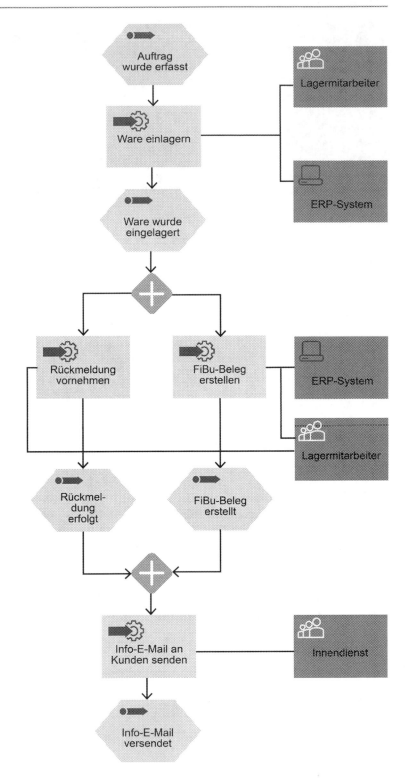

Abb. 2.44 Lösung zu
Aufgabe 6

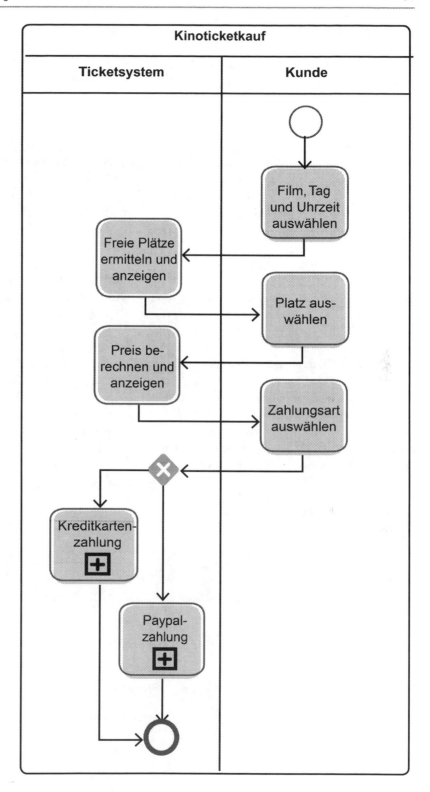

2.6.1   Einführung

Eine Herausforderung in der Informationstechnologie besteht darin, nicht nur Daten zu speichern, sondern die „richtigen" Informationen zum „richtigen" Zeitpunkt am „richtigen" Ort zur Verfügung zu stellen. Um die Nachfrage nach Daten flexibel zu decken, werden Daten deshalb oft in vordefinierten Strukturen gespeichert: in Datenbanken. Ähnlich wie eine Bibliothek den Zugriff auf Bücher und Zeitschriften organisiert, werden Daten in einer Datenbank zusammengefasst.

▶ Eine **Datenbank** ist eine Sammlung strukturierter, inhaltlich zusammengehöriger Daten.

Würde jede Abteilung eines Unternehmens die Kundendaten in einer eigenen Liste ablegen, dann wären diese mehrfach im Unternehmen vorhanden. Würde eine Abteilung die Telefonnummer eines Kunden ändern, bekämen die anderen dies nicht mit bzw. müssten dieselbe Änderung manuell erneut durchführen, was mit Aufwand verbunden und fehleranfällig ist. Durch eine zentrale Datenhaltung bietet sich die Möglichkeit, dass nicht nur eine einzelne Anwendung die Daten nutzt, sondern mehrere Anwendungen darauf zugreifen (vgl. Abb. 2.45).

Um Daten zu speichern und zugänglich zu machen, unterscheidet man zwei Komponenten (vgl. Abb. 2.46):

- Die Datenbank, die die Daten enthält
- Das Datenbankmanagementsystem (DBMS), das den Zugriff auf die Daten ermöglicht

▶ Ein **Datenbankmanagementsystem** (DBMS) ist eine Software, die eine Schnittstelle zur Verwaltung und zum effizienten und flexiblen Zugriff auf die Datenbank anbietet.

Die Einheit aus Datenbank und DBMS wird als **Datenbanksystem** bezeichnet.

Der große Vorteil von DBMS ist, dass verschiedene Anwendungen die Dienste des DBMS nutzen können, ohne immer wieder dieselben Probleme der Datenverwaltung lösen zu müssen. Typische Aufgaben eines DBMS sind deshalb:

- Erfassen, Ändern, Löschen und Suchen von Daten
- Administration: Verwalten von Anwendern, Anlegen neuer Datenstrukturen, Sichern und Wiederherstellen bei Systemausfällen u. v. m.

Beispiel

Typische DBMS sind MySQL und PostgreSQL als Open-Source-Systeme; kommerzielle Produkte sind z. B. Microsoft SQL Server, Microsoft Access, Oracle Database und IBM DB2.

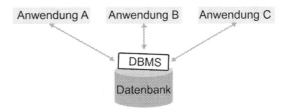

Abb. 2.46 Unterscheidung Datenbank und DBMS

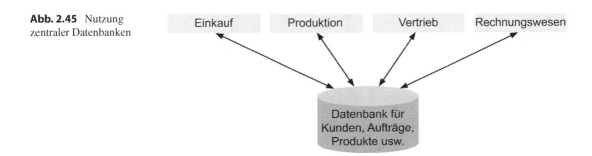

Abb. 2.45 Nutzung zentraler Datenbanken

2.6.2 Vorgehensweise bei der Erstellung eines relationalen Datenmodells

Bevor Daten in einer Datenbank gespeichert werden, ist es notwendig, die Struktur der Datenbank zu entwerfen. Welche Informationen sollen gespeichert werden? Welche Auswertungen soll die Datenbank ermöglichen? Im Folgenden ist ein typisches Vorgehen zur systematischen Erstellung eines relationalen Datenmodells, das aus Tabellen und deren Beziehungen besteht, dargestellt. Das Vorgehen besteht aus zwei Schritten:

1. Konzeptueller Datenbankentwurf: Erstellen eines grafischen Modells
2. Logischer Datenbankentwurf: Erstellen des relationalen Datenmodells durch Überführung in Tabellenstrukturen

Konzeptueller Datenbankentwurf

Ausgangspunkt zur Erstellung eines Datenmodells ist eine konkrete Problemstellung: Welche Daten sollen aus welchem Grund gespeichert werden? Wenn wir ein Unternehmen betrachten, gibt es z. B. die Anforderung, Kunden und deren Aufträge zu verwalten. Dies ist notwendig, um den Auftragsbestand zu kennen oder eine Produktions- und Lieferplanung durchführen zu können. Das Unternehmen möchte z. B. wissen, in welchen Regionen und zu welchen Zeiten die Umsätze steigen oder welche Produkte stark nachgefragt werden. Zur Modellierung eines Ausschnitts der Realität wird als grafisches Modell häufig das Entity-Relationship-Modell (ER-Modell) verwendet, das im Folgenden teilweise modifiziert dargestellt wird. Grundbestandteile des ER-Modells sind:

- Klassen
- Beziehungen zwischen diesen Klassen

▷ Konkrete, strukturell ähnliche Objekte (sog. **Entitäten**) aus der Realität werden unter dem Begriff Klasse zusammengefasst.

Dies trifft auf Kunde „Maier", Firma „Müller GmbH" usw. zu. So besitzen sowohl der Kunde Maier als auch die Firma Müller GmbH strukturell viele Gemeinsamkeiten: Beide haben einen Namen, eine Anschrift, eine Telefonnummer usw.

▷ Eine **Klasse** besteht aus einem oder mehreren Attributen, die unter dem Oberbegriff des Klassenbezeichners zusammengefasst werden.

Attribute beschreiben somit strukturelle Eigenschaften einer Klasse und werden unter dem Oberbegriff „Kunde" zusammengefasst. Auch die Auftragsobjekte besitzen strukturell Gemeinsamkeiten: Jeder Auftrag hat ein Auftragsdatum, eine Auftragsnummer usw.

▷ Zwischen verschiedenen Klassen treten **Beziehungen** (engl. „relationship") auf.

Welche Beziehung gibt es zwischen der Klasse „Kunde" und der Klasse „Auftrag"? Hierzu betrachten wir ein beliebiges, aber konkretes Objekt der Klasse. Der Kunde „Maier" kann keinen Auftrag erteilen oder einen einzigen Auftrag oder mehrere. Das sind im Allgemeinen „n" Aufträge, wobei $n = 0$, $n = 1$, $n = 2$ usw. beliebige natürliche Zahlen sind. Umgekehrt: Zu wie vielen Kunden gehört ein konkreter Auftrag mit der Auftragsnummer „12345"? Wir nehmen in unserem Datenmodell an, dass ein konkreter Auftrag nur genau einem Kunden zugeordnet wird, damit sichergestellt wird, welcher Kunde die Rechnung bezahlen soll. Somit besteht zwischen Kunde und Auftrag eine $1 : n$-Beziehung: Ein Kunde kann beliebig viele Aufträge erteilen, aber ein Auftrag ist eindeutig einem Kunden zugeordnet. Grafisch werden Klassen als Rechtecke dargestellt und Beziehungen als Linien zwischen diesen Rechtecken; diese Linien werden beschriftet, im obigen Beispiel mit $1 : n$ (vgl. Abb. 2.47).

▷ Die **Kardinalität** einer Beziehung beschreibt, mit wie vielen anderen Objekten ein Bezug bestehen kann.

Es gibt grundsätzlich drei Hauptkategorien von Kardinalitäten (vgl. Abb. 2.48):

$1 : 1$-Beziehung
$1 : n$-Beziehung
$n : m$-Beziehung

Abb. 2.47 Kunde Auftrag Beziehung

Abb. 2.48 Hauptkategorien von Kardinalitäten

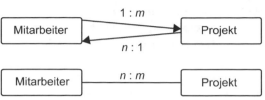

Abb. 2.49 Interpretation der $n : m$-Beziehung

Abb. 2.50 Klasse Kunde

Eine Beziehung ist immer aus beiden Richtungen zu betrachten: Das konkrete Fahrzeug von Frau Schmidt hat genau eine Zulassungsbescheinigung. Schaut man sich eine bestimmte Zulassungsbescheinigung an, gehört diese auch nur zu einem Fahrzeug.

Eine konkrete Abteilung im Unternehmen, z. B. der Vertrieb, setzt sich gemäß obigem grafischen Datenmodell aus mehreren ($=n$) Mitarbeitern zusammen, aber ein bestimmter Mitarbeiter ist nur genau einer Abteilung, z. B. dem Vertrieb, zugeordnet.

Die $n : m$-Beziehung zwischen Mitarbeiter und Projekt kann man in zwei Bestandteile zerlegen: Ein Mitarbeiter kann in beliebig vielen ($=m$) Projekten tätig sein, das ist in Abb. 2.49 durch den Pfeil mit der Beschriftung $1 : m$ angedeutet. Umgekehrt setzt sich ein konkretes Projekt aus n Mitgliedern zusammen, das ist der Pfeil mit der $n : 1$-Beschriftung. Beide Sichtweisen werden zusammengeführt in eine Linie ohne Pfeil mit der $n : m$-Beschriftung (vgl. Abb. 2.49).

▶ Bei der Erstellung eines ER-Modells wird entschieden, welche Klassen verwendet werden, welche Klassen miteinander in Beziehung stehen und welche Kardinalität die Beziehung hat.

So kann sich die Klasse „Kunde" z. B. aus den Attributen KundenNr, Name, Straße, Ort usw. zusammensetzen. Falls man in einem ER-Modell

nicht nur den Oberbegriff der Klasse „Kunde", angeben möchte, sondern auch Attribute, dann wird das Rechteck um einen Abschnitt erweitert, der die Attribute umfasst (vgl. Abb. 2.50).

Da im praktischen Einsatz mehrere Kunden mit identischen Attributwerten vorkommen können, ist es notwendig, zur Unterscheidung ein eindeutiges Merkmal zu finden oder ein neues Attribut, wie z. B. eine fortlaufende Nummer, hinzuzunehmen.

▶ Ein **Schlüsselkandidat** ist ein Attribut oder eine minimale Kombination mehrerer Attribute, um jedes Objekt einer Klasse eindeutig zu identifizieren. Da es im Allgemeinen mehrere Schlüsselkandidaten geben kann, ist der Primärschlüssel (kurz Schlüssel) derjenige Schlüsselkandidat, der tatsächlich als eindeutiges Kennzeichen ausgewählt wird.

Im obigen Beispiel wird das Attribut KundenNr als Primärschlüssel hinzugenommen und unterstrichen dargestellt. Falls man auf ein separates Attribut zur eindeutigen Kennzeichnung verzichtet, muss man überlegen, ob ein bereits vorhandenes Attribut oder eine minimale Kombination von mehreren Attributen jedes Objekt eindeutig kennzeichnet. Minimalität bedeutet, dass kein

Merkmal der Kombination entfernt werden kann, ohne dass die Eindeutigkeit der Identifikation verlorengeht.

Kann jedes Buch einer Bibliothek durch die Kombination der Attribute Autor+Buchtitel+Verlag+Erscheinungsjahr+Auflage, identifiziert werden? Auf den ersten Blick scheint das zu stimmen, aber es können von einem Buch derselben Auflage auch mehrere Exemplare vorhanden sein, falls das Buch mehrfach beschafft wurde. Deshalb ist obige Kombination in der Bibliothek möglicherweise nicht eindeutig.

Hinzu kommt ein weiteres Kriterium für geeignete Schlüssel: Man sollte keine Eigenschaften verwenden, die sich im Laufe der Zeit ändern können, denn dadurch ergibt sich Änderungsbedarf auch in anderen Klassen, die in Beziehung stehen. Beispiel: Würde man die Attributkombination Name+Straße+Ort+Geburtsdatum als Primärschlüssel der Kundentabelle verwenden, dann können sich im Laufe der Zeit sowohl die Anschrift als auch der Name mancher Kunden ändern. Deshalb wird in der Datenmodellierung häufig ein zusätzliches nicht-inhaltliches Attribut wie KundenNr, ProduktNr, MitarbeiterNr usw. für jede Klasse als Primärschlüssel eingeführt.

Logischer Datenbankentwurf

Im zweiten Schritt der Datenmodellierung wird aus dem ER-Modell ein relationales Datenmodell erstellt. Hierbei wird jede Klasse in eine Tabelle (= sog. „Relation") überführt. Die Beziehungen zwischen den Klassen werden mittels Schlüsseln hergestellt. Die Vorgehensweise ist wie folgt (vgl. Abb. 2.51):

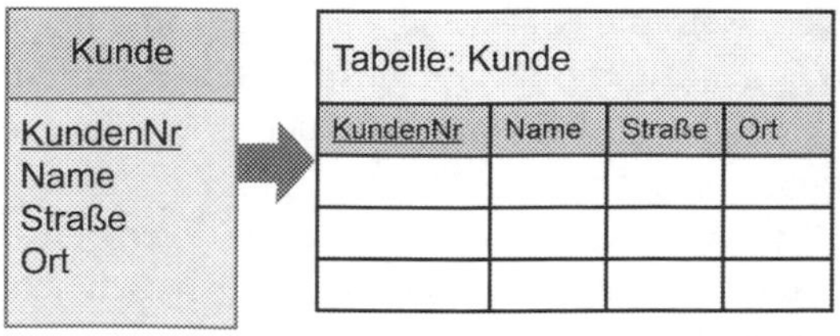

Abb. 2.51 Überführung einer Klasse in eine Tabelle

- Klassenbezeichner werden zu Tabellenüberschriften.
- Attribute der Klasse werden zu Spalten in der Tabelle.
- Beziehungen werden mittels sog. Fremdschlüssel abgebildet.

Die Darstellung als Tabelle zeigt auch, dass in eine Tabelle im Prinzip beliebig viele konkrete Objekte aufgenommen werden können (vgl. Abb. 2.52).

▷ Tabellen

- Eine relationale Datenbank besteht aus Tabellen.
- Eine Tabelle beschreibt die Struktur gleichartiger Objekte und enthält die Daten zu den Objekten.
- Eine Zeile einer Tabelle enthält die Daten zu einem einzelnen Objekt.
- Ein Attribut ist die Bezeichnung der Spalte einer Tabelle.
- Ein Fremdschlüssel ist ein Attribut einer Tabelle, das in einer anderen Tabelle als Primärschlüssel auftritt.

Mittels Fremdschlüssel wird ein eindeutiger Bezug zu Daten einer anderen Tabelle hergestellt. Das Prinzip hierbei ist, dass die abhängige Tabelle als zusätzliches Attribut den Schlüssel aus der übergeordneten Tabelle erhält; zur Unterscheidung kann dieses zusätzliche Attribut z. B. mit der Abkürzung FS (= Fremdschlüssel) gekennzeichnet werden.

Die Kundentabelle enthält als Primärschlüssel eine KundenNr, die Tabelle mit den Aufträgen der Kunden als Primärschlüssel eine AuftragNr. Ein Kunde kann beliebig viele Aufträge erteilen (1 : n-Beziehung).

Als Referenz zum Kunden enthält deshalb die Auftragstabelle eine neue Spalte mit dem Fremdschlüssel „KundenNr (FS)".

Man erkennt in Abb. 2.53, dass dem Kunden mit der Nummer 1 zwei Aufträge zugeordnet sind.

Abb. 2.52 Struktur
einer Tabelle

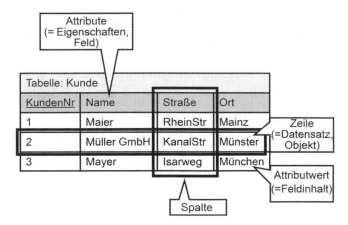

Kunde		
KundenNr	Name	Ort
1	Maier	Mainz
2	Müller GmbH	Münster
3	Mayer	München

Auftrag		
AuftragNr	KundenNr (FS)	Datum
111	1	15.07.
222	1	18.07.
333	2	22.07.

Abb. 2.53 Verknüpfung der Tabellen Kunde und Auftrag

Insgesamt sind bei der Überführung der drei Arten von Beziehungen Erweiterungen im relationalen Datenmodell notwendig, die im folgenden Abschnitt beschrieben werden.

2.6.3 Überführung des ER-Modells in Tabellen

Transformation von 1 : 1-Beziehungen

Eine 1 : 1-Beziehung zwischen zwei Klassen wird wie folgt transformiert: Eine der beiden beteiligten Tabellen erhält den Primärschlüssel der anderen Tabelle als Fremdschlüssel (vgl. Abb. 2.54).

Bei der Transformation einer 1 : 1-Beziehung kann der zusätzliche Fremdschlüssel im Prinzip in jeder der beiden beteiligten Tabellen ergänzt werden; es ist aber oft sinnvoll, den Fremdschlüssel in der „abhängigen" Tabelle einzufügen. Beispielsweise existiert aus zeitlicher Sicht das Fahrzeug zuerst, danach wird eine Zulassungsbescheinigung beantragt, des-

halb ist der Fremdschlüssel in der Tabelle Zulassungsbescheinigung sinnvoller. Würde man in der Tabelle Fahrzeug den Fremdschlüssel ScheinNr (FS) aufnehmen, würde das Feld solange leer bleiben müssen, bis die Zulassungsbescheinigung angelegt ist.

Transformation von 1 : n-Beziehungen

Eine 1 : n-Beziehung zwischen zwei Klassen wird wie folgt transformiert: Die Tabelle mit der Kardinalität n erhält als zusätzliches Fremdschlüsselattribut den Primärschlüssel der Tabelle mit Kardinalität 1. Somit enthält die abhängige Tabelle ein Kennzeichen, zu welchem übergeordneten Datensatz eine Beziehung existiert. Im Gegensatz zur 1 : 1-Beziehung ist es somit nicht frei wählbar, wo der Fremdschlüssel eingeführt wird: Dieser muss immer auf der n-Seite liegen (vgl. Abb. 2.55).

Zu einer Abteilung gehören im Allgemeinen beliebig viele Mitarbeiter. Deshalb erhält die Mitarbeitertabelle durch den Fremdschlüssel AbtNr (FS) den Bezug zur Abteilung. Im obigen

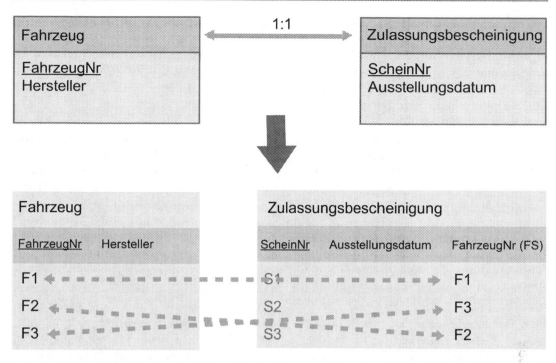

Abb. 2.54 Transformation von 1 : 1-Beziehungen

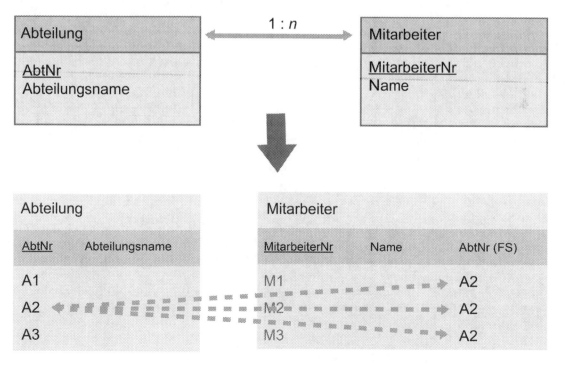

Abb. 2.55 Transformation von 1 : n-Beziehungen

Beispiel gehören somit drei Mitarbeiter zu Abteilung A2.

Transformation von *n* : *m*-Beziehungen

Eine *n* : *m*-Beziehung zwischen zwei Klassen wird wie folgt transformiert: Bei der Umsetzung einer *n* : *m*-Beziehung müsste im Prinzip jede der beiden beteiligten Tabellen ein zusätzliches Fremdschlüsselattribut der anderen Tabelle erhalten. Allerdings müssten dann für einen Datensatz in diesem Fremdschlüsselattribut beliebig viele Einträge stehen können. Das widerspricht einem Prinzip der Datenmodellierung: Attributwerte sollten atomar sein, d. h. nur eine Information enthalten.

Nimmt man beispielsweise in der Auftragstabelle in einem Attribut „Produkte" alle zu dem Auftrag gehörigen Auftragspositionen auf, ist diese Information nicht unteilbar; man müsste mehrere Produkte voneinander z. B. mit Komma oder Semikolon trennen, und der Zugriff auf einzelne Produkte wäre erschwert.

Die Lösung zur Umsetzung von *n* : *m*-Beziehungen besteht darin, eine neue Tabelle „Zuordnung" einzuführen, die zwei Attribute besitzt: die Primärschlüssel der beiden beteiligten Tabellen (vgl. Abb. 2.56).

In der neuen Tabelle Zuordnung ist sowohl der Primärschlüssel MitarbeiterNr der Mitarbeitertabelle als auch der Primärschlüssel ProjektNr der Projekttabelle enthalten. Dort steht die Information, dass MitarbeiterNr M1 in zwei Projekten P1 und P3 arbeitet, aber auch die Information, dass ProjektNr P1 die beiden Mitarbeiter M1 und M3 als Projektmitglieder besitzt. Die Informationen in der Tabelle Zuordnung sind atomar, d. h., in jedem Feld steht nur eine einzelne Information, und dadurch kann man auf die Inhalte ideal zugreifen und sie auswerten.

Wichtig ist zudem, dass der Primärschlüssel der Tabelle Zuordnung nicht nur aus einem einzelnen Attribut besteht, sondern aus zwei Attributen. Deshalb sind beide Attribute unterstrichen. Ein einzelnes Attribut, z. B. die MitarbeiterNr, würde nämlich einen Datensatz in der Tabelle nicht mehr eindeutig identifizieren, beispielsweise gibt es die MitarbeiterNr M1 zweimal; erst die Kombination beider Attribute MitarbeiterNr+ProjektNr ist ein eindeutiges Kennzeichen.

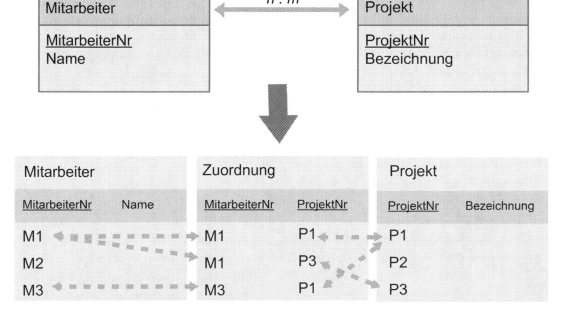

Abb. 2.56 Transformation von *n* : *m*-Beziehungen

Durch die Erstellung eines relationalen Datenmodells werden Tabellen definiert, die durch Fremdschlüssel die Beziehung zwischen Objekten abbilden. Dieses Modell kann mithilfe eines DBMS in ein physisches Datenmodell umgesetzt werden. Die physische Umsetzung ermöglicht das Anlegen und den praktischen Einsatz des Datenmodells zur Erfassung von Daten. Hierfür bieten DBMS geeignete Hilfsmittel zur Umsetzung an, z. B. die standardisierte Sprache SQL (= Structured Query Language) oder eine grafische Benutzeroberfläche. Es gibt auch Modellierungswerkzeuge, die aus einem grafischen Modell auf Knopfdruck den Quellcode zum Anlegen der Tabellen für ein DBMS unterstützen. Diese Umsetzung wird hier jedoch nicht weiter vertieft.

Bei der Erstellung des physischen Datenmodells ist auch zu berücksichtigen, welche Datenmengen und Zugriffszeiten zu erwarten sind. Für Tabellen mit größeren Datenmengen werden normalerweise ein oder mehrere Indizes definiert.

▶ Ein **Datenbankindex** wird für ein oder mehrere Attribute einer Tabelle definiert und dient dazu, Suche und Sortierung dieser Attribute zu beschleunigen.

Das Prinzip ist vergleichbar einem Stichwortverzeichnis im Anhang eines Buches: Stichworte werden dort alphabetisch sortiert aufgelistet mit Verweis auf die Seitennummern, wo das Stichwort auftritt. Sucht man einen Begriff, findet man das Schlagwort sehr rasch mithilfe der alphabetischen Sortierung und hat dann direkten Zugriff auf die gesuchte Seite.

2.6.4 Normalisierung

Das relationale Datenmodell des vorigen Abschnitts bildet eine gute Grundlage, um Daten strukturiert ablegen zu können. Allerdings kann in manchen Fällen dieses Modell noch optimiert werden. Unter dem Begriff der „Normalisierung" fasst man mehrere Schritte zusammen, wie sich ein Datenmodell verbessern lässt.

▶ Durch die **Normalisierung** werden zwei Probleme reduziert, die die Datenqualität gefährden:

- Redundanz, d. h. die mehrfache Speicherung derselben Daten
- Inkonsistenz, d. h. widersprüchliche Daten

Redundanz liegt vor, wenn in einem Datenmodell z. B. Adressinformationen zu einem Kunden mehrfach gespeichert werden. Es ist aufwendig und fehlerbehaftet, dieselben Daten mehrfach zu erfassen und gegebenenfalls ändern zu müssen. Durch Redundanz können auch Inkonsistenzen entstehen. Eine Kundenadresse wird z. B. eine nur in einer Abteilung geändert, während andere Abteilungen noch auf die veralteten Daten zugreifen. Aus Sicht der Wirtschaftsinformatik hat das Thema Datenqualität eine hohe Bedeutung, um korrekte und effiziente Geschäftsprozesse zu gewährleisten.

Im Folgenden wird eine Tabelle betrachtet, in der Verkäufe pro Tag notiert werden. Die Tabelle enthält Daten zu Kunden und verkauften Produkten. Jedes Produkt ist einer Produktgruppe zugeordnet, die zur Rabattberechnung verwendet wird. Die folgende Tabelle enthält die Verkäufe für drei verschiedene Kunden. Der Primärschlüssel der Tabelle ist die Kombination KundenNr+ProduktNr (vgl. Abb. 2.57).

Die erste Kundin hat drei Produkte gekauft, die aber in einem einzigen Attributwert notiert sind. Der Inhalt des Feldes ist nicht atomar, da mehrere Informationen in diesem Feld enthalten sind. Zum Erreichen der 1. Normalform (1NF) des Datenmodells werden alle nicht-atomaren Inhalte zerlegt in verschiedene Attribute oder verschiedene Datensätze.

▶ **1. Normalform:** Eine Tabelle befindet sich in 1NF, wenn nur atomare Attributwerte auftreten, d. h. keine Aufzählungen oder zusammengesetzte Inhalte vorhanden sind.

Da die Anzahl der Produkte pro Verkaufsvorgang nicht auf drei Artikel beschränkt sein muss, ist die Hinzunahme weiterer Attribute (z. B. ProdNr1, ProdNr2, ProdNr3) hier nicht sinnvoll. Durch Aufspalten der nicht-atomaren Inhalte in mehrere Datensätze erhält man hingegen

Produktverkauf								
KundenNr	Name	Straße	Ort	Produkt Nr	ProdBez	Menge	ProdGrup	Rabatt
1	Maren	Marktstr.	Mainz	P1 P2 P3	Kekse Wasser Äpfel	3 5 10	A A B	2 % 2 % 5 %
2	Helena	Hauptstr.	Hamburg	P1 P4	Kekse Saft	2 3	A B	2 % 5 %
3	Noreen	Neustr.	Nürnberg	P4	Saft	1	B	5 %

Abb. 2.57 Tabelle ohne Beachtung von Normalformen

Produktverkauf								
KundenNr	Name	Straße	Ort	ProduktNr	ProdBez	Menge	ProdGrup	Rabatt
1	Maren	Marktstr.	Mainz	P1	Kekse	3	A	2 %
1	Maren	Marktstr.	Mainz	P2	Wasser	5	A	2 %
1	Maren	Marktstr.	Mainz	P3	Äpfel	10	B	5 %
2	Helena	Hauptstr.	Hamburg	P1	Kekse	2	A	2 %
2	Helena	Hauptstr.	Hamburg	P4	Saft	3	B	5 %
3	Noreen	Neustr.	Nürnberg	P4	Saft	1	B	5 %

Abb. 2.58 Tabelle in 1NF

eine Aufteilung, bei der jeder Datensatz durch die Kombination KundenNr+ProduktNr eindeutig gekennzeichnet ist. Die Tabelle in Abb. 2.58 befindet sich in 1NF.

Der Nachteil dieser Struktur wird in den Inhalten der Tabelle ersichtlich: Adressinformationen sind jetzt mehrfach, d. h. redundant vorhanden. Dadurch können mehrere Folgeprobleme entstehen:

- Beim Erfassen eines neuen Kunden muss eine ProduktNr eingegeben werden, auch wenn der Kunde noch nichts gewählt hat.
- Beim Ändern einer Adresse müssen mehrere Datensätze geändert werden.
- Beim Löschen (z. B. Rückgabe) eines Verkaufsvorgangs mit nur einem Produkt werden auch alle Adressinformationen gelöscht, obwohl man diese eventuell noch nutzen möchte.

Deshalb ist es sinnvoll, die Tabelle in die 2. Normalform (2NF) zu überführen. Hierzu wird die Tabelle in mehrere Bestandteile aufgespalten.

▶ **2. Normalform:** Eine Tabelle befindet sich in 2NF, falls folgende Bedingungen erfüllt sind:

- Die Tabelle befindet sich in 1NF
- Es darf kein Nichtschlüsselattribut geben, das nur von einem *Teil* des Primärschlüssels abhängig ist.

In obigem Beispiel ist der Primärschlüssel KundenNr+ ProduktNr. Ein Teil dieses Schlüssels ist z. B. die KundenNr. Von KundenNr hängen die Adressdaten Name, Straße und Ort ab. Mit anderen Worten: Ist die KundenNr bekannt, sind auch die anderen Adressdaten festgelegt. Analog hängen von der ProduktNr die Attribute ProdBez, ProdGruppe und Rabatt ab.

Das Vorgehen zum Erreichen von 2NF ist wie folgt: Alle Attribute, die von einem Teil des Primärschlüssels abhängen, werden in separate Tabellen ausgelagert. Die restlichen Attribute, die von allen Attributen in Kombination abhängen, verbleiben in der ursprünglichen Tabelle. Somit ergibt sich das in Abb. 2.59 dargestellte Datenmodell in 2NF.

Im Ergebnis modelliert jede Tabelle jetzt nur noch einen Sachverhalt (Kunde, Produkt, Verkauf). Dadurch werden Redundanzen reduziert. Logisch bzw. sachlich zusammengehörige Informationen befinden sich in einer Tabelle. Man erkennt, dass ein Großteil der Redundanzen entfernt ist, z. B. ist jedes Kundenobjekt mit den vollständigen Adressinformationen nur einmal vorhanden. Eine Änderung der Adresse muss nur noch in einem Datensatz eingetragen werden.

▷ Besteht der Primärschlüssel einer Tabelle in 1NF nur aus einem einzelnen Attribut, dann befindet sich ein Datenmodell in 1NF automatisch in 2NF. Der Grund ist, dass es von einem einzelnen Attribut keine Teile gibt, die zur Entdeckung von Abhängigkeiten herangezogen werden können.

Untersucht man die resultierenden drei Tabellen in 2NF im Detail, kann man in obigem Beispiel aber noch eine weitere Redundanz erkennen: Alle Produkte der Produktgruppe A besitzen einen Rabatt von 2 %, alle Produkte der Gruppe B einen einheitlichen Rabatt von 5 %. Diese Daten kommen mehrfach vor, d. h. sind redundant.

▷ **3. Normalform:** Eine Tabelle befindet sich in 3NF, falls folgende Bedingungen erfüllt sind:

- Die Tabelle befindet sich in 2NF
- Es darf kein Nichtschlüsselattribut geben, das von einem anderen Nichtschlüsselattribut abhängig ist.

Im obigen Beispiel legt die Produktgruppe aber den Rabatt fest, d. h., die dritte Normalform ist verletzt. Das Vorgehen ist vergleichbar zum Erreichen der 2NF: Es werden Nichtschlüsselattribute, die andere Nichtschlüsselattribute festlegen, in eine separate Tabelle ausgelagert. Abb. 2.60 zeigt das Ergebnis in 3NF.

Es kann auch eine Kombination von zwei oder mehr Nichtschlüsselattributen geben, die andere Werte bestimmen; im obigen Beispiel ist es nur ein Attribut ProdGruppe, das die Werte des Attributs Rabatt festlegt.

Kunde

KundenNr	Name	Straße	Ort
1	Maren	Marktstr.	Mainz
2	Helena	Hauptstr.	Hamburg
3	Noreen	Neustr.	Nürnberg

Produkt

ProduktNr	ProdBez	ProdGrup	Rabatt
P1	Kekse	A	2 %
P2	Wasser	A	2 %
P3	Äpfel	B	5 %
P4	Saft	B	5 %

Verkauf

KundenNr	ProduktNr	Menge
1	P1	3
1	P2	5
1	P3	10
2	P1	2
2	P4	3
3	P4	1

Abb. 2.59 Tabellen in 2NF

Kunde			
KundenNr	Name	Straße	Ort
1	Maren	Marktstr.	Mainz
2	Helena	Hauptstr.	Hamburg
3	Noreen	Neustr.	Nürnberg

Produkt		
ProduktNr	ProdBez	ProdGrup
P1	Kekse	A
P2	Wasser	A
P3	Äpfel	B
P4	Saft	B

Verkauf		
KundenNr	ProduktNr	Menge
1	P1	3
1	P2	5
1	P3	10
2	P1	2
2	P4	3
3	P4	1

Produktrabatt	
ProdGrup	Rabatt
A	2 %
B	5 %

Abb. 2.60 Tabellen in 3NF

▷ Enthält eine Tabelle außer dem Primärschlüssel nur ein weiteres Attribut, so ist ein 2NF-Datenmodell automatisch auch in 3NF.

Der Vorteil des Datenmodells in 3NF liegt wieder in der zentralen Änderbarkeit: Möchte man den Rabatt für Gruppe A z. B. von 2 % auf 3 % ändern, so muss nur ein einziger Datensatz angepasst werden.

Höhere Normalformen als 3NF können der vertiefenden Fachliteratur entnommen werden, in der Praxis aber ist 3NF in der Regel ausreichend.

▷ Die Prinzipien zur Normalisierung müssen im Übrigen nicht erst im Nachgang überprüft werden, sondern können schon wesentlich früher während der Erstellung des ER-Modells berücksichtigt werden.

2.6.5 Auswertungen

Die Daten einer relationalen Datenbank werden meist nicht direkt mithilfe eines DBMS erfasst und ausgewertet, sondern mithilfe von Anwendungen wie z. B. ERP-Systemen, die einen komfortablen Zugriff ermöglichen. Aber auch ein direkter Zugriff mittels DBMS und der Abfragesprache SQL ist möglich. Prinzipiell gibt es beim Zugriff auf die Daten eines relationalen Datenmodells drei Möglichkeiten, um Abfragen zu gestalten:

• Projektion
• Selektion
• Verbund (= Join)

Projektion
Eine Tabelle kann aus einer Vielzahl von Attributen A, B, C … bestehen, die nicht alle für eine spezielle Abfrage angezeigt werden sollen. Eine Projektion ist eine Auswahl eines Teils der Attribute einer Tabelle. Beispielsweise möchte man bei der Belieferung eines Auftrags nur die Versandadresse des Kunden verwenden, während Informationen zum Geburtsdatum oder zur Kontoverbindung für den Versand nicht von Bedeutung sind (vgl. Abb. 2.61).

Selektion
Auch die Auswahl der Datensätze einer Tabelle lässt sich für spezielle Auswertungen einschränken. So möchte man z. B. nicht alle Kunden ausgeben, sondern nur solche aus einem bestimmten Ort oder

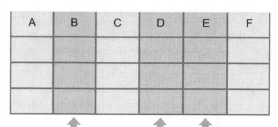

Projektion auf Spalten B, D und E

Abb. 2.61 Projektion

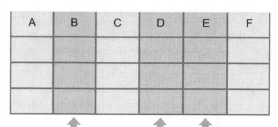

Abb. 2.62 Selektion

mit einem konkreten Namen. Durch eine Selektion werden nur noch die Datensätze angezeigt, die den Suchkriterien entsprechen (vgl. Abb. 2.62).

Verbund (= Join)

Ein Verbund (engl. „join") verbindet zwei oder mehr Tabellen zu einer neuen Tabelle mithilfe von Attributen, die übereinstimmende Werte enthalten. Hier wird die Verbindung genutzt, die in der Datenmodellierung mittels Fremdschlüsseln eingerichtet wurde.

Die erste Tabelle besteht aus den Spalten A, B, C und die zweite Tabelle aus den beiden Spalten D und E. Ein Join erstellt dann eine neue virtuelle Tabelle, die die Spalten aus beiden Tabellen enthält (vgl. Abb. 2.63).

Zur Definition eines Joins gehört auch die Angabe, über welche Attribute die Verbindung her-

gestellt wird. Dadurch werden diejenigen Datensätze zusammengeführt, deren Inhalte in beiden Tabellen übereinstimmen.

Beispiel

Es sind zwei Kunden und drei Aufträge vorhanden, die Verbindung zwischen beiden Tabellen wird über die KundenNr hergestellt. Das Resultat des Joins ist in Abb. 2.64 dargestellt.

Alle drei Arten der Auswertung lassen sich auch frei kombinieren, sodass z. B. bei einem Join kombiniert mit Projektion nicht mehr die Schlüssel angezeigt werden, sondern nur die inhaltlich relevanten Attribute und Datensätze.

Für das Zusammenstellen eigener Abfragen gibt es eine Vielzahl von weiteren Operatoren und Funktionen. So kann man mehrere Suchkriterien mit logischen Operatoren verknüpfen. So lassen sich z. B. Durchschnittswerte, Summen, Minima oder Maxima bestimmen, die Daten können sortiert oder gruppiert ausgeben werden.

2.6.6 Weitere Eigenschaften von relationalen Datenbanksystemen

Im folgenden Abschnitt betrachten wir weitere Aspekte, die im praktischen Einsatz von relationalen Datenbanken eine wichtige Rolle spielen.

Eine Transaktion kombiniert mehrere hintereinander auszuführende Datenbankoperationen (z. B. Anlegen, Ändern oder Löschen von Daten) zu einer größeren Einheit. Für die Ausführung einer Transaktion gilt: Entweder werden alle Operationen in ihrer Gesamtheit ausgeführt oder keine.

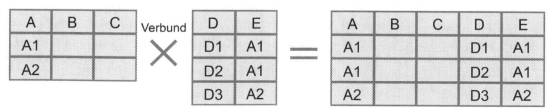

Abb. 2.63 Verbund zweier Tabellen

KundenNr	Name
1	Maren
2	Helena

AuftragNr	KundenNr(FS)	Datum
A1	1	01.01.
A2	1	15.01.
A3	2	16.01.

KundenNr	Name	AuftragNr	KundenNr(FS)	Datum
1	Maren	A1	1	01.01.
1	Maren	A2	1	15.01.
2	Helena	A3	2	16.01.

Abb. 2.64 Join der Tabellen Kunde und Auftrag

▷ Eine **Transaktion** ist eine Folge von Datenbankanweisungen, die als logische Einheit betrachtet werden. Diese überführen eine Datenbank von einem konsistenten Zustand in den nächsten konsistenten Folgezustand.

Beispiel

Bei der Zusammenstellung einer Lieferung werden erst der Lagerbestand reduziert und dann die Lieferposition erzeugt. Schlägt die zweite Operation fehl, wird der Ausgangszustand wiederhergestellt.

- Begin Transaction
  - Vermindere Lagerbestand
  - Erzeuge Lieferpositionen
- End of Transaction

Eine Transaktion auf einer relationalen Datenbank muss folgende ACID-Prinzipien erfüllen:

- Abgeschlossenheit (engl. „atomicity")
- Eine Transaktion wird entweder ganz oder gar nicht ausgeführt. Tritt während der Ausführung einer Transaktion ein Fehler auf, werden alle bisher durch diese Transaktion durchgeführten Änderungen rückgängig gemacht.
- Konsistenz (engl. „consistency")

- Eine Transaktion überführt eine Datenbank von einem konsistenten Zustand in einen anderen konsistenten Zustand. Nehmen wir als Beispiel an, dass vorher definierte Integritätsbedingungen für die Tabelle Kunde festlegen, dass jeder Kundendatensatz eine eindeutige Nummer als Primärschlüssel besitzen und der Kundenname befüllt sein muss. Ist eine dieser beiden Bedingungen nicht erfüllt, kann der Datensatz nicht gespeichert werden, um zu vermeiden, dass unvollständige oder fehlerhafte Daten existieren.
- Isolation (engl. „isolation")
- Parallel ausgeführte Transaktionen laufen isoliert voneinander ab und beeinflussen sich nicht gegenseitig. Das heißt, dass dieselben Daten nicht von verschiedenen Transaktionen gleichzeitig bearbeitet werden können.
- Dauerhaftigkeit (engl. „durability")
- Die von einer Transaktion durchgeführten Änderungen müssen dauerhaft gespeichert werden – auch bei einem Systemausfall. Die Dauerhaftigkeit wird typischerweise durch eine Protokollierung sichergestellt, sodass sich eventuell noch fehlende Operationen nachholen lassen.

Diese Prinzipien werden umgesetzt, indem die an einer Transaktion beteiligten Datensätze vor einer Änderung gesperrt werden. Somit muss jeder andere Nutzer, der diese Datensätze ändern möchte, darauf warten, dass die vorherige Transaktion beendet ist. Nehmen wir beispielsweise an, von einem Produkt ist nur noch ein Exemplar auf Lager. Möchten zwei Kunden dieses Produkt annähernd gleichzeitig kaufen, muss der Lagerbestand bzw. Kauf dieses Produkts für einen der beiden für eine kurze Zeit gesperrt werden.

Schließlich ist der Begriff der „verteilten" Datenbank von Bedeutung: In Unternehmen mit unterschiedlichen Standorten oder weltweiter Präsenz kann es sinnvoll sein, die Daten ihrer Art und Nutzung nach (z. B. aufgeteilt auf Regionen) auf verschiedene Datenbanken zu verteilen. Dies bietet z. B. Vorteile bei der Schnelligkeit des Zugriffs. Aufgabe des DBMS ist es, trotz der Verteilung der Daten die ACID-Prinzipien zu gewährleisten.

Ein **verteiltes DBMS** verwendet für die Speicherung und Verarbeitung des Datenbestands mehrere getrennte Systeme, die über ein Kommunikationsnetzwerk verbunden sind.

2.6.7 Grundbegriffe von NoSQL-Datenbanken

Relationale Datenbanksysteme dominieren seit Jahrzehnten den Datenbankmarkt und werden in der Praxis am häufigsten eingesetzt. Da die standardisierte Zugriffssprache für relationale Datenbanken SQL ist, werden diese auch als SQL-Datenbanksysteme bezeichnet.

Für spezielle Anwendungsbereiche gibt es alternative Lösungen, die als NoSQL-Datenbanksysteme (Not only SQL: „Nicht nur SQL" bzw. „nicht-relationale" Datenbanksysteme) zusammengefasst werden. Durch die riesigen Datenmengen von Internet-Unternehmen wie Google, Facebook, Amazon usw. sind Anforderungen entstanden, bei denen herkömmliche relationale Datenbanksysteme an ihre Grenzen stoßen. Bei der Verarbeitung dieser großen Datenmengen spricht man deshalb von „Big Data" (vgl. Abschn. 4.3.9).

Diese Entwicklung wurde unter anderem durch Amazon Dynamo geprägt, ein auf die Anforderungen von Amazon spezialisiertes Datenbanksystem. Dynamo ist ein auf mehreren zehntausend Servern verteiltes Datenbanksystem. Mit dessen Hilfe werden unter anderem Bestsellerlisten, Einkaufswagen, Verkaufsplatzierungen und Produktkataloge verwaltet. Die Anwendungen von Amazon verlangen eine sehr hohe Verfügbarkeit, auch wenn „Festplatten ausfallen, Netzwerkverbindungen verrückt spielen oder Rechenzentren durch Tornados verwüstet werden".

Ein Kriterium für die Wahl eines Datenbanksystems ist dessen Leistungsverhalten (= Performance). Wichtige Teilgrößen der Performance sind folgende Kenngrößen:

- Durchsatz
- Die Anzahl der Datenbankoperationen, die innerhalb eines Zeitintervalls vom Datenbanksystem verarbeitet werden können, z. B. 1000 Lese- oder Schreiboperationen pro Sekunde.
- Antwortzeit
- Die Zeit, die ein Datenbanksystem zur Verarbeitung einer einzelnen Anfrage benötigt.

Für die Performance von Datenbanksystemen ist ein mitentscheidender Einflussfaktor die Zugriffszeit auf die Daten. Als Speichermedium für die Daten wurden bislang meist Festplatten genutzt, da diese viel Speicherplatz zu günstigen Preisen bieten. Um ein Vielfaches schneller sind jedoch sog. „In-Memory"-Datenbanken, bei denen die Daten im Hauptspeicher des Computers liegen. Das DBMS kümmert sich auch um die dauerhafte Speicherung der Daten, damit beim Absturz keine Daten verloren gehen.

Eine weitere wesentliche Eigenschaft von Datenbanksystemen betrifft die Verfügbarkeit (Ausfallsicherheit): Ziel ist immer eine hohe bzw. sogar permanente Verfügbarkeit der Systeme. Eine typische Fragestellung ist: Kann die Last auf mehrere Server verteilt werden, sodass bei Ausfall oder hoher Auslastung eines Servers andere Rechner die Aufgaben übernehmen?

Schließlich gibt es bei der Bewertung von Datenbanksystemen den Aspekt der Skalierbarkeit: Ein System ist skalierbar, wenn es in der Lage ist, die Leistung durch das Hinzufügen von Ressourcen (z. B. mehr Speicher oder zusätzliche Server) zu steigern. Die gesteigerte Leistung kann sich z. B. auf den Durchsatz, aber auch die Verfügbarkeit beziehen. Man unterscheidet zwischen vertikaler und horizontaler Skalierung (vgl. Abb. 2.65).

- Vertikale Skalierung
- Durch Hinzufügen von Ressourcen zu einem Rechner wird die Leistungssteigerung erreicht. Beispiele hierfür sind die Erweiterung des Hauptspeichers, schnellere oder mehr CPUs oder eine bessere Netzwerkverbindung. Vertikale Skalierung stößt an Grenzen, sobald die maximale Aufrüstungskapazität erreicht ist.
- Horizontale Skalierung
- Das Datenbanksystem wird auf mehrere Rechner verteilt, um die Leistungsfähigkeit zu erhöhen.

Verteilte Datenbanksysteme können je nach Architektur durch redundante Speicherung auch die Verfügbarkeit des Gesamtsystems erhöhen. Horizontale Skalierung kann durch den Einsatz von Standardhardware unter Umständen kostengünstiger sein als die Aufrüstung oder Anschaffung von Hochleistungsrechnern.

Werden relationale Datenbanken horizontal skaliert, kann bei hohen Leistungsanforderungen und vielen beteiligten Rechnern ein Engpass entstehen. Ein Grund ist, dass für die Ausführung von Datenbankoperationen je nach Verteilungsmodell aufgrund der ACID-Prinzipien eine aufwendige Kommunikation zwischen den Servern über ein Netzwerk notwendig wird. Beispielsweise sind Sperren zur Bearbeitung von Datensätzen zusätzlich mit allen anderen Servern abzusprechen.

Demgegenüber lassen sich viele NoSQL-Datenbanken gut horizontal erweitern. Allerdings wird dies unter dem teilweisen Verzicht auf ACID-Eigenschaften erkauft. Viele NoSQL-

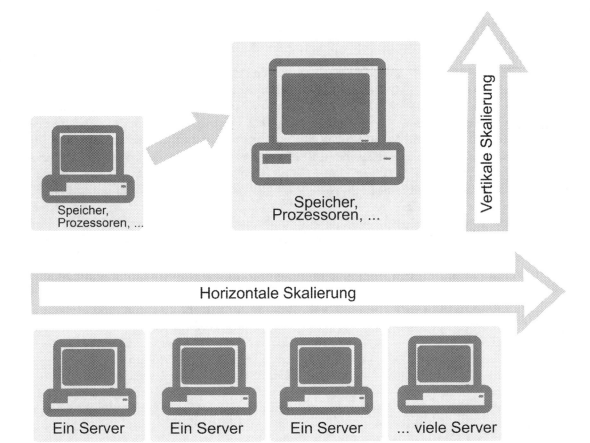

Abb. 2.65 Vertikale vs. horizontale Skalierung

Systeme verzichten beispielsweise auf Transaktionen und Sperren. Man erhält dadurch sehr performante Systeme, die aber das Risiko haben, dass Daten zeitweise nicht konsistent sind.

2.6.8 Arten von NoSQL-Datenbanken

NoSQL ist ein Sammelbegriff für mehrere unterschiedliche Arten von Datenbanksystemen. Darunter fallen insbesondere Key-Value-Datenbanken, dokumentorientierte Datenbanken, Graphendatenbanken und spaltenorientierte Datenbanken.

Key-Value-Datenbanken

Key-Value-Datenbanken sind die einfachsten NoSQL-Datenbanksysteme. In der Datenbank werden nur Schlüssel-Wert-Paare gespeichert. Der eindeutige Schlüssel (= Key) ermöglicht den schnellen Zugriff auf den Wert (= Value). Die Werte können einfache Inhalte, z. B. Zahlen oder Zeichenketten sein, aber auch komplexe Datenstrukturen wie z. B. Listen (vgl. Abb. 2.66).

Da diese Struktur den schreibenden und lesenden Zugriff nur über die Schlüssel erlaubt, sind die Einsatzbereiche eingeschränkt. Es ist aber auf diese Weise möglich, große Datenmengen sehr schnell zu verarbeiten, deshalb werden diese Systeme beispielsweise als zentrale Caches, d. h. als schneller Pufferspeicher eingesetzt. Durch die Zwischenspeicherung z. B. von Webseiten oder Artikellisten im Hauptspeicher der Server werden die Zugriffszeiten beschleunigt. Auch bei der Verwaltung von Sessions im Browser, z. B. beim Einkauf in einem Onlineshop, sind Key-Value-Datenbanken gut geeignet. Über einen Schlüssel, z. B. der Session-ID eines Nutzers während eines Einkaufs, hinterlegt man den aktuellen Einkaufskorb dieses Vorgangs und kann diesen bei späteren Zugriffen wieder auslesen oder überschreiben.

Um ein strukturiertes Objekt, z. B. einen Kundendatensatz, zu speichern, gibt es prinzipiell folgende Varianten:

- Speicherung als Gesamtobjekt
- Speicherung der Attribute als separate Einträge

Beispiel

Nehmen wir eine Kundentabelle mit einem Datensatz für die Kundennummer 123 (vgl. Abb. 2.67).

Als Key-Value-Eintrag kann das Kundenobjekt als Gesamtobjekt gespeichert werden, wie in Abb. 2.68 dargestellt.

Mithilfe des Schlüssels 123 kann das Kundenobjekt gespeichert und wieder gelesen werden. Normalerweise würde man die Value-Inhalte in einem vorher festzulegenden Format speichern, z. B. als XML. Notwendig ist dann eine Datentransformation seitens der Anwendung beim Lesen und Schreiben für dieses Format.

Ein Nachteil der Speicherung als Gesamtobjekt ist, dass man ein oder mehrere Kun-

Key	Value
Key1	Value1
Key2	12345
Key3	rot, grün, blau
Key4	1; Objekt; 01.12.; rot;
Key5	„Ich bin eine Webseite"

Abb. 2.66 Struktur einer Key-Value-Tabelle

Kunde			
KundenNr	Name	PLZ	Ort
123	Maier	55118	Mainz

Abb. 2.67 Tabelle Kunde

Key	Value
123	Name: Müller PLZ: 55118 Ort: Mainz

Abb. 2.68 Key-Value-Tabelle Variante 1 für Tabelle Kunde

den nicht anhand eines beliebigen Attributs durch das DBMS suchen kann, z. B. anhand der Postleitzahl oder des Namens, da diese Information dem DBMS verborgen bleibt. Auch andere Auswertungen z. B. die Anzahl aller Kunden in Mainz, sind wesentlich aufwendiger zu ermitteln, da die Anwendung selbst hierzu alle Kundenobjekte verarbeiten muss.

Die zweite Variante zerlegt das Kundenobjekt in die einzelnen Attribute und bildet aus dem Primärschlüssel in Kombination mit dem Attributbezeichner einen eindeutigen Schlüssel (vgl. Abb. 2.69).

Vorteilhaft ist, dass man effizient auf einzelne Attribute zugreifen kann. Allerdings muss man jetzt mehrere Leseoperationen durchführen, um das gesamte Objekt wieder zusammenzuführen. Die Anwendung muss zudem einen großen Teil der Arbeit übernehmen, die bei relationalen Datenbanken vom DBMS durchgeführt wird. Aufwendig wird in beiden Varianten auch das Herstellen von Beziehungen zu anderen Objekten, z. B. von Kunden zu Aufträgen. Hierzu müsste z. B. im Kundenobjekt eine Liste aller zum Kunden gehörigen Auftragsnummern eingetragen werden. Beispielsweise ist oben genannte Tabelle um einen Eintrag zu erweitern, wie ihn Abb. 2.70 zeigt.

Key-Value-Datenbanken sind insgesamt gut geeignet für einfach strukturierte, konsistenzunkritische Datenmodelle mit hohen Anforderungen an Datenmenge und schnellen Zugriffszeiten.

Key	Value
123:Name	Müller
123:PLZ	55118
123:Ort	Mainz

Abb. 2.69 Key-Value-Tabelle Variante 2 für Tabelle Kunde

Key	Value
123:Aufträge	A1; A3; A246; A247;

Abb. 2.70 Key-Value-Tabelle zur Speicherung von Auftragslisten

Zahlreiche Anwendungsbeispiele finden sich von Echtzeitanalysen bis hin zum Internet of Things, wo z. B. eine Vielzahl von Sensoren große Datenmengen liefern. Häufig eingesetzte Vertreter dieses Datenbanktyps sind Redis, Amazon Dynamo und Google BigTable.

Dokumentorientierte Datenbanken

Dokumentorientierte Datenbanken speichern ihre Daten als Dokumente. Ein Dokument ist eine Art „Container" für Daten aus Schlüssel-Wert-Paaren. Jeder Wert darf auch einen nicht atomaren Inhalt, wie z. B. eine Liste oder eine Datei, enthalten. Als Format wird häufig das JSON-Format (= JavaScript Object Notation) zum Strukturieren der Daten genutzt, da es auch für Menschen leicht zu lesen ist. JSON ist ein standardisiertes Format, dessen Verarbeitung von vielen Werkzeugen unterstützt wird.

Beispiel

Die JSON-Dokumente zu zwei Kunden könnten aussehen wie in Abb. 2.71.

Eine Datenbankabfrage nach „Vorname" = „Helena" würde alle Dokumente finden, die das Feld „Vorname" mit dem Wert „Helena" enthalten. Da der zweite Kunde einen zweiten Vornamen besitzt, wird das JSON-Dokument um diese Information erweitert, ohne dass andere Dokumente verändert werden müssen.

Ein JSON-Dokument hat einen sehr einfachen Aufbau: Es startet mit einer Mengenklammer und wird damit geschlossen. Dazwischen gibt es mit Komma getrennte Key-Value-Paare. Der Key wird in Anführungszeichen gesetzt, gefolgt von einem Doppelpunkt und dem Value mit Anführungszeichen für Zeichenketten bzw. bei Zahlen ohne. Ein Value-Inhalt kann auch ein anderes JSON-Dokument sein oder eine Aufzählung in eckigen Klammern. In Abb. 2.72 befindet sich ein Beispiel mit einer Aufzählung und einem Value für eine Adresse, die wiederum aus einem JSON-Objekt mit zwei Attributen besteht.

Jedes Dokument kann eine andere Struktur besitzen – im Gegensatz zum relationalen Modell, in dem die Tabellenstrukturen fest sind.

Abb. 2.71 Beispiel für JSON-Struktur

```
{
        "Vorname": "Helena",
        "Nachname": "Damaris"
}
```

```
{
        "Vorname": "Marie",
        "ZweiterVorname": "Felicitas",
        "Nachname": "Müller"
}
```

Abb. 2.72 Beispiel mit Aufzählung und enthaltenem JSON-Dokument

```
{
      "Vorname": "Sophia",
      "Nachname": "Schmidt",
      "Leistungskurse": ["Mathematik", "Informatik"],
      "Adresse":
            {
            "PLZ": 12345,
            "Ort": "Hamburg"
            }
}
```

Durch die unterschiedlichen Strukturen der Dokumente ist das Datenmodell sehr flexibel, aber die Auswertungen erfordern mehr Logik in der Anwendung.

Ein Anwendungsbeispiel für Dokumentorientierte Datenbanken sind Internetblogs: Ein Blogeintrag setzt sich z. B. aus Texten, Kommentaren, Bildern und Verweisen zusammen, jeder Blogeintrag kann in einem Dokument gespeichert werden. Bei einer Normalisierung im relationalen Datenmodell würden die einzelnen Bestandteile eines Blogeintrags in verschiedenen Tabellen gespeichert werden, was bei Abfragen zu aufwendigen Join-Operationen führt. Beim Löschen eines Blogeintrags müssten dann auch mehrere Tabellen durchlaufen werden. Im Gegensatz dazu ist die Anzeige oder das Löschen eines Dokuments wesentlich einfacher.

Dokumentenorientierte Datenbanken speichern somit ähnlich wie Key-Value-Datenbanken zu einem Key einen Value, z. B. ein JSON-Dokument. Im Unterschied zu Key-Value-Datenbanken hat das DBMS aber immer Informationen über die Struktur des Dokuments. Diese Eigenschaft lassen sich z. B. für Auswertungen nutzen.

Dokumentenorientierte Datenbanken sind aufgrund der flexiblen Dokumentstruktur für Anwendungsfälle geeignet, in denen sich das Datenmodell oft ändert. Häufig eingesetzte Vertreter von dokumentorientierten Datenbanken sind Apache CouchDB und MongoDB.

Graphendatenbanken

Graphendatenbanken sind spezialisiert auf das Abbilden komplexer Beziehungen zwischen Personen oder Sachverhalten. Beispielsweise wird in sozialen Netzwerken wie Facebook oder Twitter das Geflecht zwischen Freunden oder Followern gespeichert. In diesem Netzwerk werden Knoten (z. B. Personen) flexibel über Kanten (= Beziehungen) verknüpft. Die Kombination von Knoten und Kanten wird als Graph bezeichnet (vgl. Abb. 2.73).

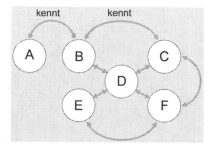

Abb. 2.73 Beispiel einer Struktur einer Graphendatenbank

Diese Form der Datenablage beschleunigt die Analyse von Graphen, z. B. zur Analyse von indirekten Beziehungen von Freunden zu anderen Freunden. Bei relationalen Datenbanken wären zur Analyse von Beziehungen rechenaufwendigere Join-Operationen notwendig. Beispiele von Graphendatenbanken sind Neo4J und OrientDB.

Spaltenorientierte Datenbanken
Spaltenorientierte Datenbanken speichern die Daten einer Spalte zusammenhängend. Bei relationalen Datenbanksystemen werden Datensätze hingegen zeilenweise gespeichert. Das Prinzip wird im Folgenden anhand eines Beispiels erläutert.

Beispiel
Eine Tabelle Auftrag besteht aus den Spalten AuftragNr, Datum und Auftragssumme mit den beiden in Abb. 2.74 gezeigten Beispieldatensätzen.
Eine relationale Datenbank verwaltet die Daten dieser Tabelle vereinfacht z. B. in einer Datei, wie Abb. 2.75 es zeigt.
Eine spaltenorientierte Datenbank kann die Daten verwalten, wie in Abb. 2.76 zu sehen.

Viele Auswertungen beziehen sich nur auf die Inhalte einer Spalte. Beispielsweise sind Summe,

Auftrag		
AuftragNr	Datum	Auftragssumme
A1	01.01.	250,00 €
A2	05.01.	320,00 €

Abb. 2.74 Tabelle Auftrag

A1; 01.01.; 250;

A2; 05.01.; 320;

Abb. 2.75 Speicherung in relationaler Datenbank

A1; A2;

01.01.; 05.01.;

250; 320;

Abb. 2.76 Spaltenorientierte Speicherung

Durchschnittswert oder Maximum der Auftragssumme aller Aufträge von Interesse. Bei spaltenorientierten Datenbanken sind diese Werte schnell ermittelt, da die Daten zusammenhängend gespeichert sind. Bei einer relationalen Datenbank müssen jedoch vom DBMS zunächst alle Datensätze eingelesen und verarbeitet werden, was länger dauert.

Spaltenorientierte Datenbanken sind nicht so flexibel bei Änderungen der Datenstrukturen wie dokumentenorientierte Datenbanken. Der Hauptvorteil liegt in der hohen Geschwindigkeit von Auswertungen.

Beispiele für diesen Datenbanktyp sind Apache Cassandra (ursprünglich für Facebook entwickelt, dann freigegeben), Google BigTable, SAP HANA und HBase.

Bewertung
Insgesamt besitzen NoSQL-Datenbanken folgende gemeinsame Eigenschaften:

- Hohe Perfomance auch bei sehr großen Datenmengen
- Möglichkeiten zum Speichern flexibler Datenstrukturen
- Unterstützung der horizontalen Skalierung, d. h. die Verteilung extrem großer Datenmengen auf viele Rechner
- Hohe Verfügbarkeit unter teilweiser Aufweichung der Konsistenzgarantie

Die Aufweichung der Konsistenz kann in einigen Fällen wirtschaftlich sinnvoll sein: Ein Onlineshop sollte immer online sein, um keine Kunden abzuweisen bzw. nicht bedienen zu können. Eine Verletzung der Konsistenz könnte z. B. dazu führen, dass ein Kunde einen Artikel kauft, der nicht mehr verfügbar ist. Dieses Problem lässt sich im Einzelfall besser lösen als den Kunden zu einem anderen Shop abwandern zu lassen – die Konkurrenz ist nur einen Mausklick entfernt.

Zusammenfassung

NoSQL-Datenbanken erweitern das Spektrum gängiger relationaler Datenbanken um viele neue

Ideen. Allerdings sind NoSQL-Datenbanken meist spezialisiert auf bestimmte Problemlösungen und deshalb nur für bestimmte Anwendungsfälle geeignet. Derzeit gibt es bei NoSQL-Datenbanken meist keine Unterstützung von Transaktionen und keine standardisierte Abfragesprache wie SQL. Insgesamt verlagert sich der Entwicklungsaufwand dadurch in die Anwendung. Vorteilhaft bei NoSQL-Systemen ist, dass sehr große Datenmengen mit hoher Performance gespeichert und abgefragt werden können. Deswegen ist je nach Anwendungsszenario zu überlegen, welche Anforderungen im Vordergrund stehen. Für die klassische Datenverarbeitung bleiben SQL-Datenbanken weiterhin das bewährte und zuverlässige Rückgrat der meisten IT-Systeme.

2.6.9 Aufgaben

Aufgabe 1
Um welche Art der Beziehung handelt es sich bei den folgenden Beispielen:

- Jedes Auto hat ein Kraftfahrzeugkennzeichen, das nicht an einem anderen Auto verwendet werden darf.
- Eine Rechnung besteht aus verschiedenen Rechnungspositionen, aber jede Rechnungsposition muss zu einer Rechnung zugeordnet werden können.
- Eine Lieferung kann mehrere Aufträge zusammenfassen; ein Auftrag kann in mehrere Lieferungen aufgeteilt werden.

Aufgabe 2
Erstellen Sie ein ER-Modell bestehend aus Klassen und Beziehungen mit Kardinalitäten für folgende Situation:

- Ein Teilnehmer besucht mehrere Seminare, ein Seminar hat mehrere Teilnehmer.
- Jedes Seminar findet in genau einem Raum statt, in einem Raum finden zu verschiedenen Zeitpunkten jedoch verschiedene Seminare statt.
- Jeder Dozent kann unterschiedliche Seminare anbieten, aber jedes Seminar hat nur einen Dozenten.

Aufgabe 3
Erstellen Sie ein relationales Datenmodell aus Tabellen, wobei die $n : m$-Beziehungen aufgelöst sind. Fügen Sie Primärschlüsselattribute und Fremdschlüsselattribute hinzu.

- Ein Bankkunde kann mehrere Konten besitzen; ein Konto kann mehreren Kontoinhabern (= Bankkunden) zugeordnet sein.
- Jeder Kunde ist genau einer Filiale zugeordnet. Eine Filiale betreut mehrere Kunden.

Aufgabe 4
Der Primärschlüssel der Tabelle „CD-Sammlung" (vgl. Abb. 2.77) besteht aus CDNr+CD-TrackNr. Die CDNr bestimmt die Gruppe und den CD-Titel, die CDNr+CD-TrackNr den Song. Die Gruppe bestimmt das Gründungsjahr.

- In welcher Normalform befindet sich die Tabelle?
- Falls die Tabelle nicht in 3NF ist, geben Sie ein äquivalentes relationales Datenmodell (ohne Datensätze) in 3NF an und unterstreichen die Primärschlüssel.

Aufgabe 5
Der Primärschlüssel der Tabelle „Kunde" (vgl. Abb. 2.78) besteht aus KundenNr. Die KundenNr

CD-Sammlung					
CDNr	Gruppe	Gründungsjahr	CD-Titel	CD-TrackNr	Song
1	The Beatles	1960	Abbey Road	1	Come Together
1	The Beatles	1960	Abbey Road	2	Here Comes the Sun

Abb. 2.77 Normalisierung zu Aufgabe 4

Kunde				
KundenNr	Name	PLZ	Ort	Kreditlimit
1	Müller	55124	Mainz	3.000
2	Maier	55124	Mainz	5.000

Abb. 2.78 Normalisierung zu Aufgabe 5

bestimmt alle weiteren Attribute. Die PLZ bestimmt den Ort.

- In welcher Normalform befindet sich die Tabelle?
- Falls die Tabelle nicht in 3NF ist, geben Sie ein äquivalentes relationales Datenmodell (ohne Datensätze) in 3NF an und unterstreichen die Primärschlüssel.

Aufgabe 6
Gegeben sind die Tabellen Kunde und Auftrag mit den Attributen und Datensätzen aus Abb. 2.79.
Welche Ergebnismenge wird durch folgende Abfragen erzeugt?

- Projektion der Kundentabelle auf die beiden Attribute Name und Ort, kombiniert mit der Selektion auf die Datensätze mit Ort = „Mainz"
- Verbund zwischen Kunde und Auftrag mithilfe der KundenNr, projiziert auf die Attribute Name des Kunden und Datum des Auftrags, selektiert nur für den Monat Januar (= 01.).

Aufgabe 7
Welche Daten werden gemäß eigener Erfahrung typischerweise in einer Transaktion gemeinsam gespeichert, wenn eine erstmalige Bestellung bei einem Internetshop abgeschlossen werden soll?

Aufgabe 8
Erstellen Sie ein JSON-Dokument für folgenden Inhalt einer Urlaubsanfrage:
Mr. und Mrs. Miller (= Aufzählung) suchen eine Reise für 2 Personen nach Spanien. Die Termine sind ein eigenes JSON-Dokument mit Hinflug 01.09. und Rückflug 10.09.

Aufgabe 9
In der Analyse des Nutzerverhaltens beim Besuch von Webseiten wird untersucht, wie der Kunde auf die Seite gelangt ist und welche Bereiche dieser angesehen hat. Weitere Einflussfaktoren sind Werbeanzeigen, Verlinkungen von anderen Seiten, Bewertungen, Webseitengestaltung u. v. m. Die verwendeten Einflussfaktoren und Webseiten ändern sich häufig. Welcher Datenbanktyp passt zu diesen Anforderungen?

2.6.10 Lösungen zu Aufgaben

Lösung zu Aufgabe 1
- 1 : 1-Beziehung
- 1 : n-Beziehung
- n : m-Beziehung

Lösung zu Aufgabe 2
Vgl. Abb. 2.80.

Lösung zu Aufgabe 3
Vgl. Abb. 2.81.

Lösung zu Aufgabe 4
Tabelle ist 1NF, da atomare Einträge, aber nicht 2NF, da von einer Teilmenge des zusammengesetzten Schlüssels, der CDNr, die Gruppe ab-

Kunde		
KundenNr	Name	Ort
1	Müller	Mainz
2	Maier	Mainz
3	Schmidt	Stuttgart

Auftrag		
AuftragNr	KundenNr (FS)	Datum
A1	1	26.02.
A2	2	18.01.
A3	1	24.12.
A4	3	23.01.

Abb. 2.79 Datenbankoperationen

Abb. 2.80 Lösung zu
Aufgabe 2

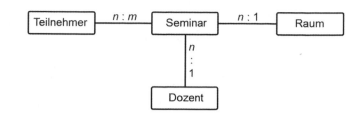

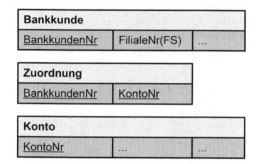

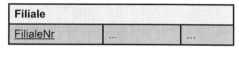

Abb. 2.81 Lösung zu Aufgabe 3

hängt. Da die Gruppe das Gründungsjahr bestimmt, muss auch diese Abhängigkeit aufgelöst werden. Tabellenstrukturen in 3NF:

- Tabelle „CD" mit Attributen *CDNr*, Gruppe, CD-Titel
- Tabelle „Tracks" mit Attributen *CDNr*, *CD-TrackNr*, Song
- Tabelle „Gründungsjahr" mit Attributen *Gruppe*, Gründungsjahr

Lösung zu Aufgabe 5
Tabelle ist 2NF, aber nicht 3NF, da vom Nichtschlüsselattribut PLZ der Ort abhängt. Tabellenstrukturen in 3NF:

- Tabelle „Kunde" mit Attributen *KundenNr*, Name, PLZ, Kreditlimit
- Tabelle „Postleitzahlen" mit Attributen *PLZ*, Ort

Lösung zu Aufgabe 6
Vgl. Abb. 2.82.

Lösung zu Aufgabe 7
Kunden- und Adressdaten, Lieferadresse, Zahlungsmittel, AGB gelesen und akzeptiert, bestellte Produkte mit Bestellmengen.

Lösung zu Aufgabe 8
Vgl. Abb. 2.83.
Eine selbsterstellte Struktur lässt sich auch mit einem JSON-Validator aus dem Internet prüfen.

Lösung zu Aufgabe 9
Dokumentorientierte Datenbanken, da sich die Datenstrukturen oft ändern, aber trotzdem Kenntnisse über den Aufbau der Dokumente für Auswertungen benötigt werden.

Abb. 2.82 Lösung zu
Aufgabe 6

Ergebnis 1		Ergebnis 2	
Name	Ort	Name	Datum
Müller	Mainz	Maier	18.01.
Maier	Mainz	Schmidt	23.01.

```
{
        "Reisende": ["Mr. Miller", "Mrs. Miller"],
        "Ziel": "Spanien",
        "AnzahlPersonen": 2,
        "Termine":
            {
                "Hinflug": "01.09.",
                "Rückflug": "10.09."
            }
}
```

Abb. 2.83 Lösung zu Aufgabe 8

Literatur

Informationsmanagement

Heinrich, L. J., Riedl, R., & Stelzer, D. (2014). *Informationsmanagement – Grundlagen, Aufgaben, Methoden.* München/Wien: Oldenbourg Wissenschaftsverlag.

Krcmar, H. (2015). *Einführung in das Informationsmanagement.* Wiesbaden: Springer-Gabler.

Krcmar, H. (2015). *Informationsmanagement.* Wiesbaden: Springer-Gabler.

Zarnekow, R., Brenner, W., & Grohmann, H. (Hrsg.). (2004). *Informationsmanagement.* Heidelberg: dpunkt.

IT-Strategie und IT-Governance

Dern, G. (2009). *Management von IT-Architekturen.* Wiesbaden: Springer.

Engels, G., Hess, A., & Humm, B. (2008). *Quasar Enterprise. Anwendungslandschaften serviceorientiert gestalten.* Heidelberg: dpunkt.

Kargl, H., & Kütz, M. (2007). *IT-Controlling.* München/Oldenbourg: de Gruyter.

Keller, W. (2017). *IT-Unternehmensarchitektur: Von der Geschäftsstrategie zur optimalen IT-Unterstützung.* Heidelberg: dpunkt.

Winter, R. (2018). Der St. Galler Unternehmensarchitekturansatz. https://ci.iwi.unisg.ch/themen/unternehmensarchitektur/. Zugegriffen am 31.01.2019.

Planung, Konzeption und Modellierung von IT-Systemen

Alt, O. (2012). *Modellbasierte Systementwicklung mit SysML.* München: Carl Hanser.

Balzert, H. (2011). *Lehrbuch der Objektmodellierung: Analyse und Entwurf mit der UML 2.* Heidelberg: Spektrum Akademischer.

Brandt-Pook, H., & Kollmeier, R. (2015). *Softwareentwicklung kompakt und verständlich. Wie Softwaresysteme entstehen.* Wiesbaden: Springer Vieweg.

Dern, G. (2009). *Management von IT-Architekturen, Leitlinien für die Ausrichtung, Planung und Gestaltung von Informationssystemen.* Wiesbaden: Vieweg+Teubner.

Ebert, C. (2014). *Systematisches Requirements Engineering, Anforderungen ermitteln, dokumentieren, analysieren und verwalten.* Heidelberg: dpunkt.

Hanschke, I. (2012). *Enterprise Architecture Management, einfach und effektiv.* München: Carl Hanser.

Krcmar, H. (2015). *Informationsmanagement.* Berlin/Heidelberg: Springer.

Ludewig, J., & Lichter, H. (2013). *Software Engineering, Grundlagen, Menschen, Prozesse, Techniken.* Heidelberg: dpunkt.

Matthes, D. (2011). *Enterprise Architecture Frameworks Kompendium.* Berlin/Heidelberg: Springer.

Pohl, K. (2008). *Requirements Engineering: Grundlagen, Prinzipien, Techniken.* Heidelberg: dpunkt.

Rupp, C., & die SOPHISTen. (2014). *Requirements-Engineering und -Management. Aus der Praxis von klassisch bis agil.* München: Carl Hanser.

Tiemeyer, E. (2017). *Handbuch IT-Management, Konzepte, Methoden, Lösungen und Arbeitshilfen für die Praxis.* München: Carl Hanser.

Modellierung und Optimierung von Geschäftsprozessen

Allweyer, T. (2015). *BPMN 2.0. Einführung in den Standard für die Geschäftsprozessmodellierung.* Norderstedt: Books on Demand.

Freund, J., & Rücker, B. (2012). *Praxishandbuch BPMN 2.0.* München: Carl Hanser.

Gadatsch, A. (2017). *Grundkurs Geschäftsprozessmanagement, Analyse, Modellierung, Optimierung von Controlling von Prozessen.* Wiesbaden: Springer Vieweg.

Keller, G., Nüttgens, M., & Scheer, A.-W. (1992). Semantische Prozeßmodellierung auf der Grundlage Ereignisgesteuerter Prozeßketten (EPK). In A.-W. Scheer (Hrsg.), *Veröffentlichungen des Instituts für Wirtschaftsinformatik* (Heft 89). Saarbrücken. https://www.uni-saarland.de/fileadmin/user_upload/Fachrichtungen/fr13_BWL/professuren/PDF/heft89.pdf.

Object Management Group (OMG). https://www.omg.org/spec/BPMN/. Zugegriffen am 16.04.2019.

Schmelzer, H., & Sesselmann, W. (2013). *Geschäftsprozessmanagement in der Praxis.* München: Carl Hanser.

Modellierung und Organisation von Daten

Edlich, S., Friedland, A., Hampe, J., & Brauer, B. (2011). *NoSQL: Einstieg in die Welt nichtrelationaler Web 2.0 Datenbanken.* München: Carl Hanser.

Hecht, R. (2014). Konzeptuelle und methodische Auf-
arbeitung von NoSQL-Datenbanksystemen. Disserta-
tion, Universität Bayreuth.

Kemper, A., & Eickler, A. (2015). *Datenbanksysteme.
Eine Einführung*. Oldenbourg: de Gruyter.

Kleuker, S. (2016). *Grundkurs Datenbankentwicklung –
Von der Anforderungsanalyse zur komplexen Daten-
bankanfrage*. Wiesbaden: Springer Vieweg.

Meier, A., & Kaufmann, M. (2016). *SQL- & NoSQL-
Datenbanken*. Berlin/Heidelberg: Springer.

Saake, G., Sattler, K.-U., & Heuer, A. (2013). *Datenbanken – Konzepte und Sprachen*. Heidelberg: Mitp.

Steiner, R. (2017). *Grundkurs Relationale Datenbanken:
Einführung in die Praxis der Datenbankentwicklung
für Ausbildung, Studium und IT-Beruf*. Wiesbaden:
Springer Vieweg.

Studer, T. (2016). *Relationale Datenbanken – Von den
theoretischen Grundlagen zu Anwendungen mit PostgreSQL*. Berlin/Heidelberg: Springer.

Umsetzen

3

3.1 IT-Systeme im Unternehmen

Frank Mehler

Lernziele

- Grundkenntnisse der Struktur von IT-Systemen
- Überblick über Kategorien von IT-Systemen, die in Unternehmen häufig eingesetzt werden

Überblick

IT-Systeme im Unternehmen unterstützen eine Vielzahl von Aufgaben: Von der Auftragserfassung im Vertrieb über die Analyse von Produktionsdaten und das Scannen von Produkten im Versand bis hin zum Datenaustausch mit anderen Unternehmen. In diesem Abschnitt soll ein Überblick vermittelt werden, welche Arten von IT-Systemen im Unternehmen eine wichtige Rolle spielen.

3.1.1 Einführung

Aus Sicht der IT-Architektur bestehen IT-Systeme aus den aufeinander aufbauenden Schichten aus Hardware, IT-Infrastruktur (z. B. Betriebssysteme, Netzwerke), Datenbanksystemen oder anderen Arten der Datenverwaltung sowie Anwendungen (vgl. Abb. 3.1).

▶ Eine **Anwendung** ist die Kurzform für Anwendungsprogramm (engl. „application software", kurz: App), zur Bereitstellung von Funktionalitäten für den Anwender.

In diesem Abschnitt liegt der Fokus auf Anwendungsprogrammen, aber zunächst erfolgt ein Blick auf die verschiedenen Ebenen der Softwarearchitektur. Die technische Infrastruktur hat auch Auswirkungen darauf, wie sich Anwendungen nutzen lassen und ob diese nahtlos zusammenarbeiten.

Beispiel

Anwendungen, die mithilfe des Intranets (= nicht öffentliches Rechnernetz) eines Unternehmens bereitgestellt werden, sind von jedem Arbeitsplatz aus nutzbar, der sich im Unternehmensnetzwerk befindet und ein passendes Front-End (z. B. Browser) besitzt. Allerdings erfordert der Zugriff von außerhalb des Unternehmensnetzwerks eine gesicherte Verbindung. Ein virtuelles privates Netzwerk (kurz VPN) ist ein Kommunikationsnetz, das eine Verbindung von zwei unabhängigen Computernetzwerken mittels Software herstellt, z. B. zwischen dem Unternehmensnetzwerk und dem Heimnetzwerk. Dadurch können sich Mitarbeiter von zu Hause mittels VPN-Verbindung temporär in das Unternehmensnetzwerk einloggen.

Die zunehmende Nutzung von Mobilgeräten wirft jedoch nicht nur Sicherheitsprobleme auf,

© Springer Fachmedien Wiesbaden GmbH, ein Teil von Springer Nature 2019
A. Mehler-Bicher et al., *Wirtschaftsinformatik Klipp und Klar*, WiWi klipp & klar,
https://doi.org/10.1007/978-3-658-26494-9_3

Abb. 3.1 IT-Systemarchitektur

sondern auch die Frage, wie gut eine Anwendung auf einem kleinen Smartphonedisplay ohne separate Tastatur benutzbar ist. Zudem stellt sich die Frage der technischen Integration von Anwendungen: Oft treffen sog. „Legacy Systems" (= Altsysteme), d. h. Anwendungen, die schon viele Jahre erfolgreich im Unternehmen laufen, auf Systeme mit aktuellen Technologien. Diese Welten zusammenzuführen ist die Aufgabe von Middleware-Systemen (Abb. 3.2). Hierbei geht es nicht nur um die Integration auf Anwendungsebene, sondern auch von tieferen Ebenen, z. B. im Bereich von Datenbanken.

Eine betriebliche Anwendung unterstützt Mitarbeiter im Unternehmen bei ihren Aufgaben. Das sind zum einen Standardbüroanwendungen zur Textverarbeitung, Tabellenkalkulation oder zur E-Mail-Kommunikation, aber zum anderen auch Anwendungen, die zielgerichtet die Geschäftsprozesse von Unternehmen abbilden. Aus hierarchischer Sicht der Aufbauorganisation eines Unternehmens gibt es zwei Arten von Anwendungen (vgl. Abb. 3.3).

- Operative Anwendungen bieten die Möglichkeit, Geschäftsprozesse auf der ausführenden Ebene eines Unternehmens zu erledigen. Ein typisches Beispiel ist die Erfassung eines Kundenauftrags oder die Beschaffung von Produkten.
- Diese Systeme werden oft unter dem Oberbegriff „Transaktionsbasierte Systeme" zusammengefasst. Dabei werden die Daten anhand von Transaktionen bearbeitet, in denen zusammengehörige Daten entweder in ihrer Gesamtheit gespeichert oder nicht akzeptiert werden.
- Strategische bzw. Managementanwendungen sind Informationssysteme, die das Management unterstützen. Hierzu zählen Anwendungen, die die Daten der operativen Systeme zusammenführen, z. B. die Kundenumsätze pro Region und Monat oder die Termintreue von Lieferanten.
- Eine Aufgabe des Managements ist die Planung und Kontrolle, um beispielsweise die Zielvorgaben in den Abteilungen zu überprüfen, Trends zu erkennen oder eine Budgetplanung durchzuführen. Früher wurden Managementanwendungen oft in Unterkategorien wie Managementinformationssysteme, Entscheidungsunterstützungsbzw. Führungsunterstützungs-Systeme eingeteilt, aber diese Grenzen verschwimmen immer mehr. Deshalb wird heutzutage oft der Sammelbegriff „Business Intelligence" verwendet.

Aus funktionaler Sicht lassen sich viele Aufgaben im Unternehmen in Funktionsbereiche einordnen:

Abb. 3.2 Prinzip eines Middleware-Systems

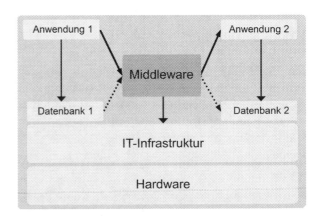

Abb. 3.3 Hierarchische Sicht auf Anwendungen im Unternehmen

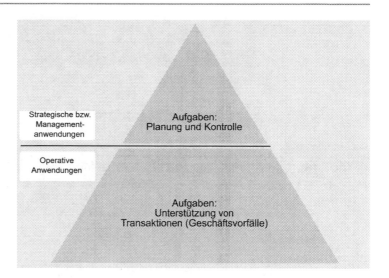

- Beschaffung: Einkauf, Lagerverwaltung usw.
- Produktion/Leistungserstellung: Produktionsprozesse (z. B. Maschinenauslastung, Arbeitszeiten in der Fertigung) oder Dienstleistungsprozesse (z. B. Logistikdienstleistungen, Beratungsleistungen)
- Marketing und Vertrieb: Kunden- und Auftragsbearbeitung
- Finanz- und Rechnungswesen: Buchführung, Controlling usw.
- Personalwirtschaft: Personalverwaltung, Zeiterfassung usw.

Da diese Kernbereiche eines Unternehmens auf gemeinsame Ressourcen zugreifen (z. B. Kunden und Produkte), haben sich seit vielen Jahren hierfür integrierte Anwendungssysteme durchgesetzt, sog. ERP-Systeme (Enterprise Resource Planning). Diese dienen der Erfassung und dem Management der Unternehmensressourcen.

▶ Ein **Enterprise Resource Planning System (kurz ERP-System)** ist eine integrierte, umfassende, betriebliche Anwendung zur Erfassung und Planung von Unternehmensressourcen.

Die Eigenschaft der Integration bedeutet, dass die Geschäftsprozesse durch das ERP-System auch über Abteilungsgrenzen hinweg unterstützt werden. „Umfassend" beschreibt den Funktionsumfang des ERP-Systems, der mehrere oder im Idealfall alle Funktionsbereiche eines Unternehmens (Beschaffung, Produktion, Vertrieb usw.) abdeckt.

Erweitert man den Blickwinkel über innerbetriebliche Ressourcen hinaus auf das Umfeld des Unternehmens, lassen sich weitere Gruppen von Anwendungssystemen klassifizieren (vgl. Abb. 3.4).

▶ Ein **E-Procurement-System** dient der (teil-) automatisierten Beschaffung von Gütern und Dienstleistungen.

Hierbei geht es um die Beziehung zwischen Unternehmen und Lieferant, z. B. durch den automatisierten Austausch von Beschaffungsinformationen. So kann der Mitarbeiter im Unternehmen selbstständig bei vorab definierten Lieferanten Büromaterial bestellen, indem er in einem Produktkatalog die benötigten Waren selbst aussucht. Die Daten werden in einem Standardformat übertragen und auf der Seite des Lieferanten in dessen ERP-System weiterverarbeitet. Bei größeren Bestellungen kann ein Genehmigungsprozess zwischengeschaltet werden oder die Anfrage auch auf einem Marktplatz ausgeschrieben werden.

▶ Ein **Customer-Relationship-Management-System** (kurz **CRM-System**) verwaltet und steuert Informationen zu Kunden und Interessenten.

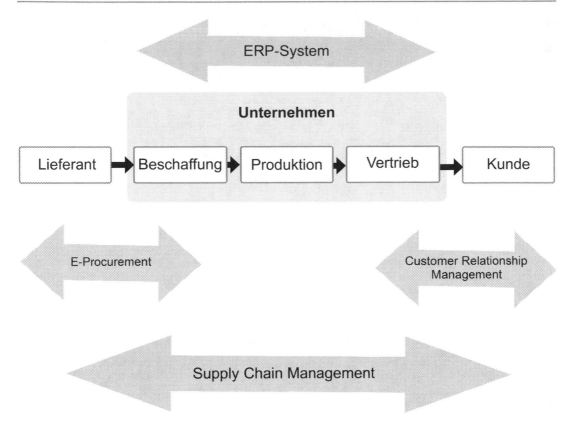

Abb. 3.4 Funktionale Sicht auf Anwendungen im Unternehmen

Ziel eines CRM-Systems ist es, die Kundenbeziehung so zu steuern, dass die Kundenansprache und Kundenbetreuung optimiert wird. In einem CRM-System werden alle Kundenkontakte integriert, d. h. die Kommunikationskanäle wie E-Mail, Telefon/Call-Center, persönliche Kontakte, Werbekanäle, Internet Sales mittels Webshops usw. Durch Kundenanalysen werden zielgerichtete Marketingaktionen möglich, aber auch der Kundenservice lässt sich verbessern. Schlussendlich geht es nicht nur darum, neue Kunden zu gewinnen, sondern die Beziehung zu bestehenden Kunden in den Mittelpunkt zu stellen, um Kunden an das Unternehmen zu binden und dadurch langfristige Umsätze und Gewinne generieren zu können.

Empfehlungssysteme finden sich bei vielen Onlinehändlern bzw. Streaminganbietern von Musik oder Filmen. Diese nutzen unter anderem folgende Prinzipien:

- Inhaltsbasierte Empfehlungen: Artikel A wird oft mit Artikel B verkauft, dann wird einem Kunden zusätzlich zu A auch B empfohlen (z. B. Taschenlampen mit Batterien).
- Kollaborative Empfehlungen: Man versucht, Gruppen von Kunden zu bilden, die ähnliches Verhalten oder vergleichbare Interessen zeigen. Dann werden bevorzugt die Produkte angeboten, die die anderen aus der Gruppe auch interessant fanden. Hierzu können unter anderem die gekauften Artikel, betrachtete Artikel, der Einkaufswagen, Wunschlisten und eigene Bewertungen herangezogen werden.

▶ Ein **Supply-Chain-Management-System** (kurz **SCM-System**) dient dem Management der Lieferkette, d. h. der Beziehung von Lieferanten über Produktion bis hin zu Kunden.

SCM-Systeme unterstützen die Kooperation in der gesamten Wertschöpfungskette. Speziell in Branchen mit einer Vielzahl von Lieferanten (z. B. Automobilindustrie oder Pharmabranche) werden permanent Rohstoffe, Halbfabrikate, Fertigprodukte, Dienstleistungen usw. eingekauft und müssen rechtzeitig (= „just in time") verfügbar sein, um eine termingerechte Produktion und Lieferung zu ermöglichen. Bereitet ein Baustein in dieser Kette Probleme, kommt es in der gesamten Kette zu Verzögerungen. In der Praxis sind auch die Lieferanten wieder untereinander vernetzt, sodass man statt von einer Lieferkette eher von einem Netzwerk sprechen kann. Auch die Absatzseite eines Unternehmens kann sehr komplex sein, falls beispielsweise die Produkte über Großhandel, Einzelhandel, Zwischenlager, Filialen oder Direktvertrieb zum Kunden gelangen. Planung und Management der Lagerhaltung und der Logistikprozesse ist ein entscheidender Faktor, um die Leistung bedarfsgerecht zur Verfügung zu stellen (supply on demand). SCM-Systeme betrachten zudem nicht nur den Materialfluss, sondern können auch den Informations- und Finanzfluss verbessern.

Weitere Arten von IT-Systemen, die oft in Unternehmen eingesetzt werden, sind:

* Workflowmanagementsysteme
  Ziel ist, standardisierte Arbeitsabläufe durch Softwaresysteme zu unterstützen, z. B. die Genehmigung eines Urlaubsantrags. Bei Eintreten von Ereignissen (z. B. Urlaubsantrag gestellt) wird das Dokument automatisch zur Genehmigung an die richtige Stelle weitergeleitet und bei Überschreiten einer vorher festgelegten Bearbeitungsdauer auf Verzögerungen hingewiesen.
* Systeme zum Wissensmanagement
  Eine grundlegende Frage für ein Unternehmen ist, wie die Mitarbeiter das richtige, aktuelle Wissen zur Erledigung ihrer Aufgaben erhalten. Typische Anwendungen zur Unterstützung sind z. B. Dokumentenmanagementsysteme und Data-Warehouse-Systeme, in denen Unternehmensdaten aus verschiedenen Quellen für Auswertungen zur Verfügung gestellt werden.
* Systeme zur Kollaboration von Mitarbeitern

* Diese lassen sich wie folgt einordnen:
  – Derselbe Ort, zur selben Zeit: Präsentationssoftware, Onlineanalyseprogramme u. v. m.
  – Verschiedene Orte, zur selben Zeit: Telefon- und Videokonferenz, Screen-Sharing u. v. m.
  – Zeitlich versetzt: Gemeinsame Bearbeitung von Dokumenten, Gruppenkalender u. v. m.
* Master-Data-Management-Systeme (= Stammdatenmanagement)
  Stammdaten sind die Kernobjekte des Unternehmens, die keine Abhängigkeiten zu anderen Daten besitzen und sich im Gegensatz zu Bewegungsdaten relativ selten ändern. Beispiele von Stammdaten sind Geschäftspartner (= Kunden, Lieferanten), Produkte und Mitarbeiter. Für ein Unternehmen ist die Sicherstellung der Datenqualität der Stammdaten sehr wichtig, weshalb spezielle Systeme eingesetzt werden können, um z. B. Dubletten zu beseitigen oder Daten aus verschiedenen Systemen zusammenzuführen.

3.1.2   Zusammenfassung

ERP-Systeme unterstützen im Wesentlichen die unternehmensinternen Prozesse. E-Procurement-, CRM- und SCM-Systeme bieten Funktionen auch über Unternehmensgrenzen hinweg. Je nach Unternehmensgröße und -anforderungen kann die IT-Landschaft sich auf wenige IT-Systeme beschränken, aber auch sehr viele, oft spezialisierte Systeme nutzen.

3.1.3   Aufgaben

Aufgabe 1

Welcher Nutzen ergibt sich durch ein E-Procurement-System im Vergleich zur Übermittlung per Fax oder E-Mail?

Aufgabe 2

Ordnen Sie folgende Softwareanwendungen in die passende Kategorie (ERP, E-Procurement, CRM, SCM) ein:

- Eine App zur Verwaltung von Kundenkontakten im Außendienst des Vertriebs
- Informationen zum Lagerbestand eines Lieferanten
- Informationen zu den Gehältern der Mitarbeiter

3.1.4 Lösungen zu Aufgaben

Lösung zu Aufgabe 1

- Geringere Prozesskosten durch automatisierte Übertragung von Beschaffungs- und Lieferinformationen
- Weniger Fehler durch Vermeidung der erneuten Eingabe von Daten
- Schnellere Reaktion durch nahtlose Weiterverarbeitung bzw. Feedback bei nichtverfügbaren Produkten

Lösung zu Aufgabe 2

- Eine App zur Verwaltung von Kundenkontakten im Außendienst des Vertriebs → CRM
- Informationen zum Lagerbestand eines Lieferanten → SCM
- Informationen zu den Gehältern der Mitarbeiter → ERP

3.2 E-Business

Anett Mehler-Bicher

Lernziele
- Definition und Abgrenzung von E-Business
- Entwicklungsphasen des E-Business
- Entwicklungsstand und Bedeutung von E-Business

Überblick
E-Business als Oberbegriff für digitalisierte Geschäftsprozesse insbesondere mit Hilfe des Internets ist eine junge Disziplin und hat sich erst mit Mitte der 1990er-Jahre mit der Ausbreitung des Internets, insbesondere mit der Nutzung des World Wide Webs entwickelt.

3.2.1 Einführung

▶ **E-Business** – kurz für Electronic Business oder Business over the Internet – beschreibt die Optimierung der Wettbewerbssituation einer Organisation innerhalb der Wertschöpfungskette durch die Anwendung geeigneter Informations- und Kommunikationstechnologien, insbesondere des Internets.

▶ **Mobile Business** ist eine Ausprägung des E-Business; hier kommen mobile Technologien wie Smartphones, Internet of Things usw. zur Anwendung.

▶ Mit **E-Procurement**, der Beschaffung über das Internet, E-Commerce, dem Handel mittels Internet, und E-Marketplaces, also elektronischen Marktplätzen im Internet, werden verschiedene Funktionen der Wertschöpfungskette unterstützt.

▶ Anwendungsbezogene Unterscheidungen wie z. B. E-Health, die Digitalisierung des Gesundheitssektors, E-Finance, die Digitalisierung des Finanzsektors, oder E-Government, die Digitalisierung des öffentlichen Sektors, ermöglichen funktionale Anpassungen.

Abb. 3.5 stellt die verschiedenen Funktionen zur Unterstützung der Wertschöpfungskette dar.
Bei Marktplätzen unterscheidet man darüber hinausgehend noch zwischen vertikalen und horizontalen Marktplätzen (vgl. Abb. 3.6).

▶ Bei **vertikalen Marktplätzen** liegt der Fokus auf einer Branche, und es wird eine Vielzahl von Funktionen oder wertschöpfenden Aktivitäten

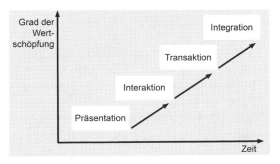

Abb. 3.5 Unterstützung der Wertschöpfungskette durch E-Business

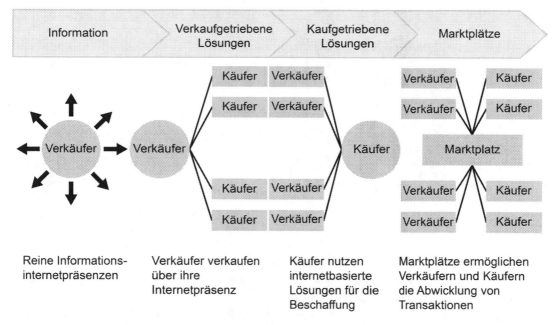

Abb. 3.6 Vertikale vs. horizontale Marktplätze

unterstützt. Horizontale Marktplätze sind hingegen branchenunabhängig und konzentrieren sich meist auf einen betrieblichen Funktionsbereich.

E-Business bietet unter anderem folgende Möglichkeiten bzw. Vorteile:

- Allgegenwärtigkeit
  E-Business ist jederzeit an jedem Ort mit Internetzugang und Endgerät verfügbar.
- Interaktivität
  E-Business Anbieter und Nutzer können interaktiv kommunizieren, da die Technologie eine bidirektionale Kommunikation ermöglicht.
- Informationsfülle
  E-Business bietet die Möglichkeit, „komplexe" Produkte durch Nachahmung von „persönlicher Erfahrung" zu verkaufen. Beispiele hierfür sind z. B. virtuelle Anproben von Kleidung oder Brillen im Internet auf Basis von Augmented Reality.
- Informationsdichte
  Die Menge der Informationen im Internet ist in den letzten Jahren stark gewachsen.
- Personalisierung/Individualisierung
  Informationen, Produkte und Dienstleistungen werden einerseits personalisiert auf potenzielle Kunden zugeschnitten; anderer-

seits haben potenzielle Kunden die Möglichkeit, Informationen, Produkte und Dienstleistungen in individueller Form zu erhalten.
- Soziale Technologie
  Nutzer können Inhalte selbst erstellen und freigeben; einzelne Nutzer können ein breites Publikum erreichen.
- Universelle Standards
  Grundsätzlich finden im E-Business Internetstandards weltweit Anwendung. Mittels eines Internetbrowsers ist das Angebot auf vielen Endgeräten nutzbar.
- Globale Reichweite
  E-Business-Transaktionen können über kulturelle, regionale und nationale Grenzen hinweg ausgeführt werden.

Die Entwicklung von E-Business Mitte der 1990er-Jahre erfolgte in vier verschiedenen Entwicklungsphasen (vgl. Abb. 3.7).

Während E-Business sich in den Anfangsjahren im Wesentlichen darauf beschränkte, den Firmenprospekt ins Internet zu bringen, erkannten einige Unternehmen frühzeitig den Vorteil einer internetbasierten Unterstützung ihres Geschäfts. Sie boten Möglichkeiten zur Interaktion z. B.

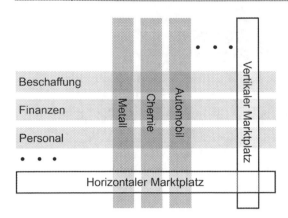

Abb. 3.7 Entwicklungsphasen des E-Business

über Kontaktformulare an oder im nächsten Schritt die Abwicklung von Transaktionen wie z. B. den Verkauf von Produkten. Mit wachsendem Vernetzungsgrad wurden immer mehr internetbasierte Prozesse in das E-Business integriert. Insbesondere die zunehmende Nutzung mobiler Technologien, aber auch das wachsende Angebot digitaler Güter hat die Integration der Prozesse, aber auch der Kommunikations- und Absatzkanäle vorangetrieben.

▷ **Digitale Güter** sind immaterielle Güter (Produkte oder Dienstleistungen), die in digitaler Form angeboten werden. Hiervon differenziert

man physische Güter, die stets in materieller Form gegeben sind.

E-Business hat zu einer deutlichen Veränderung der klassischen Wertschöpfungskette geführt.

▷ **Disintermediation** bedeutet, dass Intermediäre, d. h. Mittler in der Wertschöpfungskette, wegfallen. Das Ergebnis der Disintermediation ist in der Regel der Direktvertrieb durch den Produzenten selbst (vgl. Abb. 3.8).

▷ Treten neue Intermediäre in der Wertschöpfungskette auf, so nennt man dies **Neo-** oder **Reintermediation**. Neue Intermediäre treten im Allgemeinen in Form eines weiteren Portals auf (vgl. Abb. 3.9).

▷ Ein **Portal (Webportal)** ist ein Intermediär in der Wertschöpfungskette und bündelt verschiedene Webanwendungen, indem z. B. Suche und Präsentation von Informationen koordiniert und Anwendern verschiedene Services zur Verfügung gestellt werden.

Auch Kombinationen aus Dis- und Reintermediation sind im E-Business zu beobachten, da Intermediäre oftmals kostengünstiger agieren und zusätzliche Services anbieten können.

Abb. 3.8 Disintermediation

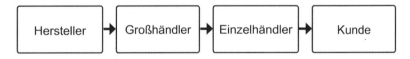

Traditionelle Wertschöpfungskette

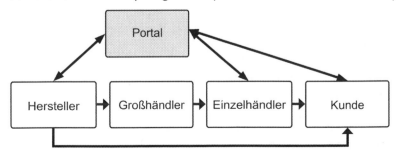

Abb. 3.9 Neo- oder
Reintermediation

Traditionelle Wertschöpfungskette

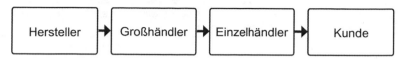

Modifizierte Wertschöpfungskette (Disintermediation)

3.2.2 E-Commerce

Neue Ansätze im Bereich E-Commerce sprechen heute aufgrund des hohen Integrationsgrads auch von No-Line-Commerce. Unter No-Line-Commerce, alternativ auch Omni-Channel-Commerce genannt, versteht man die Verschmelzung von Offline- und Online-Commerce. Es erfolgt eine Integration der verschiedenen Nutzungskanäle, sodass sie sich für den Nutzer hinsichtlich der Funktionalität ergänzen. Ist ein Produkt z. B. offline nicht mehr verfügbar, kann der Nutzer direkt per App aus dem stationären Handel sein gewünschtes Produkt bestellen. Die Attraktivität des Offlinehandels kann durch No-Line-Commerce-Angebote wiederum gesteigert werden (vgl. Abb. 3.10).

3.2.3 Geschäftsmodell

Die Möglichkeit, auf digitalen Technologien basierend Geschäftsmodelle weiterzuentwickeln oder neu zu entwickeln, macht E-Business für viele Unternehmen und Organisationen sehr interessant.

▷ Ein **Geschäftsmodell** wird beschrieben durch seinen Nutzen oder Wert für den Nutzer, die Architektur der Wertschöpfung sowie das Erlösmodell.

▷ Bei der **Architektur der Wertschöpfung** unterscheidet man:

- B2C (Business to Consumer)
- B2B (Business to Business)
- C2C (Consumer to Consumer)

Da im letzten Fall die für das E-Business genutzte Plattform in der Regel unternehmerisch tätig ist, kommt C2C in der Praxis selten vor; es handelt sich zumeist um C2B2C.

Bei dem Erlösmodell unterscheidet man häufig zwischen primären und sekundären Erlösen. Bei einem Webshop z. B. stellen die Margen, die sich aus dem Verkauf von Produkten abzüglich der Kosten ergeben, primäre Erlöse dar. Verkauft das Unternehmen aber zusätzlich Nutzerdaten oder Informationen, die sich aus dem Nutzerverhalten ergeben, dann stellen diese Einnahmen sekundäre Erlöse dar.

Internetnutzer haben sehr oft die Erwartung, Produkte oder Services umsonst zu erhalten. Daher haben sich in den letzten Jahren Geschäftsmodelle wie Freemium oder In-App-Käufe stark verbreitet.

▷ **Freemium** ist ein Geschäftsmodell, bei dem das Basisprodukt gratis angeboten wird, während das Vollprodukt und Erweiterungen kostenpflichtig sind.

▷ Unter einem **In-App-Kauf** versteht man die Möglichkeit eines Nutzers, in einer App zusätzliche Funktionen gegen Gebühr freischalten zu lassen.

Serviceangebot	Beschreibung
Web-to-Store Research online – Purchase offline	Vorbereitung des stationären Kaufes über das Internet
Click & Reserve Check & Reserve In-Store PIck Up	Variante von Web-to-Store Verfügbarkeit des gewünschten Produkts online prüfen, reservieren sowie später abholen Bezahlung kann online oder stationär erfolgen
Click & Collect	Variante von Web-to-Store Bestellung online zusammenstellen und später am Abholpunkt (nicht zwingend im stationären Handel) abholen Bezahlung kann online oder stationär erfolgen
Return-to-Store	Variante von Web-to-Store Rückgabe online bestellter Produkte im stationären Handel
Store-to-Web Research offline – Purchase online	Vorführung und Beratung im stationären Handel ohne Kaufabschluss, auch „Showrooming" genannt
Web-in-Store	Kauf/Kaufunterstützung und/oder Bezahlung über ein mobiles Endgerät vor Ort
In-Store-/Indoor-Navigation	Variante von Web-in-Store Navigation mit einem mobilen Endgerät zum gewünschten Artikel im stationären Geschäft
Self-Checkout	Variante von Web-in-Store Bezahlen der Produkte an Bezahlterminals im stationären Handel
QR-Scan-Retail	Variante von Web-to-Store, Store-to-Web und Web-in-Store Einkauf unter Nutzung von QR-Codes und Scanmöglichkeiten
AR-App-Retail	Variante von Web-to-Store, Store-to-Web und Web-in-Store Einkauf unter Nutzung von Augmented Reality (AR) (z.B. in Verbindung mit Produktabbildungen)

Abb. 3.10 Serviceangebote im No-Line-Commerce

Varianten hierzu sind, dass das Basisprodukt zwar kostenlos ist, aber durch Werbung finanziert ist und die werbefreie Version dann kostenpflichtig ist.

3.2.4   Preisfindung im Internet

Die Entwicklung von E-Business hat dazu geführt, dass sich neue Preismechanismen im Internet entwickelt haben.

▷ Unter **statischer Preisfindung** versteht man einen festgelegten Preis, der allen Kunden angeboten wird, also „ein Preis für alle".

▷ **Dynamische Preisfindung** bedeutet, dass der Preis durch verschiedene Parameter beeinflusst und parameterabhängig berechnet wird. Zu dynamischen Preisfindungsverfahren zählen vor allem Verhandlungen, Auktionen, Börsen und Spot Pricing/Real-Time Pricing.

Im stationären Handel herrscht im Endkundengeschäft (B2C) statische Preisfindung vor. Zwar existieren auch hier Varianten wie z. B. Gruppenpreise, datumsabhängige Preise (z. B. Last Minute) oder serviceabhängige Preise (z. B. unterschiedliche Liefergebühren in Abhängigkeit des Lieferdatums). Aber der Kunde besitzt in der Regel keine Möglichkeit, auf den Endpreis einzuwirken, es sei denn, ein Produkt hat z. B. einen Mangel, der eine

Verhandlung über den Preis ermöglicht. Grundsätzlich ist auch die Variante denkbar, dass der Kunde den Preis festlegt, den er zu zahlen bereit ist, und der Verkäufer darauf eingeht. Mit der Idee „name your price" machte priceline.com Ende der 1990er-Jahre diesen Ansatz populär.

Dynamische Preisfindungsverfahren wie z. B. Verhandlungen nutzt man vor allem im klassischen B2B Geschäft. Verhandlung bedeutet, dass Käufer und Verkäufer den Preis mittels Gesprächs beidseitig gestalten. Diese Form der dynamischen Preisfindung beobachtet man heute im Internet sehr selten.

Schon Mitte der 1990er-Jahre gewannen Auktionen im Internet stark an Bedeutung.

▶ Bei einer **Auktion** geben Kaufinteressierte („Bieter") verbindliche Gebote auf ein Produkt ab. Die Bieter machen dem Verkäufer bzw. dem in dessen Auftrag handelnden Auktionator ein Angebot. Der Höchstbietende erhält in der Regel den Zuschlag und gewinnt die Auktion.

▶ Die **englische Auktion** ist die bekannteste Auktionsform. Von einem Mindestgebot ausgehend werden aufsteigend Gebote abgegeben, bis kein neues Gebot mehr eintrifft. Der letzte Bieter erhält den Zuschlag.

▶ Bei einer **holländischen Auktion** werden absteigende Beträge genannt, bis ein Bieter auf das aktuelle Angebot eingeht und den Zuschlag erhält. Dieses Verfahren eignet sich bei mehreren gleichartigen Artikeln, wie etwa Blumen.

Neben der „normalen" Auktion gibt es auch die sogenannte umgekehrte Auktion (engl. „reverse auction"). Eine umgekehrte Auktion verkehrt den Ansatz einer Auktion.

▶ Bei einer **umgekehrten Auktion** definieren Käufer ihre Kaufwünsche; Verkäufer können entsprechende Gebote abgeben. Der Verkäufer mit dem niedrigsten Gebot erhält den Zuschlag.

Bei Auktionen unabhängig in welcher Variante reduzieren sich die Entscheidungsparameter für einen Kauf lediglich auf den Parameter Preis. Daher eignen sich Auktionen im Internet sehr gut für Märkte, in denen genügend Angebot und Nachfrage herrscht.

Neben Auktionen und ihren Varianten existieren auch bilaterale, d. h. zweiseitige Auktionen.

▶ **Börsen** sind zweiseitige Auktionen, d. h. sowohl Käufer als auch Verkäufer bieten und passende Gebote werden zusammengeführt.

Da der Preis im Rahmen von E-Business immer wichtiger wird, entwickelten sich in den letzten Jahren Verfahren wie Spot Pricing oder Real-Time Pricing. Unternehmen haben im Wesentlichen drei Möglichkeiten, ihren Umsatz bzw. Gewinn zu steigern:

- Erhöhung der Umsatzmenge
- Senkung der Kosten rund um Beschaffung, Produktion und Absatz
- Optimierung des Preises

Spot Pricing bzw. Real-Time Pricing zielt auf die Optimierung des Preises ab, d. h. den Preis in Abhängigkeit von Angebot und Nachfrage zu gestalten. Die Parameter, die Angebot und Nachfrage regeln, sind zu ermitteln und fließen in die Preisgestaltung ein. Ein wichtiger Parameter ist der Zeitpunkt; je nach Angebots- oder Nachfrageintensität zu einem bestimmten Zeitpunkt variiert der Preis. Viele Internetanbieter nutzen heute diese Verfahren, um die Gewinnmargen zu optimieren.

Eine Zusammenfassung aktueller Verfahren zur Preisfindung ist in Abb. 3.11 dargestellt.

3.2.5 Aktuelle Trends

Mit dem Aufkommen des World Wide Webs haben sich viele neue Anbieter im Internet präsentiert. In den letzten Jahren lässt sich der Trend erkennen, dass sich große Anbieter, die zunächst im E-Commerce aktiv waren, sukzessive zu E-Marketplaces umstrukturieren. Viele kleinere Anbieter im Internet verzichten daher auf eigene Internetpräsenzen und nutzen vermehrt derartige Marktplätze, da sie von dem Bekanntheitsgrad der großen Anbieter profitieren und weniger eigenes Marketing benötigen.

Typ	Anzahl Käufer	Anzahl Verkäufer	Preisfindung
Auktion	viele	ein	Höchstbietender Käufer erhält Zuschlag
Umgekehrte Auktion	ein	viele	Niedrigstbietender Verkäufer erhält Zuschlag
Börse	viele	viele	Käufer wie auch Verkäufer bieten und passende Gebote werden zusammengeführt
Name your price	ein	ein	Käufer nennt den gewünschten Preis; der erste Verkäufer, der den Preis akzeptiert, erhält den Zuschlag
Verhandlung	ein	ein	Käufer und Verkäufer gestalten den Preis, indem sie diesen verhandeln
Spot Pricing/ Real-Time Pricing	viele	ein	Parameter, die sich aus Angebot und Nachfrage ergeben, führen zu einer entsprechenden Preisberechnung

Abb. 3.11 Verfahren der Preisfindung

In den letzten Jahren entwickelte sich sehr viel stärker der Handel mit Daten über Kunden und ihre Gewohnheiten oder Präferenzen. Zusätzlich gewinnen die Daten, die sich aus Datenströmen des Internet of Things (IoT) ergeben, an Bedeutung und werden auf entsprechenden Marktplätzen gehandelt.

Insgesamt führt das Internet of Things zu neuen Entwicklungen im E-Business und ermöglicht die Nutzung neuer Geschäftsmodelle. Sensorgestützte Daten in Kombination mit mobilen Anwendungen ermöglichen neuen Formen der Kundenansprache und -aktivierung. Fraglich sind bei vielen dieser Anwendungen jedoch Datenschutz und Datensicherheit.

Zusammenfassung

E-Business ist die integrierte Ausführung aller automatisierbaren Geschäftsprozesse mithilfe von Informations- und Kommunikationstechnologie zwecks Optimierung der Wettbewerbssituation der Organisation innerhalb der Wertschöpfungskette. E-Business bietet viele Möglichkeiten der Verschlankung von Geschäftsprozessen innerhalb einer Organisation, aber auch über Organisationen hinweg. Mittels neuer oder adaptierter Geschäftsmodelle lassen sich die Potenziale von

E-Business nutzen und umsetzen. Insbesondere die Art der Preisfindung hat sich durch E-Business-basierte Lösungen in den letzten Jahren deutlich verändert.

3.2.6   Aufgaben

Aufgabe 1
Nennen Sie Funktionen der Wertschöpfungskette, die durch E-Business unterstützt werden. Welche Anwendungsbereiche im E-Business kennen Sie?

Aufgabe 2
Wie unterscheiden sich horizontale und vertikale Marktplätze? Wie ordnen Sie eBay als Marktplatz ein?

Aufgabe 3
Was versteht man unter Disintermediation, was unter Neointermediation?

Aufgabe 4
Was versteht man unter einem Geschäftsmodell?

Aufgabe 5
Klassifizieren Sie Verfahren der dynamischen Preisfindung.

3.2.7   Lösungen zu Aufgaben

Lösung zu Aufgabe 1
- E-Procurement, Beschaffung über das Internet
- E-Commerce, Handel mittels Internet
- E-Marketplaces, elektronische Marktplätze im Internet
- E-Health, Digitalisierung des Gesundheitssektors
- E-Finance, Digitalisierung des Finanzsektors
- E-Government, Digitalisierung des öffentlichen Sektors

Lösung zu Aufgabe 2
Bei vertikalen Marktplätzen liegt der Fokus auf einer Branche, und es wird eine Vielzahl von Funktionen oder wertschöpfenden Aktivitäten unterstützt. Horizontale Marktplätze sind hingegen branchenunabhängig und konzentrieren sich meist auf eine Funktion.

eBay ist ein horizontaler Marktplatz; das branchenunabhängige Verkaufen von Gütern ist Kernaufgabe.

Lösung zu Aufgabe 3
Disintermediation bedeutet, dass Intermediäre, d. h. Mittler in der Wertschöpfungskette, wegfallen.

Treten neue Intermediäre in der Wertschöpfungskette auf, so nennt man dies Neo- oder Reintermediation.

Lösung zu Aufgabe 4
Ein Geschäftsmodell wird beschrieben durch seinen Nutzen oder Wert für den Nutzer, die Architektur der Wertschöpfung sowie das Erlösmodell.

Lösung zu Aufgabe 5
Vgl. Abb. 3.11.

3.3   Netzwerke und Internet

Frank Mehler and Anett Mehler-Bicher

Lernziele
- Aufbau von Netzwerken
- Arten von Netzwerken
- Standards und Protokolle in Netzwerken
- Das Internet als weltweites Netzwerk

Überblick

Die Kommunikation zwischen Hardwareressourcen, insbesondere Computern, ist heutzutage unverzichtbar, um Daten zu übertragen und Aufgaben gemeinsam zu lösen. Doch wie funktioniert diese Kommunikation? Welche Eigenschaften weisen Rechnernetze auf? Welche Standards und Protokolle sind zur Vernetzung notwendig?

3.3.1   Einführung

Netzwerke verbinden verschiedene Rechner oder Systeme miteinander, um einen Datenaustausch zwischen diesen Rechnern zu ermöglichen.

▶ Als **Netzwerk** bezeichnet man einen Verbund mehrerer Rechner oder anderer IT-Systeme zum Zweck der Datenkommunikation.

Der Vorteil von Netzwerken ist nicht allein die Möglichkeit des Datenaustauschs, sondern auch die gemeinsame Nutzung von Ressourcen wie z. B.:

- Eine Anwendung schickt einen Druck an einen Druckserver.
- Eine Anwendung liest Daten von einem Datenbankserver.
- Dokumente werden in einem zentralen Netzwerkverzeichnis für alle zur Verfügung gestellt und automatisch über das Netzwerk gesichert.

Beispiel

In einem Unternehmen greifen alle Rechner einer Abteilung, die in einem gemeinsamen Netzwerk verbunden sind, auf denselben Drucker bzw. Scanner zu. Informationen für die täglichen Arbeiten werden über das Netzwerk zentral in einem Dokumentenmanagementsystem oder einem Wiki abgelegt. Dort können die Mitarbeiter nicht nur lesend zugreifen, sondern gemeinsam an Texten arbeiten.

Netzwerke ermöglichen eine Kommunikation zwischen verschiedenen Rechnern auch über eine große räumliche Entfernung hinweg. So kann z. B. ein Unternehmen mit mehreren Standorten in verschiedenen Ländern miteinander verbunden sein.

Hinsichtlich der Ausdehnung von Netzwerken unterscheidet man lokale Netzwerke und Weitverkehrsnetzwerke.

▷ Ein **lokales Netzwerk** (engl. „local area network") (LAN) ist ein räumlich beschränktes Netzwerk, in denen Computer und andere Geräte verbunden sind, um eine gemeinschaftliche Nutzung von Ressourcen zu ermöglichen.

▷ Ein **Weitverkehrsnetzwerk** (engl. „wide area network") (WAN) ist ein Netzwerk, das sich über einen großen geografischen Bereich erstreckt.

In einem Netzwerk gibt es häufig Computer oder Programme, die sich auf bestimmte Aufgaben spezialisiert haben.

▷ Computer oder Softwareprogramme in einem Netzwerk, die anderen Rechnern ihre Dienste anbieten, nennt man **Server** (engl. „to serve" = dienen, beliefern).

▷ Rechner oder Softwareprogramme in einem Netzwerk, die die angebotenen Dienste nutzen, nennt man **Clients** (engl. „client" = Kunde, Auftraggeber).

Die Kommunikation zwischen Server und Client ist in Abb. 3.12 dargestellt; der Client stellt eine Anfrage an den Server; der Server reagiert und liefert dem Client eine Dienstleistung, z. B. den Druck eines Textes oder eine Information.

3.3.2   **Protokollschichten**

▷ Ein **Protokoll** beschreibt Regeln und Standards, die Kommunikationsteilnehmer (z. B. Anwendungen) einhalten müssen, damit eine Kommunikation reibungslos ablaufen kann.

Wir benutzen auch im täglichen Leben bewusst oder unbewusst bestimmte Verhaltensregeln, wenn wir beispielsweise Freunde oder Bekannte begrüßen. Falls eine Anwendung Daten von einem Rechner zu einem anderen übertragen soll (z. B. an einen Server oder an einen anderen Rechner im Netzwerk), müssen die beteiligten Systeme ebenfalls Vereinbarungen, d. h. Protokolle, einhalten.

Es ist beispielsweise sicherzustellen, dass alle versendeten Daten auch tatsächlich angekommen sind; aber es ist auch sinnvoll, eine gewisse Flexibilität zuzulassen, z. B. zur Unterstützung unterschiedlicher Netzzugänge über Kabel, Bluetooth, WLAN etc. In der Informatik werden hierzu Schichtenmodelle definiert, die diese Aufgaben auf verschiedene Schichten (= Layer) verteilen. Jede Schicht ist in sich abgeschlossen und kann ersetzt werden, solange die Funktionalität der Schicht gewährleistet ist.

Um diese Schichten zu standardisieren, gibt es Referenzmodelle, die die Anzahl und Aufgaben der Schichten definieren. Die bekanntesten Kommunikationsmodelle sind das TCP/IP-Referenzmodell und das OSI-Referenzmodell (Open Systems Interconnection), das von der Internationalen Organisation für Normung (ISO) standardisiert ist. Wir orientieren uns bei der folgenden Beschreibung am TCP/IP-Referenzmodell, das als Basis des Internets eingesetzt wird, während das OSI-Referenzmodell eine hohe konzeptionelle Bedeutung hat.

Abb. 3.12 Kommunikation zwischen Server und Client

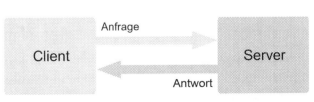

Abb. 3.13 Kommunikation der TCP/IP-Schichten

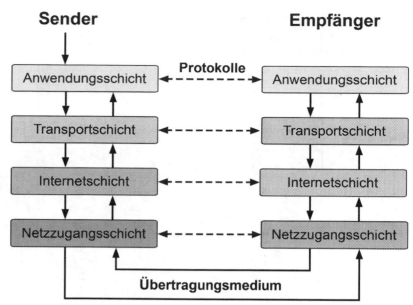

> Das **TCP/IP-Referenzmodell** besteht aus den vier Ebenen Anwendungsschicht, Transportschicht, Internetschicht und Netzzugangsschicht.

Jede Schicht erfüllt eine spezifische Aufgabe und reicht danach die Daten zur nächsten Schicht weiter (vgl. Abb. 3.13). Auf jeder Ebene gibt es Protokolle, die sowohl auf Seiten des Senders als auch beim Empfänger eingesetzt werden.

Anwendungsschicht

Die Anwendungsschicht (engl. „application layer") enthält die Protokolle, die mit den Anwendungsprogrammen zusammenarbeiten. Hier werden die eigentlichen Nachrichten bearbeitet. Ein Beispiel eines Anwendungsprotokolls ist HTTP (= Hypertext Transfer Protocol). Dieses wird hauptsächlich eingesetzt, um Webseiten aus dem World Wide Web in einen Webbrowser zu laden. Andere Anwendungsprotokolle sind FTP (= File Transfer Protocol) zur Übertragung von Dateien oder SMTP (= Simple Mail Transfer Protocol) zum Austausch von E-Mails.

Transportschicht

Die Transportschicht (engl. „transport layer") dient der Übertragungssteuerung. Sie sorgt dafür, dass die Pakete an die richtigen Anwendungen

ausgeliefert werden. Als Transportprotokoll wird im TCP/IP-Referenzmodell das Transmission Control Protocol (TCP) eingesetzt. TCP kümmert sich darum, dass keine Daten verloren gehen (z. B. durch erneutes Versenden nicht eingetroffener Daten) und die richtige Reihenfolge der zu übermittelnden Daten berücksichtigt wird. Die Bearbeitungseinheit im TCP-Protokoll heißt „TCP-Segment" und enthält insbesondere die Nutzdaten, aber auch Protokollinformationen zu Beginn des Segments (sog. „Header" = Kopfdaten).

TCP stellt Verbindungen zwischen zwei Endpunkten (z. B. Rechnern) im Netzwerk mittels IP-Adresse und Portnummer her. Die IP-Adresse ist die eindeutige Nummer eines Geräts, das an ein Netzwerk angebunden wird. Die Portnummer ist eine 16-Bit-Zahl mit dem Wertebereich 0 bis 65 535. Durch die Portnummer wird festgelegt, in welchen „Hafen" die Daten einlaufen sollen, denn ein Computer kann gleichzeitig mehrere TCP-Verbindungen offenhalten, z. B. wenn man gleichzeitig am Computer E-Mails abruft, Musik streamt und Dateien aus dem Internet lädt.

Internetschicht

Die Internetschicht wird im OSI-Referenzmodell auch als Vermittlungsschicht (engl. „network layer") bezeichnet. Diese Schicht ist für die

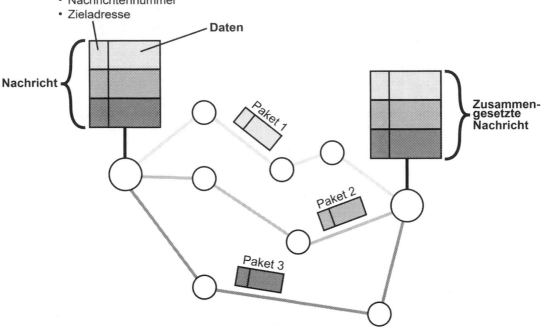

Abb. 3.14 Zusammenspiel von TCP und IP

Weitervermittlung von Paketen und die Wege-
wahl (engl. „routing") zuständig. Die zu versen-
denden Daten (z. B. eine E-Mail) werden ab einer
gewissen Größe nicht als Einheit verschickt, sondern in kleinere Pakete (= IP-Pakete) zerlegt, um
eine Blockierung des Netzwerks durch große Dateien zu vermeiden. Jedes IP-Paket enthält die
Information zum Absender und Empfänger. Die
Pakete können zudem nicht immer direkt vom
Sender zum Empfänger zugestellt werden, sondern werden über Zwischenknoten immer näher
an das Ziel herangeführt. Aufgabe des Internet-
Protokolls (kurz: IP-Protokoll) ist es, das nächste
Zwischenziel zu ermitteln und das IP-Paket mit
Hilfe von Routern (d. h. Netzwerkgeräten) dort-
hin weiterzuleiten. Die Adressinformationen der
Pakete werden mit Hilfe der IP-Adresse definiert.

▷ Eine **IP-Adresse** ist eine Adresse für ein Gerät
in einem Rechnernetz, das auf dem
Internetprotokoll (IP) basiert. Sie wird Geräten
zugewiesen, die an das Netz angebunden sind und
macht die Geräte adressierbar und damit erreichbar.

IP-Adressen gibt es in der älteren Version 4 (IPv4
mit 32-Bit-Adressen, z. B. 193.168.0.1) oder in
Version 6 (IPv6 mit 128-Bit-Adressen). Aufgrund der zu geringen Anzahl möglicher IPv4
Adressen wurde IPv6 mit einem größeren Wertebereich definiert.

Das Zusammenspiel bei der Datenübertragung von TCP und IP ist in Abb. 3.14 dargestellt.

**Netzzugangsschicht: Bitübertragung und
Sicherung**
Die Netzzugangsschicht lässt sich in zwei Be-
standteile unterteilen, da hier unterschiedliche
Aufgaben erfüllt werden müssen:

- Sicherungsschicht (engl. „data link layer")
- Bitübertragungsschicht (engl. „physical layer")

Die Sicherungsschicht definiert das Format der
Daten im Netzwerk und verpackt die Daten in Fra-
mes (= Rahmen, Block); ein Frame besteht unter
anderem aus Prüfsumme, Quell- und Zieladresse
sowie den eigentlichen Daten. Da bei der physika-

lischen Übertragung der Impulse Fehler auftreten können, dient die Prüfsumme dem Nachweis, ob die Daten korrekt angekommen sind. Ein Neusenden von Daten ist in dieser Schicht nicht vorgesehen. Zur eindeutigen Identifikation einer Komponente in einem Netzwerk verwendet die Sicherungsschicht die MAC-Adresse.

▶ Eine **MAC-Adresse** (Media Access Control) ist die Hardwareadresse jeder einzelnen Netzwerkkomponente, die der eindeutigen Identifikation von Geräten dient. Man spricht auch von physischer Adresse oder Geräteadresse.

MAC-Adressen werden in der Regel als sechs durch Doppelpunkte getrennte Paare von Hexadezimalzahlen dargestellt, z. B. 01:02:ae:04:05:06.

Die Bitübertragungsschicht überträgt die Daten in Form von Impulsen mittels eines physikalischen Mediums, z. B. Kabel oder Funksignalen. Die Herausforderung auf dieser Schicht ist die Konvertierung der digitalen Daten in eine Repräsentation, in der diese über eine längere Strecke zuverlässig übermittelt werden können. Die Übertragungsmedien sind in ihrer Funktion prinzipiell gleichwertig, allerdings gibt es deutliche Unterschiede bzgl. Geschwindigkeit und Zuverlässigkeit. Typische Hardwarekomponenten dieser Schicht sind Antennen, Kabel, Repeater (= Signalverstärker) oder Hubs (= Knotenpunkt zur Verbindung von Netzknoten). Weit verbreitet ist für diese Schicht die Ethernet-Protokollfamilie, die leitungsgebundene sowie -ungebundene Schnittstellen definiert und auch die darüberliegende Sicherungsschicht abdeckt.

Typische Hardwarekomponenten dieser Schicht sind Bridges und Switches zur Verbindung von Teilnetzen.

Kommunikationsablauf

Die Schichten des TCP/IP-Referenzmodells arbeiten so zusammen, dass eine Nachricht von der obersten Schicht zu allen tiefergehenden Schichten immer weiter mit Header-Daten, d. h. Informationen zum jeweiligen Protokoll, angereichert wird (vgl. Abb. 3.15). Beim Empfänger läuft der umgekehrte Prozess, d. h. die Informationen aus den Protokoll-Headern werden ausgewertet und entfernt.

3.3.3 Internet

Man benötigt nicht viel, um ins Internet zu gelangen: Eine Internetverbindung und ein Browser genügen. Wie das Internet funktioniert, ist jedoch nicht in einem Satz zu beantworten. Grundsätzlich basiert das Internet auf einer Client/Server-Architektur (vgl. Abb. 3.16).

> **Beispiel**
>
> Client-Server-Kommunikation im Internet (vgl. Abb. 3.16):
>
> - Der Client schickt mittels eines Browsers eine Anfrage (z. B. „Sende mir die Seite von Wikipedia")
> - Der Server schickt die Antwort (z. B. die Inhalte der gewünschten Seite oder eine Fehlermeldung, falls die Informationen nicht verfügbar sind).

Damit die Anfrage beim richtigen Server ankommt und verstanden wird, wird eine URL verwendet.

▶ **URL** steht für Uniform Resource Locator, d. h. „einheitliche Ressourcenangabe" oder umgangssprachlich „Internetadresse" und gibt den Ort einer Ressource (z. B. Webseite) in einem Netzwerk, z. B. dem Internet, an.

> **Beispiel**
>
> Die URL „https://de.wikipedia.org/wiki/Internet", die im Browser eingegeben werden kann, ruft die spezifische Seite in Wikipedia zum Thema „Internet" auf.

▶ **Bestandteile einer URL** sind vereinfacht:

- Protokoll (z. B. „http", „https" oder „ftp")
- Trennzeichen ://
- Adresse, d. h. der „Ort", wo der Server bzw. seine Unterverzeichnisse zu finden ist (z. B. „de.wikipedia.org" und dort das Unterverzeichnis „wiki")
- Die Ressource, die angezeigt werden soll (z. B. die Information zum Begriff „Internet" oder „index.html", d. h. ein Inhaltsverzeichnis, das unter der Adresse oft zu finden ist).

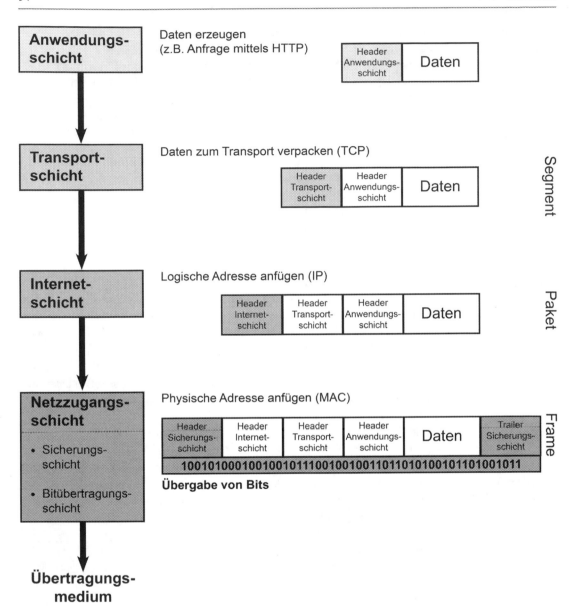

Abb. 3.15 Erzeugung einer Nachricht beim Sender

Abb. 3.16 Funktionsweise
einer Internetanwendung

Hinter der Adresse einer URL steht die IP-Adresse eines Servers, der diesen Dienst anbietet. Da die IP-Adressen jedoch nur aus (Hex-) Zahlen bestehen und Server zudem auch umziehen oder andere IP-Adressen erhalten können, werden die IP-Adressen durch stabilere und leichter zu merkende Namen, die Domain-Namen dargestellt. Somit benötigt man einen Service, der vergleichbar einem Telefonbuch aus einem Domainnamen die richtige Nummer, d. h. IP-Adresse, ermittelt.

▷ Eine **Domain** ist ein zusammenhängender Teilbereich des Domain Name System (DNS). Das DNS ordnet jedem Domainnamen eine oder mehrere IP-Adressen zu.

Ein Beispiel einer Domain ist www.beispiel-unternehmen.de, der eine IP-Adresse, z. B. 143.93.65.168, zugeordnet wird.

Die Domainbezeichnungen sind hierarchisch gegliedert: Oberste Ebene sind die Top-Level-Domains, z. B. „.de" für Deutschland oder „.com" für kommerzielle Zwecke. Unterhalb der Top-Level-Domains gibt es Hauptdomänen wie z. B. der Name des Unternehmens sowie gegebenenfalls Sub-Domains, die durch Punkte getrennt werden. Domains unterhalb der Top-Level-Domain können bei entsprechenden Organisationen (z. B. die DENIC eG zur Verwaltung der .de Domain) registriert werden. Zur Umwandlung eines Domainnamens in eine IP-Adresse gibt es sog. „Nameserver". Bevor eine Seite aufgerufen werden kann, muss also zunächst der Domainname in eine IP-Adresse übersetzt werden. Dies läuft automatisch im Hintergrund ab, nachdem der Nutzer im Browser eine URL eingegeben hat. Mit der vom Nameserver übersetzten IP-Adresse wird dann der richtige Server angesprochen.

Zu den wichtigsten Protokollen im Internet auf Anwendungsebene gehört HTTP.

▷ Das **Hypertext Transfer Protocol** (HTTP, Hypertext-Übertragungsprotokoll), ist ein Protokoll zur Übertragung von Daten über ein Netzwerk. Es wird hauptsächlich eingesetzt, um Webseiten aus dem World Wide Web anfordern und liefern zu können.

Im Internet übernimmt TCP/IP die Paketdienstleistung. Protokolle wie HTTP und TCP/IP beschreiben zwar die Regeln für die Kommunikationsteilnehmer, aber nicht die Struktur oder Inhalte der zu übermittelnden Daten. Für die Beschreibung der Struktur der übertragenen Inhalte ist HTML (= Hypertext Markup Language, d. h. Hypertext-Auszeichnungssprache) ein weiterer Standard im Internet.

Diese Protokolle und Standards haben wesentlich zum Erfolg des Internets beigetragen, denn sie sind offen (d. h. für jeden einsehbar), herstellerunabhängig und ohne Patentschutz. Auf diese Weise entsteht mehr Wettbewerb unter den Anbietern, aber auch ein größeres Marktvolumen, da es für die Nutzer eine höhere Investitionssicherheit ohne Bindung an bestimmte Hersteller gibt. Das Gegenteil von Standards sind sogenannte „proprietäre" Lösungen (lat. „proprietas" = Eigentum), d. h. hauseigene Lösungen.

▷ Das Internet ist ein weltweiter Verbund von Rechnernetzen, deren Kommunikationsregeln durch Protokolle und Standards beschrieben sind.

Unternehmen nutzen die Internettechnologien sehr häufig auch unternehmensintern im Intranet, um für die Mitarbeiter Anwendungen und Informationen bereitzustellen. Intranet und Internet verwenden somit die gleiche Technologie (TCP/IP, Webserver usw.).

▷ Ein **Intranet** ist ein unternehmensinternes Netz und in der Regel nicht öffentlich zugänglich.

Im Intranet bieten viele Unternehmen sogenannte „Portale" für ihre Mitarbeiter an, die einen zentralen Zugang zu einem oder mehreren Anwendungssystemen zur Verfügung stellen. Ein Portal integriert also unterschiedliche Funktionen/Dienste, zum Beispiel Arbeitsanweisungen, Schwarzes Brett, Problemmeldungen, Urlaubsanträge, Raumreservierung usw. Der Benutzer meldet sich einmal an das Portal an (Single Sign-On) und hat dann Zugriff auf verschiedene Anwendungen, wobei das Portal für die Verknüpfung und den Datenaustausch zwischen Anwen-

dungen sorgt. Portale bieten somit eine Möglichkeit, durchgängige Arbeitsabläufe zu unterstützen.
Portale können nicht nur im Intranet von Unternehmen bereitgestellt werden, sondern auch – natürlich mit anderen Anwendungen – öffentlich
zugänglich für Kunden des Unternehmens.

Aufbauend auf der Infrastruktur und den Protokollen des Internets hat sich Anfang der 1990er-
Jahre das World Wide Web etabliert.

Das **World Wide Web** (WWW oder Web) ist
ein globales Informationssystem, das auf dem Internet basiert. Es besteht aus HTML-basierten
Webseiten mit Texten, Bildern, Audio- und Videodaten, die insbesondere mittels der Protokolle
HTTP bzw. HTTPS abrufbar und über Hyper-
links miteinander verbunden sind. Die Seiten
sind über URLs abrufbar.

Zusammenfassung

Netzwerke, das Internet, das darauf aufbauende
World Wide Web und die damit verbundenen
Möglichkeiten sind enorm. Wohl kaum eine andere Technologie hat in den letzten Jahrzehnten
zu so einem rasanten Wandel beigetragen. Ein
Erfolgsrezept hierfür sind offene Standards und
Protokolle, die sich global durchgesetzt haben.
Dennoch gibt es im Internet für die Zukunft
viele Herausforderungen, wie z. B. die Rechte
an Inhalten, die Verfügungsgewalt über die eigenen Daten, Netzneutralität statt Bevorzugung
von zahlenden Anbietern, flächendeckende Verfügbarkeit u. v. m.

3.3.4   Aufgaben

Aufgabe 1
Welche Struktur und welche Aufgaben hat die
Protokollfamilie TCP/IP?

Aufgabe 2
Nennen Sie mindestens drei mögliche Ursachen,
falls der Aufruf einer Internetseite nicht funktioniert.

Aufgabe 3
Erläutern Sie den Unterschied zwischen der
IP-Adresse und dem Domainnamen eines Servers.

3.3.5   Lösungen zu Aufgaben

Lösung zu Aufgabe 1
TCP/IP dient der zuverlässigen Übertragung
von Paketen in einem Netzwerk. Es gibt vier
Schichten: Die oberste Schicht (Anwendung)
verwendet Anwendungsprotokolle wie HTTP
zum Versenden einer Nachricht. Die Transportschicht TCP sorgt für zuverlässigen Transport.
Die Internetschicht IP ist für den Versand an den
richtigen Empfänger zuständig. Die Netzzugangsschicht führt Prüfungen durch und übergibt die Pakete an ein physikalisches Medium
zum Transport.

Lösung zu Aufgabe 2
• Die URL wurde falsch eingetippt und kann
  vom DNS nicht aufgelöst werden.
• Die gesuchte Ressource ist auf dem Server
  nicht vorhanden.
• Der Webserver ist nicht verfügbar, abgestürzt
  oder überlastet.
• Der Client hat keine Internetverbindung.
• Client oder Server sind mit Schadprogram-
  men infiziert.

Lösung zu Aufgabe 3
Jeder Computer im Internet, sowohl Client als
auch Server, bekommt für die Kommunikation
eine eindeutige IP-Adresse, die vom Internet
Protocol (IP) benutzt wird, um den Computer
zu identifizieren. Ein Server, der im Internet
über einen lesbaren Namen angesprochen werden soll, erhält nach Registrierung zusätzlich
zur IP-Adresse eine Zuordnung von einem Domainnamen zu einer IP-Adresse. Die Domainnamen sind hierarchisch aufgebaute symboli-
sche Namen, die anstelle der IP-Adresse
benutzt werden. Die Übersetzung des Domainnamens in die IP-Adresse wird von Nameser-
vern geleistet.

3.4   Cloud-Computing

Anett Mehler-Bicher

Lernziele
- Grundlagen des Cloud-Computing
- Vergleich der Servicemodelle und verschiedener Cloud-Kategorien

---

Überblick

Viele Unternehmen stehen vor der Herausforderung, schnell auf IT-Bedarfe reagieren zu müssen. So sind beispielsweise Lastspitzen abzufangen, oder im Unternehmen treten stark schwankende Auslastungen der IT-Systeme auf. Zusätzliche Hardware hierfür anzuschaffen ist aus betriebswirtschaftlicher Sicht nicht immer sinnvoll. Cloud-Computing bietet einen Ansatz, um flexibel auf Bedarfe reagieren zu können. Hinzu kommt, dass Administration und Betrieb komplexer Software (z. B. ERP-Systeme) viel Spezialwissen erfordert. Hier kann das Angebot externer Softwarebereitstellung zeitliche Entlastung bei gut kalkulierbaren Kosten bieten.

3.4.1   Einführung

Für Cloud-Computing (= „Rechnerwolke") existiert keine einheitliche Definition. In den einschlägigen Publikationen hat sich die Definition des NIST (National Institute of Standards and Technology) jedoch als De-Facto-Standard durchgesetzt.

Cloud-Computing ermöglicht, je nach Bedarf über ein Netzwerk, i. d. R. das Internet, auf einen Pool geteilter Ressourcen zuzugreifen. Diese Ressourcen umfassen Rechenleistung, Speicher, Netzwerk, sowie Anwendungen und Dienste. Sie können sehr schnell mit minimalem Aufwand bzw. minimaler Interaktion des Cloud-Serviceanbieters bereitgestellt werden.

Das NIST hat fünf wesentliche Merkmale identifiziert, die ein Cloud-System charakterisieren:

- On-demand Self Service
- Ein Kunde kann Ressourcen wie z. B. Rechenzeit oder Speicherplatz ohne Interaktion mit dem Dienstanbieter buchen.
- Broad Network Access
- Alle Dienste sind über das Netzwerk mit Standardprotokollen erreichbar. Dies ermöglicht die Nutzung der Dienste mit verschiedenen Clientplattformen wie z. B. Desktop-PC oder Smartphone.
- Resource Pooling
- Die Computingressourcen des Cloud-Providers sind gebündelt, um mehrere Kunden gleichzeitig bedienen zu können. Die zugrundeliegende Cloud-Plattform muss somit mandantenfähig (engl. „multi-tenant") sein. Die Ressourcen werden den Kunden je nach Bedarf dynamisch zugewiesen und auch wieder zurückgenommen. Der Ort der Ressourcen ist unabhängig von dem der Leistungserbringung.
- Rapid Elasticity
- Um entsprechend des Bedarfs agieren zu können, ist es möglich, Ressourcen flexibel bereitzustellen und wieder freizugeben.
- Measured Service
- Passend zum Service bieten Cloud-Systeme eine automatische Monitoringfunktion, um die genutzten Ressourcen sowohl Kunden als auch Providern sichtbar zu machen sowie besser steuern und abrechnen zu können.

3.4.2   Servicemodelle

Ein **Servicemodell** definiert die Art der bereitgestellten IT-Leistung, z. B. Hardwareressourcen oder Anwendungsprogramme.

Alle Servicemodelle lassen sich sowohl On-Premises als auch Off-Premises betreiben.

▶ **On-Premises** (= vor Ort, im eigenen Haus) bedeutet, dass ein Unternehmen seine IT-Infrastruktur und Anwendungen selbst betreibt. Off-Premises hingegen beschreibt, dass ein Unternehmen seine IT-Infrastruktur und Anwendungen extern betreiben lässt.

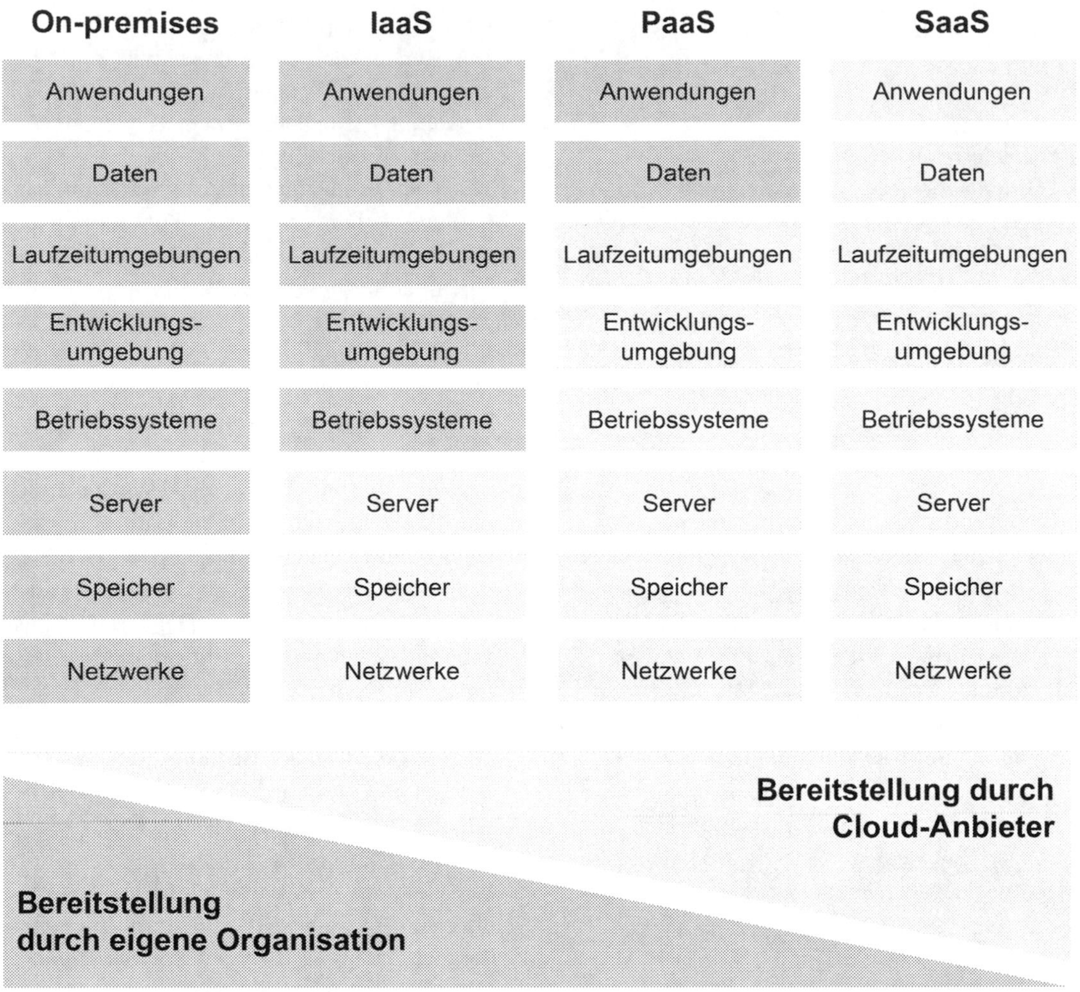

On-premises	IaaS	PaaS	SaaS
Anwendungen	Anwendungen	Anwendungen	Anwendungen
Daten	Daten	Daten	Daten
Laufzeitumgebungen	Laufzeitumgebungen	Laufzeitumgebungen	Laufzeitumgebungen
Entwicklungs-umgebung	Entwicklungs-umgebung	Entwicklungs-umgebung	Entwicklungs-umgebung
Betriebssysteme	Betriebssysteme	Betriebssysteme	Betriebssysteme
Server	Server	Server	Server
Speicher	Speicher	Speicher	Speicher
Netzwerke	Netzwerke	Netzwerke	Netzwerke

**Bereitstellung durch
Cloud-Anbieter**

**Bereitstellung
durch eigene Organisation**

Abb. 3.17 Übersicht der verschiedenen Servicemodelle

Ein Unternehmen, das seine Daten und Anwendungen nicht aus der Hand geben möchte, kann also dennoch die Vorteile von Cloud-Computing wahrnehmen, wenn es entsprechende Infrastrukturen selbst aufsetzt und betreibt.

Abb. 3.17 stellt die verschiedenen Servicemodelle hinsichtlich der bereitgestellten Leistungen im Überblick dar.

Infrastructure as a Service

▶ Bei **Infrastructure as a Service (IaaS) Clouds** wird dem Kunden ein Zugang zu Hardware-Ressourcen wie Rechner, Netz und Speicher bereitgestellt. Auf dieser Infrastruktur kann der Kunde je nach seinem Bedarf die passenden Betriebssysteme oder Anwendungen installieren.

Die zur Verfügung gestellten Hardwareressourcen werden durch entsprechende Software verwaltet, sodass die Bereitstellung weitgehend automatisiert ist. Mit IaaS sind die Kunden für Auswahl, Installation, Betrieb und Funktionsfähigkeit ihrer Anwendungen selbst verantwortlich.

Werden die Ressourcen Off-Premises bezogen, ist ein wesentlicher Vorteil, dass nicht in eigene Hardware investiert werden muss. Von der betriebswirtschaftlichen Strategie des Unternehmens hängt es ab, ob die IT-Kosten hauptsächlich als Investitionsleistungen oder Betriebskosten anfallen sollen. Da die Infrastruktur durch den Dienstleister gestellt wird, steht immer eine aktuelle und stabile Plattform zur Verfügung. Diese Ressourcen lassen sich flexibel und schnell dem Bedarf anpassen. So lassen sich beispielsweise Lastspitzen schnell abfangen. IaaS-Lösungen sind für Kunden interessant, die mit stark schwankenden Lasten umgehen müssen oder schnell und flexibel neue Bedarfe decken müssen, wie z. B. eine Test- oder Entwicklungsumgebung bereitzustellen.

Platform as a Service

▶ Bei **Platform as a Service (PaaS) Clouds** wird dem Kunden ein Zugang zu Programmier- oder Laufzeitumgebungen mit flexiblen, dynamisch anpassbaren Rechen- und Speicherkapazitäten bereitgestellt.

Unter einer Plattform versteht man in der Informatik eine Schicht oder Ebene, die eine gleichartige Basis für darauf aufbauende Programme bietet. So besteht beispielsweise die Java-Plattform aus Java-Bibliotheken und einer Laufzeitumgebung, innerhalb der eine Anwendung ausgeführt wird. Die Java-Plattform ist eine Schicht zwischen Betriebssystem und Anwendung. Durch die Java-Plattform ist es gleichgültig, ob das zugrundliegende Betriebssystem z. B. Windows, Apple OS oder Linux ist.

Mit PaaS entwickeln Kunden eigene Software-Anwendungen oder lassen diese innerhalb einer bereitgestellten Softwareumgebung ausführen. PaaS-Lösungen sind der logisch nachfolgende Schritt zu IaaS: Sie bauen in der Regel auf IaaS als Hardware-Bereitstellung auf. PaaS nutzt skalierbare Hardware-Ressourcen der darunterliegenden IaaS-Ebene, um eine Entwicklungs- und Laufzeitumgebung für Applikationen zu bieten. Auch wenn ein PaaS-System nicht zwangsläufig auf einem IaaS aufsetzen muss, empfiehlt sich ein solches Vorgehen, da es von einer dynamischen und schnellen Ressourcenzuteilung profitiert.

Platform as a Service kann auch als Entwicklungsplattform genutzt werden. Der Kunde kann direkt in der Programmiersprache seiner Wahl Applikationen entwickeln, da die gängigen PaaS-Angebote eine Vielzahl von Programmiersprachen unterstützen. Die Plattform stellt dazu notwendige Tools und gegebenenfalls vorkonfigurierte Services zur Verfügung.

Software as a Service

▶ Bei **Software as a Service (SaaS) Clouds** wird dem Kunden ein Zugang zu Software-Sammlungen und Anwendungen bereitgestellt. SaaS wird auch als Software on demand (Software bei Bedarf) bezeichnet.

SaaS übernimmt noch mehr Aufgaben als PaaS. Dem Kunden wird eine vollständig konfigurierte und betriebsbereite Applikation über ein Netzwerk zur Verfügung gestellt. Kundenseitig wird lediglich ein Front-End wie z. B. ein Webbrowser für die Nutzung benötigt. Der Kunde hat weder administrative Kontrolle über die zugrundeliegende Hardware-Infrastruktur noch über Betriebssysteme oder Anwendungen. Es ist somit einfach und schnell möglich, eine Anwendung auszuprobieren, ohne viel Zeit oder Kosten zu investieren. Dies macht SaaS speziell für kleine Unternehmen interessant.

Anything as a Service

▶ **Anything as a Service (XaaS)** ist ein Sammelbegriff, der eine Vielzahl von Diensten beschreibt, die sich auf Cloud-Computing beziehen.

3.4.3 Zugang zur Cloud

▶ Ein **Deployment-Modell** definiert die Art des Zugangs zu einer bereitgestellten Cloud-Leistung.

Ursprünglich steht der Begriff des Software-Deployments für die Installation, Konfiguration und Verteilung einer Software für viele Computer. Im Zusammenhang mit Cloud-Computing wird Deployment als Oberbegriff dafür verwendet, wie der Zugang zu der Cloud geregelt wird.

Die Bereitstellung von Cloud-Leistungen kann in unterschiedlicher Form erfolgen, z. B. in Form einer privaten oder einer öffentlich zugänglichen Cloud.

Private Cloud

▷ Eine **Private Cloud** ist eine Cloud-Umgebung, die ausschließlich für eine einzige Organisation betrieben wird.

Eine Private Cloud wird für eine Organisation exklusiv zur Verfügung gestellt. Hosten und Verwalten der Cloud-Plattform kann intern durch unternehmenseigene Rechenzentren (On-Premises), aber auch durch Dritte (Off-Premises) erfolgen.

Community Cloud

▷ Eine **Community Cloud** ist eine Cloud-Umgebung, die Zugang zu IT-Infrastrukturen und IT-Services für einen eingeschränkten Nutzerkreis wie z. B. mehrere Behörden, Hochschulen oder Unternehmen mit ähnlichen Interessen bietet.

Wenn mehrere Organisationen mit vergleichbaren Anforderungen eine Cloud-Infrastruktur aufbauen und diese gemeinsam nutzen, spricht man von einer Community-Cloud. Die Ressourcen der Community Cloud können von allen Mitgliedern genutzt werden. Wie auch bei der Private Cloud kann Betrieb und Eigentum der Cloud von den Community-Mitgliedern oder einem Dritten ausgeübt werden. Die Hardware kann ebenso On-Premises bei einem oder mehreren Mitgliedern oder Off-Premises bereitgestellt werden.

Public Cloud

▷ Eine **Public Cloud** ist eine Cloud-Umgebung, die für eine breite Öffentlichkeit Zugang zu IT-Infrastrukturen und IT-Services bietet.

Eine Public Cloud unterscheidet sich in wesentlichen Punkten von den geschlossenen Deployment-Modellen Private und Community Cloud. Sie steht grundsätzlich jedem offen und ist über das Internet erreichbar. Die Hardware befindet sich in Räumlichkeiten des Cloud Anbieters, wird von diesem betrieben und gehört diesem auch.

Public-Cloud-Diensteanbieter erlauben ihren Kunden, IT-Infrastruktur und IT-Services zu nutzen und nur für die tatsächliche Nutzung zu zahlen, ohne Kapital in Hard- und Softwareressourcen investieren zu müssen. Oftmals kommen Freemium-Bezahlmodelle zum Einsatz. Die Basisnutzung ist für den Kunden kostenlos; darüberhinausgehende Funktionen oder Services sind kostenpflichtig.

Beispiel

Ein typisches Beispiel für einen SaaS in einer Public Cloud ist Dropbox; Speicherdienstleistungen und das Teilen von Daten (z. B. eigene Bilder oder Videos) werden für die breite Öffentlichkeit zur Verfügung gestellt. Basisfunktionen sind frei verfügbar; höherer Speicherbedarf ist kostenpflichtig zu beziehen.

Hybrid Cloud

▷ Eine **Hybrid-Cloud** ist eine Kombination aus zwei oder mehreren verschiedenen Cloud-Infrastrukturen.

Eine Hybrid-Cloud kann beispielsweise aus Private Cloud und Public Cloud kombiniert werden. Die einzelnen Clouds bleiben dabei eigenständig, werden jedoch mithilfe standardisierter oder proprietärer, d. h. anbieterspezifischer Techniken verbunden, um den Austausch von Daten und Funktionalitäten zu ermöglichen. Ein Anwendungsbeispiel ist die Private Cloud eines Unternehmens, die im Normalfall genug Rechnerkapazitäten besitzt, aber bei voller Auslastung zusätzliche Kapazität von einer Public Cloud nutzen kann, sodass keine Dienstunterbrechung auftritt.

Zusammenfassung

Cloud-Computing ist ein wichtiger Ansatz, um schnell und flexibel auf IT-Bedarfe reagieren zu können. Angebot und Nutzung entsprechender Cloud-Dienste erfolgen über technische Schnittstellen und geeignete Front-Ends wie z. B. Webbrowser. Die Spannbreite der im Cloud-Computing angebotenen Dienstleistungen umfasst das gesamte Spektrum der IT und beinhaltet unter anderem Infrastruktur, Plattform und Software. Je nach Situation ist das geeignete Service- und Deployment-Modell zu wählen. Bei korrekter Auswahl stellt Cloud-Computing eine interessante Möglichkeit dar, IT-Kosten transparent zu gestalten und Fixkosten (z. B. Gehälter von Mitarbeitern, Rechnerkapazitäten etc.) in variable Kosten zu überführen. Allerdings spielen Sicherheitsaspekte eine wichtige Rolle, da Daten nicht nur im Interesse des Unternehmens, sondern auch aus Sicht der Nutzer und aufgrund von Gesetzen geschützt werden müssen.

3.4.4 Aufgaben

Aufgabe 1
Stellen Sie die Unterschiede zwischen IaaS, PaaS und SaaS dar.

Aufgabe 2
Welche Vorteile bieten Public Clouds gegenüber Private Clouds bzw. umgekehrt?

3.4.5 Lösungen zu Aufgaben

Lösung zu Aufgabe 1
- IaaS: Bereitstellung einer IT-Infrastruktur
- PaaS: Bereitstellung von Programmier- oder Laufzeitumgebungen, um Anwendungen zu entwickeln und auszuführen
- SaaS: Bereitstellung von Anwendungen

Lösung zu Aufgabe 2
- Vorteile von Public Clouds: Public Clouds bieten standardisierte XaaS-Angebote für die breite Öffentlichkeit und lassen sich daher in der Regel kostengünstig für die Nutzer anbieten und überall einsetzen.
- Vorteile von Private Clouds: Private Clouds werden speziell für eine Organisaton betrie-

ben; weder Anwendungen noch Daten werden aus der Hand gegeben.

3.5 IT-Sicherheit

Nicolai KuntzeAnett Mehler-Bicher, and Frank Mehler

Lernziele
- Ziele der IT-Sicherheit
- Grundlagen von Verschlüsselungsverfahren
- Digitale Signaturen und Zertifikate
- Schutzmaßnahmen

Überblick
IT-Sicherheit ist ein zentrales Thema. Täglich liest man in den Medien von Hackerangriffen, gestohlenen Daten oder Identitäten. Nicht nur als Privatperson muss man sich schützen, besonders für Unternehmen ist die IT-Sicherheit existenziell, um die Verfügbarkeit ihrer IT-Systeme zu gewährleisten, Daten zu schützen und rechtliche Vorschriften auch gegenüber Kunden einzuhalten. Doch welche Aspekte sind zu berücksichtigen, um sicher zu agieren? Welche Maßnahmen sollte ein Unternehmen ein- oder umsetzen, um sich zu schützen?

3.5.1 Einführung

Geschäftsprozesse von Unternehmen hängen in so hohem Maße von IT-Systemen ab, dass ein Ausfall im schlimmsten Fall zur Insolvenz führen kann. Zudem gibt es strenge Vorgaben durch die Gesetzgebung bezüglich der Handhabung von Daten und dem Schutz der Infrastruktur. Exemplarisch sind nationale gesetzliche Regelungen im KonTraG (Gesetz zur Kontrolle und Transparenz in Unternehmen), Aktiengesetz (§ 91 Abs. 2 und § 93 Abs. 2 AktG), GmbH-Gesetz (§ 43 Abs. 1 GmbHG), Handelsgesetzbuch (§ 317 Abs. 4

HGB) und Strafgesetzbuch (§ 203 StGB) zu nennen. Unternehmen und Unternehmer müssen haften, wenn sie für Entwicklungen, die ein Risiko für das Unternehmen darstellen können, keine Vorsorge treffen. Die Datenschutzgrundverordnung (DSGVO) regelt EU-weit die Verarbeitung personenbezogener Daten. Hier entstehen ebenfalls Vorgaben, die Auswirkungen auf die IT-Sicherheit in Konzeption, Entwicklung sowie Betrieb von IT-Systemen haben. Demgegenüber stehen verschiedene Gefährdungen, denen IT-Systeme ausgesetzt sind.

▷ **Gefährdungen** entstehen aus Verwundbarkeiten von Systemen, die auf technischer, organisatorischer oder menschlicher Ebene bestehen.

▷ Das Ausnutzen einer Verwundbarkeit wird als **Angriff** bezeichnet.

Beim Betrieb von IT-Systemen ist immer davon auszugehen, dass Angriffe stattfinden. In vielen Fällen sind Angriffe nicht auf ein spezielles Ziel ausgerichtet, sondern es handelt sich um allgemeine Angriffe, die auf die Übernahme von Ressourcen (z. B. Rechenzeit, Bandbreite) abzielen. Diese Angriffe werden permanent und automatisiert durchgeführt; die Angreifer sind in der Regel sehr gut organisiert und handeln meist arbeitsteilig.

3.5.2   Ziele der IT-Sicherheit

IT-Sicherheit folgt stets der technischen Entwicklung. Insofern haben sich in den letzten Jahren fünf zentrale Ziele der IT-Sicherheit etabliert.

* Vertraulichkeit (engl. „confidentiality")
  Können Daten des Unternehmens unbefugt verwendet werden?
  Vertraulichkeit ist der Schutz von Informationen vor unbefugtem Zugriff und erfordert Maßnahmen, die sicherstellen, dass nur befugte Personen Zugang zu Informationen erhalten. Insbesondere der Zugang zu geschützten Informationen ist zu regeln.

* Integrität (engl. „integrity")
  Sind die Daten von einem Angreifer verändert worden?
  Integrität betrifft die Korrektheit (Unversehrtheit) von Daten und die korrekte Funktionsweise von Systemen. Integrität wird gewahrt, wenn Informationen während Speicherung, Übertragung und Nutzung unverändert und vollständig bleiben, solange keine befugten Änderungen stattfinden.
* Authentizität (engl. „authenticity")
  Kommen die Daten vom richtigen Absender?
  Authentizität ist die Gewissheit, dass der Kommunikationspartner tatsächlich derjenige ist, der er behauptet zu sein. Authentizität benötigt den Nachweis der Identität des Kommunikationspartners, oft z. B. das übliche Anmeldeverfahren mit User und Passwort. Die Anforderung „Integrität" wird häufig mit der Frage verknüpft, ob die Person auch berechtigt ist, um eine Anfrage oder Änderung durchzuführen. Diese Anforderung kann ohne Authentizität nicht realisiert werden.
* Verfügbarkeit (engl. „availability")
  Sind die Daten für die Nutzer zum gewünschten Zeitpunkt verfügbar?
  Ziel ist, dass ein System alle Anforderungen zu einem bestimmten Zeitpunkt bzw. innerhalb eines vereinbarten Zeitrahmens erfüllt und die angeforderten Informationen bereitstellt.
* Nicht-Abstreitbarkeit (engl. „non-repudiation")
  Kann nachgewiesen werden, dass eine Nachricht gesendet bzw. angekommen ist?
  Der Versand und Empfang von Informationen soll nicht geleugnet werden können. Dabei soll weder ein Absender das Versenden einer bestimmten Nachricht noch ein Empfänger den Erhalt einer Nachricht, z. B. das Absenden einer Bestellung oder den Erhalt eines Vertrags, nachträglich bestreiten können.

Beispiel

Bei der Ausführung einer Bestellung muss ein Unternehmen sicher sein, dass tatsächlich der angegebene Kunde die Ware bestellt hat und niemand anders (Authentizität). Die Bestellung muss dem Unternehmen zur Verfügung stehen (Verfügbarkeit) und darf im Rahmen der Datenübertragung nicht verändert werden (Integrität). Niemand außer Kunde und Unternehmen darf Zugriff auf den Inhalt der Bestellung haben (Vertraulichkeit). Der Kunde hat keine Möglichkeit, im Nachgang zu behaupten, die Bestellung nicht abgeschlossen zu haben (Nicht-Abstreitbarkeit).

Neben diesen zentralen Zielen gibt es eine Vielzahl weiterer Ziele wie z. B. den Schutz der Privatsphäre, die ergänzend definiert wurden.

3.5.3 Zertifizierung

Um einen umfassenden und angemessenen Schutz betrieblicher IT-Systeme sicherzustellen, ist dieser Schutz entsprechend zu planen und umzusetzen. Wichtig ist, technische, organisatorische und personelle Maßnahmen zu bündeln und in einem gemeinsamen Konzept abzubilden. Für Geschäftsbeziehungen zu anderen Unternehmen ist es oft notwendig, dieses Vorgehen auch gegenüber externen Partnern nachzuweisen, sprich zu zertifizieren.

Zertifizierungen können hierbei auf Ebene der Prozesse, der eingesetzten Techniken sowie der Qualifikation der Mitarbeiter erfolgen. Im Folgenden werden die ISO-27000-Familie sowie das damit zusammenhängende Konzept des BSI Grundschutz skizziert, das vom Bundesamt für Sicherheit in der Informationstechnik herausgegeben wird. Auf Ebene der Zertifizierung von Techniken bzw. Produkten werden das Common Criteria System sowie das US-FIPS-Konzept erörtert.

ISO 27000

ISO/IEC 27001 ist ein international anerkanntes Framework, um in Organisationen ein Informationssicherheitsmanagementsystem (ISMS) zu etablieren. Risiken werden identifiziert und Sicherheitsmaßnahmen ausgewählt.

Ein ISMS ist ein systematischer Ansatz, um sensible Unternehmensinformationen so zu verwalten, dass sie sicher bleiben. Es umfasst Personen, Prozesse und IT-Systeme unter Anwendung eines Risikomanagementprozesses. Die ISO-27000-Familie gibt einen Überblick über ISMS und erläutert Begrifflichkeiten (27000), definiert Anforderungen (27001) und legt Leitlinien (27002–27007, 27010–27011 sowie 27034) fest. Kernstück ist das ISO-27001-Dokument, das die Basis einer Zertifizierung nach ISO 27000 darstellt. Ein Vorgehen nach ISO 27000 bedeutet, dass ISMS von Grund auf definiert wird, was ein erheblicher Aufwand für eine Organisation ist.

BSI Grundschutz

Das Bundesamt für Sicherheit in der Informationstechnik stellt mit dem IT-Grundschutzkatalog einen modularen Ansatz zur Verfügung, der auf die Etablierung eines Standardsicherheitsniveaus durch einen Bausatz an infrastrukturellen, organisatorischen, personellen und technischen Standardsicherheitsmaßnahmen abstellt. Ziel ist, geschäftsrelevante Informationen in üblichen Szenarien unter gewöhnlichen Bedrohungen zu schützen. Hierbei verfolgt der IT-Grundschutz einen ganzheitlichen Ansatz. Sobald ein Schutzniveau oberhalb des durch den IT-Grundschutz vorgegebenen Niveaus notwendig ist, sind zusätzliche Analysen wie auch höherwertige Maßnahmen erforderlich.

Common Criteria

Für den Betrieb sicherer IT-Systeme ist neben der Zertifizierung der Prozesse auch Equipment (Soft- wie auch Hardware) notwendig, um die gewünschten Schutzeigenschaften der Systeme zu realisieren. Kriterien und Prozesse für die Beurteilung der Komponenten sind zu etablieren.

Der Bedarf an Kriterien für die Bewertung sicherer Systeme veranlasste zahlreiche Länder, eigene Kriterienkataloge zu entwickeln. Diese wurden weitgehend durch Common Criteria (CC) ersetzt; Länder akzeptieren dadurch bis zu einem bestimmten Niveau Zertifizierungen anderer Länder.

Common Criteria ermöglicht die Zertifizierung von Produkten auf der Basis von Sicherheitszielen. Für eine Klasse von Produkten, d. h. einer Produktkategorie wie z. B. Datenbankmanagementsysteme, Firewalls oder verschlüsselte Datenträger, werden Bedrohungen, Probleme und Annahmen der Betriebsumgebung, Sicherheitsziele und Anforderungen der Common Criteria beschrieben.

Für verschlüsselte Datenträger lautet das Sicherheitsziel der entsprechenden Produktkategorie in Common Criteria, dass die Daten während eines Transports auf dem Datenträger zwischen zwei vertrauenswürdigen Computern geschützt sein sollen. Auf dem Datenträger können z. B. Businesspläne oder andere vertrauliche Dokumente sein. Im Falle eines Diebstahls sollen die Daten nicht entschlüsselbar sein. Daraus wird die Anforderung abgeleitet, dass sich ein Benutzer des Speichermediums zuerst authentifizieren muss, bevor es verwendet werden kann. Wenn das Speichermedium entfernt wird, wird beim erneuten Anschluss wieder eine neue Authentifizierung gefordert. Es muss auch eine Schutzfunktion geben, die verhindert, dass die auf dem Medium gespeicherten Daten manipuliert werden.

Die Bewertung im Rahmen von Common Criteria zielt auf ein bestimmtes Niveau ab. Der Hersteller stellt sicher, dass das entsprechende Niveau während der Entwicklung und des Tests angewendet wurde. Die gegenseitige Anerkennung bis Niveau 4 ist international vereinbart.

FIPS 140-2
Eng mit Common Criteria verwandt ist der US-amerikanische Computersicherheitsstandard Federal Information Processing Standard (FIPS) 140-2, (FIPS PUB 140-2). FIPS 140-2 ist ein Programm zur Genehmigung der Sicherheit von Informationstechnologien für kryptografische Module, die Unternehmen insbesondere für den Einsatz in Ministerien und regulierten Branchen wie Finanz- und Gesundheitseinrichtungen entwickeln. Die Zertifizierung betrifft die Sammlung, Speicherung und Übertragung sensibler, aber nicht geheimer Informationen.

Für Common Criteria wie auch FIPS 140-2 gilt, dass die Tests für die Zertifizierung nicht durch die Anbieter selbst durchgeführt werden. Durch die jeweiligen nationalen Regierungen sind Institutionen bestimmt, die die Evaluation durchführen. In Deutschland ist das BSI zuständig, in den USA die NIST.

3.5.4   Kryptografie

In der Diskussion über IT-Sicherheit nimmt die Kryptografie (= Verfahren zur Verschlüsselung von Daten) eine zentrale Rolle ein, da die Ziele Vertraulichkeit, Integrität und Authentizität durch den Einsatz kryptografischer Methoden umgesetzt werden. Zunächst erfolgt ein Einblick in Basistechnologien der Kryptografie.

Hashverfahren
Eine kryptografische Hashfunktion ist eng mit Prüfsummen verwandt, wie sie auch in Netzwerkprotokollen zur Fehlererkennung verwendet werden.

▷ Eine **Hashfunktion** (engl. „to hash" = zerhacken, klein schneiden) ist eine Funktion, die aus Daten oder Objekten einen Hashcode erzeugt. Hierbei wird eine große Anzahl von Elementen einer Grundmenge auf eine kleine Anzahl von Hashcodes abgebildet. Ziel ist, für jedes Datenobjekt einen möglichst eindeutigen Hashcode (= „Fingerabdruck") zu erzeugen.

Eine kryptografische Hashfunktion besitzt unter anderem folgende Eigenschaften:

* Effiziente Berechnung
   Ein Hashcode soll vom Rechner schnell zu berechnen sein.
* Kollisionsresistenz
   Es soll äußerst unwahrscheinlich sein, zwei verschiedene Eingaben zu finden, die denselben Hashcode erzeugen. Ziel hierbei ist, dass ein Angreifer keine Veränderungen einbauen kann, die zu demselben Hashcode führen, obwohl die Daten verfälscht sind.
* Einwegfunktion
   Die Ausgabe einer kryptografischen Hashfunktion darf keine Informationen über die Eingabe offenbaren.

Ein Beispiel einer sehr einfachen Hashfunktion ist die Quersumme einer Zahl; z. B. ist die Quersumme von 623 die Summe aus 6 + 2 + 3 = 9. Die Quersumme ist effizient zu berechnen, führt aber zu vielen Kollisionen (z. B. bei Ziffervertauschungen) und ist deshalb kein eindeutiger Fingerabdruck.

Werden Daten übertragen, lässt sich anhand des zusätzlich verfügbaren Hashcodes erkennen, ob Daten verändert wurden. Der Empfänger berechnet den Hashcode nach Empfang der Daten und prüft, ob dieser identisch mit dem Wert ist, den der Absender ermittelt hat.

Verschlüsselung
Durch Verschlüsselung von Daten wird der Zugriff auf unverschlüsselte Daten verwehrt, wenn man nicht im Besitz eines speziellen Wissens ist. Die Kunst der Verschlüsselung von Daten ist bereits zu römischer Zeit dokumentiert. Ein Beispiel ist die Cäsar-Chiffre: Buchstaben werden um drei Stellen im Alphabet verschoben, d. h. „a" wird durch ein „d", das „b" durch ein „e" usw. ersetzt. Durch den Einsatz von Verschlüsselungsverfahren wird der zu schützende Klartext in einen Geheimtext überführt, der keine Möglichkeit bieten soll, auf den Klartext zurückzuschließen.

Bei der Verschlüsselung von Daten unterscheidet man symmetrische und asymmetrische Verfahren:

- Symmetrische Verfahren
  Symmetrische Verfahren verwenden den gleichen Schlüssel sowohl für die Verschlüsselung als auch für die Entschlüsselung.
- Asymmetrische Verfahren
  Im Gegensatz dazu verwenden asymmetrische Verfahren Schlüsselpaare, die aus einem Schlüssel für die Verschlüsselung sowie einem anderen Schlüssel für die Entschlüsselung bestehen.

Bei einem symmetrischen Verfahren wird vorausgesetzt, dass bei beiden Parteien das gleiche Wissen über den Schlüssel vorhanden ist (vgl. Abb. 3.18).

Ein symmetrischer Algorithmus verschlüsselt Daten in Blöcken fixer Größe (z. B. 128 Bit). Da häufig Daten geschützt werden sollen, die größer als diese Blockgröße sind, werden die Daten in Blöcke gleicher Größe zerteilt und dann jeder Block verschlüsselt.

Der gemeinsame Schlüssel muss vorab zwischen den Parteien vereinbart werden. Der Schlüsselaustausch ist problematisch, da sicherzustellen ist, dass der Schlüssel nicht in falsche Hände gerät. Diese Herausforderung wird als Schlüsselaustauschproblem bezeichnet. Bei Spionageaktivitäten könnte man diesen Austausch

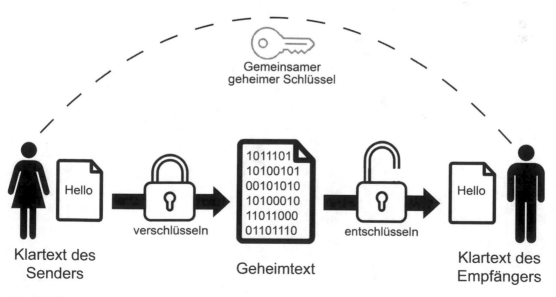

Abb. 3.18 Symmetrische Verschlüsselung

durch persönliche Übergabe mit einem Boten durchführen, aber für Privatpersonen oder Geschäftsprozesse sind andere Lösungen notwendig. Deshalb nutzt man hierfür ein Schlüsselaustauschprotokoll.

▶ Ein **Schlüsselaustauschprotokoll** ist ein Verfahren, bei dem zwei Teilnehmer einen gemeinsamen Schlüssel berechnen. Am Ende des Verfahrens sind beide Teilnehmer im Besitz des gemeinsamen Schlüssels, ohne dass dieser für Angreifer verfügbar ist.

Ausgeschlossen wird also, dass ein Angreifer beiden Teilnehmern einen Schlüssel aufzwingt bzw. auf dessen Vereinbarung Einfluss nimmt. Auch darf es nicht möglich sein, aus der Überwachung der Protokollschritte den Schlüssel zu berechnen, obwohl der Übertragungskanal (z. B. das Internet) unsicher ist. Typische Verfahren hierfür sind der Diffie-Hellman-Schlüsselaustausch und das Needham-Schroeder-Protokoll.

Asymmetrische Verfahren bestehen aus einem Schlüsselpaar aus zwei getrennten Schlüsseln (vgl. Abb. 3.19).

Hierbei wird ein Schlüssel durch den Besitzer geheim gehalten und der zweite Schlüssel öffentlich bekannt gegeben. Man kann das Prinzip mit einem Briefkasten vergleichen: Jeder kann in den Briefkasten einen Brief einwerfen (öffentlicher Schlüssel wäre hier die Postadresse), aber das Öffnen des Briefkastens zum Entnehmen des Briefs kann nur durch denjenigen erfolgen, der den Briefkastenschlüssel (= privater Schlüssel) besitzt.

Daten, die mit dem öffentlich bekannten Schlüssel verschlüsselt werden, können ausschließlich durch den privaten Schlüssel wieder in den Klartext überführt werden. Durch das BSI werden die Verfahren Elliptic Curve Integrated Encryption Scheme (ECIES), Discrete Logarithm Integrated Encryption Scheme (DLIES) sowie RSA mit bestimmten Mindestschlüssellängen empfohlen.

Asymmetrische Verfahren weisen bei der Verschlüsselung und Entschlüsselung von Daten deutlich längere Laufzeiten als symmetrische Verfahren auf. Hybride Verfahren kombinieren deshalb symmetrische und asymmetrische Verfahren in einem gemeinsamen Schema, um die Vorteile beider Verfahren zu verbinden.

3.5.5 Digitale Signaturen

Eine Signatur ist ein Merkmal, anhand dessen man eine Person oder ein Objekt identifizieren kann wie z. B. ein Fingerabdruck. Eine digitale

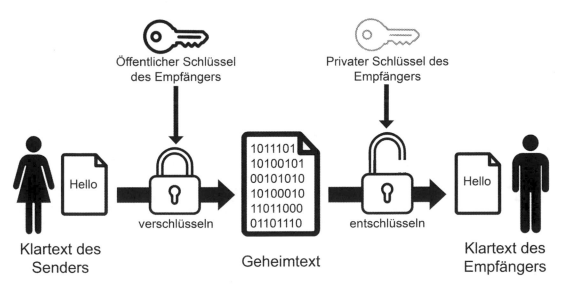

Abb. 3.19 Asymmetrische Verschlüsselung

Signatur muss digital übertragbar sein, sodass man dadurch beispielsweise die Unterschrift unter einen Kaufvertrag leisten kann. Die Grundidee der digitalen Signatur ist folgende: Zu einer Nachricht (d. h. zu beliebigen Daten) wird eine „Unterschrift" (= digitale Signatur) mit einem privaten Schlüssel berechnet. Die Prüfung, ob der „Richtige" unterschrieben hat, kann durch jeden mit einem öffentlichen Schlüssel geprüft werden.

▶ Eine **digitale Signatur** ist ein Verschlüsselungsverfahren, bei dem ein Sender mit Hilfe des geheimen Schlüssels (engl. „private key") des Senders zu einer digitalen Nachricht einen Wert berechnet. Dieser Wert wird vom Empfänger mit Hilfe des öffentlichen Schlüssels (engl. „public key") geprüft. Dadurch werden Urheberschaft und Integrität der Nachricht sichergestellt.

In der Umsetzung stellt die digitale Signatur daher eine Anwendung der asymmetrischen Verschlüsselung oft in Kombination mit kryptografischen Hashverfahren dar.
   Die digitale Signatur ist das digitale Äquivalent zu handschriftlicher Unterschrift oder Siegel und löst das Problem der möglichen Nachrichtenmanipulation oder der Vortäuschung einer anderen Identität. In vielen Ländern, darunter auch den Mitgliedsstaaten der Europäischen Union, gelten digitale Signaturen als ebenso rechtsverbindlich wie händische Unterschriften.

3.5.6 Vertrauensaufbau

Ein zentrales Ziel der IT-Sicherheit ist das Etablieren von Vertrauensbeziehungen zwischen Kommunikationsteilnehmern. Beispielsweise muss eine vertrauenswürdige digitale Identität gewährleistet werden.
   In der Praxis haben sich ein zentrales sowie dezentrales System als Basisinfrastruktur durchgesetzt:

• Das Konzept der Public Key Infrastructure (PKI) basiert auf einer Vertrauenskette (engl. „chain of trust"), ausgehend von einer obersten Zertifizierungsstelle.

• Demgegenüber hat sich insbesondere im privaten Bereich sowie in der Softwareentwicklung ein dezentrales Modell etabliert, das man als Vertrauensnetzwerk (engl. „web of trust") bezeichnet.

Beide Ansätze basieren auf digitalen Zertifikaten. Ein digitales Zertifikat ist vergleichbar mit einem elektronischen Passdokument. Es gibt eine Zertifizierungsstelle (engl. „certificate authority") (CA), die die digitalen Zertifikate ausstellt. Bekannte Zertifizierungsstellen sind u. a. Verisign, SecureNet, Deutsche Telekom oder Certiposte.

▶ Ein **digitales Zertifikat** bestätigt die Identität (= Authentizität) von Kommunikationsteilnehmern (z. B. Personen oder Servern) bzw. ist ein Echtheitsnachweis (= Integrität) von Datenobjekten (z. B. Onlinetickets).

▶ Ein **Public-Key-Zertifikat** ist ein digitales Zertifikat, das zusätzlich die Zuordnung des Kommunikationsteilnehmers zu einem öffentlichen Schlüssel bestätigt.

Inhalte eines Public-Key-Zertifikats sind beispielsweise der Name des Ausstellers (CA), Daten über den Zertifikatnehmer (= Inhaber), dessen öffentlicher Schlüssel sowie Informationen zur Gültigkeitsdauer. Das Zertifikat wird mit dem privaten Schlüssel der CA signiert. Meist werden X509-Zertifikate als Standard verwendet.

Beispiel
Digitale Zertifikate werden unter anderem für folgende Zwecke eingesetzt:

• Verschlüsselte Kommunikation zwischen Browser und Webserver mittels HTTPS-Protokoll im Internet
• Überprüfung von Dokumenten oder Softwareupdates
• Verschlüsselung und Signierung von E-Mails

Chain of Trust
Um den öffentlichen Schlüssel für ein asymmetrisches Verschlüsselungsverfahren zu nutzen,

wird dieser prinzipiell von einer öffentlichen Webseite heruntergeladen. Allerdings ist sicherzustellen, dass es sich tatsächlich um den „richtigen"
Schlüssel zugeordnet zur „richtigen" Person handelt. Hierzu dient das Public-Key-Zertifikat. Die
Zertifikate können durch die digitale Signatur geschützt werden, deren Echtheit man mit dem öffentlichen Schlüssel des Ausstellers des Zertifikats
prüft. Die Echtheit des Ausstellers des Zertifikats
lässt sich wiederum überprüfen, sodass insgesamt
eine Vertrauenskette von der Wurzel bis zum Endzertifikat entsteht, d. h. eine hierarchische Kette
von Zertifikaten, die aufeinander aufbauen:

- Wurzelzertifikat (engl. „roots certificate")
  Ein Wurzelzertifikat (auch als Root-Zertifikat
  oder Stammzertifikat bezeichnet) ist ein unsi-
  gniertes Public-Key-Zertifikat oder selbstsig-
  niertes Zertifikat einer oberen Zertifizierungs-
  stelle (Root-CA), das dazu dient, die Gültigkeit
  aller untergeordneten Zertifikate zu validieren.

- Zwischenzertifikat (engl. „intermediate certificate")
  Ein Zwischenzertifikat ist ein Zertifikat, das
  vom Wurzelzertifikat unterzeichnet und somit
  authentifiziert ist.
- Endzertifikat (engl. „host certificate")
  Endzertifikate sind auf der untersten Ebene
  angesiedelt und werden durch Zwischenzerti-
  fikate bestätigt.

Um einen öffentlichen Schlüssel eindeutig dem
„richtigen" Inhaber zuzuweisen, wird oft eine
Public Key Infrastructure (PKI) genutzt. Aufgabe
einer PKI ist es, digitale Zertifikate zu erstellen,
zu verteilen und zu verwalten.

Der grundlegende Ablauf bei der Nutzung einer
Public Key Infrastructure ist in Abb. 3.20 dargestellt.

Angenommen, ein Sender möchte eine E-Mail
zu einem Empfänger verschlüsselt übertragen.
Dann werden vereinfacht dargestellt folgende
Schritte durchlaufen:

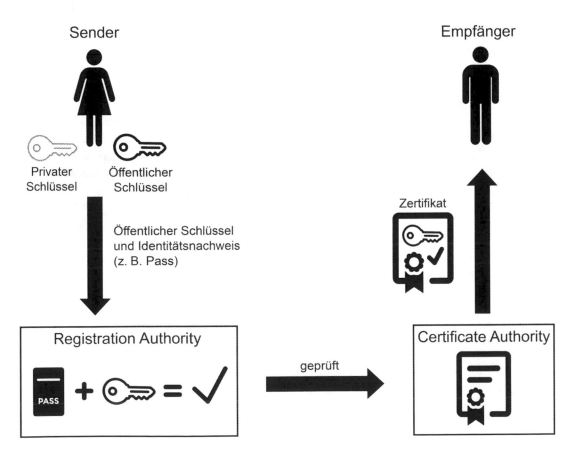

Abb. 3.20 Ablauf bei der Nutzung einer Public Key Infrastructure

- Der Sender erstellt einen privaten und einen öffentlichen Schlüssel.
- Der öffentliche Schlüssel wird in einer Registration Authority (RA) abgegeben und zusammen mit dem Ausweis des Absenders kontrolliert, um sicherzustellen, dass der Sender auch die Person ist, die sie vorgibt zu sein.
- Die RA übergibt diese bestätigte Information an die CA (= Certificate Authority). Dort wird ein Zertifikat ausgestellt, dass der öffentliche Schlüssel zum richtigen Sender gehört.
- Der Sender kann nun eine E-Mail mit dem privaten Schlüssel verschlüsseln und an den Empfänger senden.
- Der Empfänger entschlüsselt die E-Mail mit dem öffentlichen Schlüssel, den er sich von der CA mit Hilfe des Zertifikats bestätigen lässt. Somit ist der Empfänger sicher, dass Absender und Schlüssel zusammenpassen.

Web of Trust

Als Gegenmodell zur Chain-of-Trust wurde Anfang der 1990er-Jahre das Web of Trust entworfen. Idee ist, dass das Vertrauen in einzelne Zertifikate nicht von einer zentralen Instanz ausgesprochen wird, sondern durch die Teilnehmer selbst. Ein Grundproblem der Bereitstellung öffentlicher Schlüssel besteht darin, dass man nicht sicher sein, dass der öffentliche Schlüssel einer Person auch tatsächlich zu dieser Person gehört. Es könnte jemand einen Schlüssel veröffentlichen, der fälschlicherweise vorgibt, diese Person zu sein.

Die Idee im Web of Trust ist, dass jeder Teilnehmer in der Lage ist, anderen Teilnehmern sein Vertrauen auszusprechen und dies in Form digitaler Zertifikate mit Hilfe des eigenen privaten Schlüssels zu dokumentieren. Wenn dann beispielsweise Person A den Schlüssel von Person B signiert und B vertraut, dann kann A auch den von B signierten Schlüssel des Teilnehmers C einsetzen. Falls hinreichend viele positive Bewertungen vorliegen und es eine geeignete Vertrauenskette zu einer Person gibt, kann der öffentliche Schlüssel dieser Person als gültig angesehen werden.

3.5.7 Sichere Entwicklung

Bei der Entwicklung von IT-Systemen sind grundlegende Konzepte zu beachten: Dazu zählen Zugriffskontrolle, Verwendung sicherer Protokolle, aber auch Vermeidung von Schwachstellen in der Entwicklung von Software.

Zugriffskontrolle

Die Zugriffskontrolle (engl. Access Control) ist für folgende Frage zuständig: Wer darf in einem System auf welche Ressourcen (z. B. Anwendungen, Daten) wie (z. B. lesend, schreibend) zugreifen?

▶ **Autorisierung** ist die Erlaubnis für eine Person oder ein IT-System, bestimmte Aktionen durchzuführen bzw. bestimmte Ressourcen zu nutzen.

Authentifizierung und Zugriffskontrolle werden oft in einem einzigen Vorgang kombiniert: Nach der erfolgreichen Authentifizierung (z. B. Nutzer und Passwort sind vom System überprüft), werden dem Nutzer vorher festgelegte Rechte (= Autorisierung) zugewiesen. Er darf z. B. nur bestimmte Daten bearbeiten.

Authentifizierungsmethoden kann man nach Besitz, Wissen und Sein klassifizieren:

- Physische Schlüssel zählen zur Klasse „Besitz".
- Passwörter sind klassische Beispiele für Methoden aus der Klasse „Wissen".
- Biometrische Eigenschaften wie z. B. ein Fingerabdruck gehören in die Klasse „Sein".

Zugangskontrollmodelle beschreiben den Zusammenhang zwischen der in der Authentifizierung festgestellten Identität eines Subjekts und den Rechten, die dieses Subjekt im Schritt der Autorisierung erlangt.

Beispiel

Eine Zugriffskontrollmatrix ist ein Zugangskontrollmodell, das Subjekte und zu schützende Objekte in einer Matrix zusammenführt und für jede Subjekt/Objekt-Kombination bestimmt, welche Rechte vergeben werden.

Virus	Ein Computervirus ist ein Programm, das sich verbreitet, indem es sich selbst in ein anderes Programm, einen Computerbootsektor oder ein Dokument kopiert und die Funktionsweise des infizierten Rechners ändert. Der Virus erfordert eine Auslösung der Infektion, indem z. B. ein Programm gestartet wird.
Wurm	Ein Computerwurm ähnelt einem Virus. Im Unterschied zum Virus ist er nicht auf menschliche Interaktion angewiesen, um sich auszubreiten.
Trojaner	Ein trojanisches Pferd oder Trojaner ist ein Programm, das legitim aussieht, aber neben der durch den Nutzer gewünschten Funktion weitere (meist schädliche) Funktionalität besitzt, die dem Nutzer unbekannt und verborgen ist.

Abb. 3.21 Typen von Angriffen

Bekannte Verwundbarkeiten

Verwundbarkeiten sind die Basis für mögliche spätere Angriffe. Für ein Verständnis dieser Verwundbarkeiten, insbesondere mit Blick auf deren späteres Management, ist es notwendig, die Ursachen der Verwundbarkeiten zu unterscheiden und die Typen von Angriffen zu erfassen.

Virus, Wurm und Trojaner beschreiben drei grundlegende Ansätze, wie sich Schadsoftware (engl. „malware") verbreiten kann (vgl. Abb. 3.21).

Beispiel

Ransomware, auch Erpressungstrojaner, Erpressungssoftware, Kryptotrojaner oder Verschlüsselungstrojaner genannt, sind Schadprogramme, die ein System verschlüsseln und Dateien nur nach Zahlung eines „Lösegeldes" freigeben.

Schwachstellen in Software, Hardware und deren Nutzern

Angriffe werden durch verschiedene Schwachstellen, sprich Verwundbarkeiten ermöglicht, die potenziell in jeder Komponente eines IT-Systems vorhanden sind. Insbesondere Schwachstellen in Software sind von zentraler Bedeutung. Ein Angreifer kann beispielsweise einen Schadcode in ein Programm einschleusen oder unbefugt auf Daten zugreifen.

Secure Coding, also die Entwicklung eines sicheren Codes, zielt darauf ab, Sicherheitsschwachstellen bereits während der Entwicklung zu verhindern, um höchstmögliche Sicherheit zu erreichen.

Secure Coding umfasst die Vorgabe konkreter Richtlinien und Maßnahmen, um klassischen Angriffen entgegenzuwirken. Ein wichtiger Teil des Secure Coding ist die Weiterbildung der Entwickler sowie ein strukturiertes Nachverfolgen von Schwachstellen.

In den letzten Jahren wird vermehrt auch auf die eingesetzte Hardware geachtet. Schwachstellen in Design oder Realisierung von Hardwarekomponenten können jeden Schutz in der Software umgehbar machen. Die Herausforderung im Bereich der Hardware ist, dass einzelne Komponenten schwierig überprüfbar sind. Zulieferketten, die weltweit über verschiedene Länder verteilt und kaum nachverfolgbar sind, erhöhen das Risiko, dass Schwachstellen oder Funktionen in Komponenten ausgenutzt werden können.

Hinzu kommen Herausforderungen, die durch Social Engineering entstehen.

▶ **Social   Engineering** nennt man zwischenmenschliche Beeinflussungen mit dem Ziel, bestimmte Verhaltensweisen bei Personen hervorzurufen, um Angriffe vorzubereiten.

Jeder kennt die E-Mails, die zur Eingabe von Passwörtern auffordern oder zur Installation von Schadsoftware verleiten. Social Engineers gehen darüber hinaus und spionieren das persönliche Umfeld ihrer Opfer aus, täuschen Identitäten vor oder nutzen menschliche Verhaltensweisen aus, um geheime Informationen oder Geld zu erhalten. Beim CEO-Betrug werden beispielsweise Mitarbeiter aus der Buchhaltung so manipuliert, dass diese angeblich im Auftrag der Unternehmensleitung die Überweisung von hohen Geldbeträgen veranlassen.

Zur Dokumentation und möglicher Beseitigung von Schwachstellen führt die US-Regierungsorganisation MITRE die CVE-Datenbank. Jeder Eintrag beschreibt eine bekannte Schwachstelle in einem IT-System und wird durch Identifikationsnummer, Beschreibung und mindestens eine öffentliche Referenz für öffentlich bekannte Cybersicherheitsschwachstellen erfasst. CVE-Einträge werden in zahlreichen IT-Sicherheitsprodukten und -dienstleistungen aus aller Welt verwendet.

Sichere Protokolle

Ein wichtiger Aspekt für eine sichere Interaktion von IT-Systemen ist die Nutzung entsprechender Protokolle. Ein sicheres Protokoll, also die Definition von Regeln und Standards, die Kommunikationsteilnehmer einhalten müssen, damit eine Kommunikation reibungslos ablaufen kann, muss verschiedene Eigenschaften aufweisen, sodass die benötigten Sicherheitsziele erfüllt werden. Da sich Sicherheitsziele je nach Anwendungsszenario unterscheiden, ist dies bei der Protokollwahl zu berücksichtigen. Typische Eigenschaften sicherer Protokolle sind:

- Frische (engl. „freshness")
  Mit Frische wird beschrieben, dass in einer Sitzung gesendete und empfangene Nachrichten speziell nur für die aktuelle Sitzung generiert werden. Nachrichten aus früheren Sitzungen können in der aktuellen Sitzung nicht verwendet werden.
- Kein Angriff (engl. „no-intrusion")
  No-intrusion bedeutet, dass ein Angreifer nicht in eine Sitzung eines Protokolls eindringen kann. In einer laufenden Sitzung lassen sich keine gefälschten Nachrichten einfügen, ohne dass dies erkannt wird. Eine etablierte Technik sind Message Authentication Codes.
- Authentizität (engl. „authenticity")
  Ein Teilnehmer muss andere Teilnehmer in einer Sitzung authentifizieren, bevor er ihnen vertrauen kann. Die Authentifizierung erfolgt in der Regel durch den Nachweis, dass ein

Teilnehmer über Wissen wie z. B einen geheimen Schlüssel verfügt.
- Geheimhaltung (engl. „secrecy")
  Geheimhaltung bedeutet, dass der Inhalt einer Nachricht zwischen den Teilnehmern eines Protokolls geheim gehalten wird. Eine dritte Partei ist nicht in der Lage, Informationen aus dem Datenstrom zu erhalten. Hierzu nutzt man kryptografische Verschlüsselungsverfahren.

Modelle zur Unterstützung von Security by Design

Für den sicheren und damit zuverlässigen Betrieb von IT-Systemen ist entscheidend, dass IT-Sicherheit bereits in der Konzeptphase berücksichtigt wird. Dadurch lassen sich spätere Verwundbarkeiten frühzeitig verhindern. Leider ist in der Praxis oft der Ansatz des „Security by Obscurity" (= Unklarheit) zu beobachten. Dieses Prinzip zielt darauf ab, durch Verschleiern oder Verbergen eventuelle Angreifer im Unklaren zu halten und so Angriffe zu vermeiden. Beispielsweise werden Netzwerkdienste häufig auf standardisierten Portnummern angeboten. Verwendet man statt der üblichen Portnummern andere Nummern, scheint dieser Ansatz viele Angriffe ins Leere laufen zu lassen. Allerdings kann ein Angreifer problemlos automatisch alle Ports durchsuchen, sodass der „versteckte" Port schnell entdeckt wird.

Ziel ist stattdessen, „Security by Design" einzusetzen, um IT-Systeme gegen Angriffe zu rüsten.

▶ **Security by Design** liegt vor, wenn man bereits bei Konzeption und Entwicklung von IT-Systemen darauf achtet, Systeme so unempfindlich gegen Angriffe wie möglich zu entwickeln. Sicherheit ist eine Anforderung, die explizit in den Entwicklungsablauf eingebunden wird.

Security by Design erreicht man z. B. durch kontinuierliche Tests während der Entwicklung, bestimmte Programmierverfahren und sichere Authentifizierungsansätze. Sicherheit sollte über den gesamten Lebenszyklus des IT-Systems eine Rolle spielen.

Für den sicheren Betrieb von IT-Systemen ist es nützlich, die Systeme aus verschiedenen Perspektiven zu untersuchen, um mögliche Angriffspunkte frühzeitig zu erkennen. Typische Sichten sind:

- Angriffsoberfläche (engl. „attack surface")

  Die Angriffsoberfläche stellt eine Sicht auf die Schnittstellen eines Systems zur Verfügung, mit deren Hilfe Angriffsszenarien simuliert werden können. Je zugänglicher die Schnittstellen eines Systems sind, desto höher ist die Wahrscheinlichkeit, dass Angriffe möglich sind. Für die Analyse und Erstellung der Angriffsoberfläche werden mögliche Einfallswege erfasst und nachfolgend analysiert, welche Systeme nachgeordnet erreichbar sind.

- Angriffsbaum (engl. „attack tree")

  Attack trees beschreiben die Wege, wie es zu einem bestimmten Angriff auf ein System kommen kann. Ausgehend von dem potenziellen Angriff – dargestellt als Wurzel eines Baums – werden alle Möglichkeiten aufgeführt, wie es zu diesem Angriff kommen kann. Für jede Möglichkeit werden weitere Teilbäume erstellt. Im Rahmen einer Risikoabschätzung lässt sich dann das jeweilige Risiko bewerten.

Beispiel

Ein Ansatz zur Analyse von Sicherheitsbedrohungen wird mit Hilfe der Anfangsbuchstaben STRIDE zusammengefasst. Auf der Basis von Datenflussdiagrammen wird ein System erfasst und hinsichtlich der Gefahren

- Spoofing (= Manipulation, Verschleierung oder Vortäuschung einer anderen Identität)
- Tampering (= Verfälschung)
- Repudiation (= Abstreitbarkeit)
- Information disclosure (= Offenlegung vs. Geheimhaltung von Informationen)
- Denial of Service (= Nichtverfügbarkeit von Diensten)
- Elevation of Privilege (= Erhöhung von Rechten)

analysiert. Dadurch lässt sich das Gefährdungspotenzial ermitteln und prüfen, ob alle notwendigen Maßnahmen zur Vermeidung von Verwundbarkeiten initiiert wurden.

3.5.8   Schutz von Netzwerken

IT-Netzwerke sind in vielen Unternehmen eine zentrale Infrastruktur, die es zu schützen gilt. Durch Netzwerke werden Rechner und andere Geräte miteinander verbunden. Auch erlauben diese die Bereitstellung von Diensten nach außen wie z. B. über das Internet und damit den Zugang von außerhalb auf Daten der jeweiligen Organisation. Damit verbunden ist das Risiko, dass ein Angreifer Dienste nutzt, die über das Netzwerk angeboten werden.

Eine Möglichkeit, die missbräuchliche Nutzung zu verhindern, ist eine physische Trennung von Netzwerken (engl. „air gapping"). Dabei werden die Daten nur noch über sichere Wege in das geschützte Netzwerk übertragen. Leider reicht dieses Verfahren in der Praxis nicht aus, um Angriffe zu verhindern. Daher sind Netzwerke so zu gestalten, dass Sicherheitsaspekte im Vordergrund stehen.

Gefährdungen

Die fehlende Erreichbarkeit eines Diensts ist eine elementare Gefährdung, der ein Netzwerk ausgesetzt ist.

▶ Ein **Denial of Service (DoS)-Angriff** zielt auf die Nichtverfügbarkeit eines Internetdiensts ab, der eigentlich verfügbar sein sollte.

▶ Ein **Distributed Denial of Service (DDoS)-Angriff** entspricht einem DoS-Angriff. Im Unterschied zum DoS geht der Angriff von mehreren Systemen aus, die unter der Kontrolle des Angreifers stehen.

Im einfachsten Fall eines DoS-Angriffs wird ein Netzwerk durch einen Angreifer mit Datenpaketen „geflutet", sodass kein weiterer Datenverkehr möglich ist. Komplexere Angriffe zielen darauf ab, einzelne Dienste unerreichbar zu machen. Bei einem Distributed Denial of Service (DDoS) Angriff muss der Angreifer zunächst ein Netz von Systemen (engl. „bot net") unter Kontrolle bringen, das für den Angriff genutzt werden kann. Hierdurch tritt der Angreifer nicht direkt in Erscheinung und kann seine Identität verbergen.

Auch ist die Wirkung deutlich größer und die Bekämpfung schwieriger.

Eine große Gefährdung stellt auch die fehlende Trennung von „äußeren" und „inneren" Netzwerken dar. Komplexe IT-Systeme und insbesondere Software weisen stets Fehler und Lücken auf, sodass es wichtig ist, diese nicht allgemein zugänglich zu betreiben, sondern Teilnetze entsprechend zu isolieren. Klassische Gefährdungen im Kontext der Isolation sind Fehlkonfigurationen, die ein Eindringen nicht verhindern. Das ist der Fall, wenn Routing- oder Porteingaben falsch konfiguriert sind oder die Implementierung von Netzwerkkomponenten fehlerhaft ist.

Isolation

Für den Aufbau isolierter Systeme gibt es mehrere Basistechnologien wie Routing, Firewalls und Network Address Translation, die im Folgenden kurz erläutert werden.

Routing beschreibt die Vermittlung der Datenpakete zu den einzelnen Systemen. Hierzu werden in Routern Tabellen geführt, die die Zielnetze benennen und die Pakete entsprechend zum nächsten Router weiterleiten. Eine geeignete Konfiguration der Router erlaubt die Bildung von Subnetzen und die Reglementierung bzw. Unterbindung des Austauschs von Daten zwischen diesen Netzen.

Ein häufig genutztes Konzept sind Demilitarisierte Zonen (DMZ), in denen Dienste betrieben werden, die auch außerhalb der Organisation zu nutzen sind. In der DMZ befinden sich die Dienste, die potenziell angegriffen und daher speziell überwacht werden. Falls ein Angriff Erfolg hat, ist der Schaden auf die DMZ begrenzt; die restliche Organisation ist nicht betroffen. Isoliert davon ist das eigentliche Unternehmensnetzwerk, in dem die Mitarbeiter agieren. Da auch Mitarbeiter oftmals – wissentlich oder unwissentlich – nicht sicherheitskonform vorgehen, ist es sinnvoll, wichtige Systeme im Unternehmen nochmals isoliert innerhalb des Unternehmensnetzes zu betreiben.

Um die verschiedenen Zonen innerhalb der Netzwerke zu isolieren und den Datenaustausch zu reglementieren, werden Firewalls eingesetzt.

▶ Eine **Firewall** ist ein Sicherungssystem, das ein Rechnernetz oder einen einzelnen Rechner vor unerwünschten Netzwerkzugriffen schützt.

Im einfachsten Fall führt die Firewall eine Überprüfung der Datenpakete durch, die durch den Router kommen, um Informationen wie Ziel- und Herkunfts-IP-Adresse, Pakettyp, Portnummer und andere Informationen zu überprüfen. Verstößt das Datenpaket gegen die Regeln, wird es verworfen.

Aufwendigere Firewallansätze sind folgende:

- Stateful-Inspection-Firewalls, die prüfen, ob jedes Datenpaket zu einer Sitzung gehört, die vorher aufgebaut wurde, und somit als legitim anzusehen ist.
- Weiterhin gibt es Proxy-Firewalls, die auf der Anwendungsschicht aufsetzen und den Datenverkehr filtern. Der Proxy-Server (= Stellvertreter) handelt gegenüber dem Client wie der anzusprechende Server und gegenüber dem Server wie ein Client. Durch die Zwischenschaltung dieses Stellvertreters bleibt die Netzwerkadresse des Clients anonym und der Proxy-Server kann entscheiden, ob eine Anfrage bzw. Antwort überhaupt an die Kommunikationsteilnehmer weitergereicht wird.

Ein weiterer Ansatz für den Aufbau isolierter Systeme ist die Netzwerkadressübersetzung (Network Address Translation, kurz NAT).

▶ Eine **Netzwerkadressübersetzung** ermöglicht es, die Ziel- oder Quell-IP-Adressen eines Datenpakets durch eine andere Adresse zu ersetzen.

Das Prinzip ist, dass ein Computer in einem Netzwerk (z. B. auch in einem Heimnetzwerk) eine IP-Adresse hat, die nach außen verborgen werden soll. Bei jedem Verbindungsaufbau durch einen Client im internen Netzwerk wird die interne IP-Adresse durch die öffentliche IP-Adresse des Routers ersetzt.

▶ Ein **Router** ist ein Netzwerkgerät, das als Vermittler (= Standard-Gateway) zwischen lokalem Netzwerk und dem Internet dient.

Der Router speichert die Zuordnung von interner Adresse zu öffentlicher Adresse in einer NAT-Tabelle. Zudem tauscht der Router die im Header des Datenpakets hinterlegte private IP-Adresse des Clients gegen seine eigene öffentliche IP-Adresse aus. Kommt die Antwort vom Zielserver, kann diese Antwort aufgrund der Zuordnungstabelle wieder zum richtigen Client zugestellt werden. Mittels NAT schottet man also Zugriffe auf interne Ressourcen ab.

Zu beachten ist, dass keines dieser Isolationskonzepte die Nutzerdaten überprüft. Möchte man dies erreichen, sind Verfahren wie Deep Packet Inspection anzuwenden, die Nutzerdaten und Header eines Pakets auswerten. Ziel ist, jede Form von schadhaften Protokollen, Schadsoftware oder Eindringlingen zu erkennen und zu entfernen.

Intrusion Detection
Ein wichtiger Aspekt zur Sicherung von Netzwerken sind Intrusion-Detection-Systeme.

▶ Ein **Intrusion Detection System (IDS)** erlaubt eine automatisierte Benachrichtigung der Systemverantwortlichen, wenn ein IT-System durch böswillige Aktivitäten oder Verstöße gegen Sicherheitsrichtlinien gefährdet ist.

Eine Kategorisierung der Verstöße obliegt dem Betreiber eines IDS-Systems; umfangreiches Wissen über Prozesse und damit verbundene Datenströme sind wichtige Voraussetzungen für eine erfolgreiche Implementierung.

In der Realisierung eines IDS unterscheidet man:

• Ein Network Intrusion Detection System (NIDS) analysiert den Datenverkehr in einem Netzwerk und vergleicht diesen mit bekannten Angriffsmustern.
• Ein Host Intrusion Detection System (HIDS) untersucht den Datenverkehr eines Rechners (insbesondere Servers).

Um Angreifer auf eine falsche Fährte zu locken, können spezielle IT-Systeme vorgehalten werden, die Angriffe entgegennehmen sollen. Diese sogenannten Honeypots (= Honigtöpfe) erlauben die Beobachtung von Angriffen und eine frühzeitige Information über neue Angriffsvarianten.

Ein weitergreifendes Konzept ist Security Information and Event Management (SIEM), das Informationen hinsichtlich Erkennung von Bedrohungen und entsprechender Reaktionen aus einer Vielzahl von Datenquellen sammelt und bereitstellt. Vorteil dieses Ansatzes ist die breite Erfassung von Ereignissen und die Fähigkeit, diese über verschiedene Quellen hinweg zu verknüpfen und zu analysieren.

Authentifizierung
Ein wichtiger Aspekt bei der Implementierung geschützter Netzwerke ist die Entscheidung, wer welchen Zugriff hat, und die Nutzung entsprechender Protokolle zur Authentifizierung.

Als Standardverfahren wird das IEEE 802.1X-Protokoll eingesetzt. IEEE 802.1X erlaubt, Benutzer, die Zugriff auf ein Netzwerk haben möchten, anzunehmen oder abzulehnen. Dieses Sicherheitsprotokoll lässt sich sowohl kabellos als auch mit kabelgebundenen Geräten einsetzen. Innerhalb eines Netzwerkes kann es darüber hinaus auch notwendig sein, dass sich eine Person oder ein IT-System zusätzlich für die einzelnen Dienste jeweils authentisieren muss. Ein zentrales Management dieser Aufgabe kann dabei durch einen Dienst wie Kerberos erfüllt werden, der beispielsweise auch Single Sign-on unterstützt.

▶ Unter **Single Sign-On** versteht man die Möglichkeit, sich bei mehreren Anwendungen anzumelden, ohne dass man sich jedes Mal erneut authentifizieren muss.

Virtual Private Networks
Benötigen Personen oder IT-Systeme Zugriff auf Ressourcen von außerhalb eines Netzwerks, nutzt man oft Virtual Private Networks.

▶ Ein **Virtual Private Network (VPN)** ist eine Technologie, die eine sichere und verschlüsselte Verbindung über ein weniger sicheres Netzwerk wie z. B. das Internet herstellt.

Um die Sicherheit zu gewährleisten, werden Daten durch einen „Tunnel" geleitet, der unter Verwendung von Authentifizierungsmethoden gesichert wird.

Beispiel

Mitarbeiter im Home Office oder auf Geschäftsreise möchten auf unternehmensinterne Dateien zugreifen. Mittels VPN garantiert man eine sichere Kommunikation. Mit dem Trend BYOD (bring your own device), also Nutzung privater Endgeräte im Unternehmenskontext gewinnen solche Lösungen zunehmend an Relevanz.

3.5.9 Schutz der Privatsphäre

Personenbezogene Daten stellen eine besondere Herausforderung in der IT-Sicherheit dar. Durch Diebstahl oder ungewünschte Verarbeitung personenbezogener Daten ist die Privatsphäre von Personen gefährdet.

Beispiel

Die Analyse von Kreditkarteninformationen oder Mobilfunkdaten bietet die Möglichkeit, Bewegungsprofile zu erstellen, die eine hohe Aussagekraft über Interessen und Neigungen der betroffenen Person besitzen.

Datenschutz bzw. Schutz der Privatsphäre werden immer wichtiger. Unternehmen müssen sich darüber informieren, welchen datenschutzrechtlichen Vorschriften und Gesetzen sie unterliegen. Über gesetzliche Anforderungen hinaus kann ein vertrauenswürdiger Umgang mit personenbezogenen Daten sogar zu einem Wettbewerbsvorteil führen.

Beispiel

Das Safe-Harbor-Abkommen der Europäischen Kommission erlaubte es, personenbezogene Daten aus einem Land der europäischen Union in die USA zu übermitteln. Da bekannt wurde, dass der Datenschutz in den USA unter anderem durch Eingriffe der US-Sicherheitsbehörden eingeschränkt wird,

wurde das Abkommen durch ein Urteil des Europäischen Gerichtshofs ausgesetzt. Im Zuge dessen müssen Unternehmen darauf achten, dass Daten mit Personenbezug (z. B. im Rahmen von Cloud-Computing oder bei der Nutzung von Webdiensten) nicht auf Servern in den USA gespeichert werden. Dies eröffnet neue Marktchancen für Anbieter, die ihre Daten beispielsweise in deutsche Rechenzentren verlagern.

Zum Schutz personenbezogener Daten können verschiedene Techniken eingesetzt werden. Eine Möglichkeit ist das Verbergen der Identität eines Benutzers.

▶ **Anonymisieren** oder **Pseudonymisieren** von Identitäten ermöglicht die Verarbeitung der Daten eines Nutzers, ohne dass dessen Identität bekannt wird.

Der Unterschied zwischen anonymisierten und pseudonymisierten Daten besteht in der Möglichkeit, diese Maßnahme rückgängig zu machen:

- Anonymisierte Daten ermöglichen keine Re-Identifizierung. Beispiel: Spezifische Eigenschaften von Personen wie Name, Geburtsdatum, Adresse usw. werden für Auswertungen entfernt.
- Pseudonymisierte Daten erlauben immer eine Form der Re-Identifizierung. Beispiel: Eine E-Mail-Adresse aus fiktiven Namen kann nur mit Zusatzinformationen einer Person zugeordnet werden.

Ein effektiver Ansatz für den Schutz der Privatsphäre ist Datenvermeidung bzw. Datensparsamkeit.

▶ **Datenvermeidung** bzw. **Datensparsamkeit** zielen darauf ab, dass bei der Datenverarbeitung nur so viele personenbezogene Daten gesammelt werden, wie für die jeweilige Anwendung unbedingt notwendig.

Lediglich die notwendigen Daten sollen für die benötigte Zeit erfasst und gespeichert werden.

Ein Gegenbeispiel stellen Smartphone-Apps dar, die einen nicht erforderlichen Zugriff auf den Standort, das Adressbuch oder Bewegungsdaten nutzen. Das Prinzip der Datensparsamkeit steht oft im Widerspruch zu Wünschen der Datenanalyse, die eine umfassende Datenbasis beispielsweise für medizinische Zwecke nutzen möchten.

Zusammenfassung

IT-Sicherheit hat in den letzten Jahren deutlich an Relevanz gewonnen. Sichere Lösungen beginnen mit der Konzeption, dem Design und der Entwicklung. Je stärker man in frühen Phasen der Softwarenentwicklung auf Sicherheit achtet, desto höhere Sicherheitsgrade kann man erreichen. Aber auch der Aspekt Hardwaresicherheit ist nicht zu unterschätzen, da viele Angriffe heute gezielt Schwachstellen in Infrastrukturlösungen ausnutzen. Mit geeigneter Verschlüsselung, digitalen Zertifikaten und vielen technischen und organisatorischen Maßnahmen kann man das Sicherheitsniveau deutlich verbessern. Die Einführung der DSGVO im Mai 2018 verstärkt die Notwendigkeit zum Handeln.

Ein entscheidender Unsicherheitsfaktor ist und bleibt jedoch der Mensch selbst; fehlendes Wissen oder Bequemlichkeit führen immer wieder zu Sicherheitslücken, die Angriffsflächen bieten.

3.5.10 Aufgaben

Aufgabe 1
Erklären Sie den Unterschied zwischen symmetrischer und asymmetrischer Verschlüsselung.

Aufgabe 2
Wie unterscheiden sich digitale Signatur und digitales Zertifikat?

Aufgabe 3
Wie lässt sich durch Datensparsamkeit der Schutz der Privatsphäre verbessern?

3.5.11 Lösungen zu Aufgaben

Lösung zu Aufgabe 1
- Symmetrische Verfahren verwenden den gleichen Schlüssel für Ver- als auch Entschlüsselung.
- Im Gegensatz dazu verwenden asymmetrische Verfahren Schlüsselpaare, die aus einem Schlüssel für die Verschlüsselung sowie einem anderen Schlüssel für die Entschlüsselung bestehen.
- Das Problem symmetrischer Verschlüsselung ist der Schlüsselaustausch.

Lösung zu Aufgabe 2
- Eine digitale Signatur ist ein Verschlüsselungsverfahren, bei dem ein Sender mit Hilfe des geheimen Schlüssels des Senders zu einer digitalen Nachricht einen Wert berechnet. Dieser Wert wird vom Empfänger mit Hilfe des öffentlichen Schlüssels geprüft.
- Ein digitales Zertifikat bestätigt die Authentizität von Kommunikationsteilnehmern bzw. die Integrität von Kommunikationsobjekten.

Lösung zu Aufgabe 3
Da Datensparsamkeit darauf abzielt, dass bei der Datenverarbeitung nur so viele personenbezogene Daten gesammelt werden wie für die jeweilige Anwendung unbedingt notwendig, sinkt die Gefahr für Datenmissbrauch.

Literatur

IT-Systeme im Unternehmen

Hansen, H. R., Mendling, J., & Neumann, G. (2015). *Wirtschaftsinformatik*. Berlin/München/Boston: de Gruyter.

Laudon, K. C., Laudon, J. P., & Schoder, D. (2016). *Wirtschaftsinformatik, Eine Einführung*. München: Pearson.

Mertens, P., Bodendorf, F., König, W., Schumann, M., Hess, T., & Buxmann, P. (2017). *Grundzüge der Wirtschaftsinformatik*. Berlin: Springer Gabler.

Schwarzer, B., & Krcmar, H. (2014). *Wirtschaftsinformatik: Grundlagen betrieblicher Informationssysteme*. Stuttgart: Schäffer-Poeschel.

E-Business

Hansen, H. R., Mendling, J., & Neumann, G. (2015). *Wirtschaftsinformatik*. München: de Gruyter.

Kollmann, T. (2016). *E-Business: Grundlagen elektronischer Geschäftsprozesse in der Digitalen Wirtschaft*. Wiesbaden: Springer Gabler.

Wirtz, B. W. (2018). *Electronic Business*. Wiesbaden: Springer Gabler.

Netzwerke und Internet

Abts, D., & Mülder, W. (2017). *Grundkurs Wirtschaftsinformatik*. Wiesbaden: Springer Vieweg.

Baun, C. (2018). *Computernetze kompakt*. Wiesbaden: Springer Vieweg.

Tanenbaum, A. S., & Wetherall, D. J. (2012). *Computernetzwerke*. München: Pearson.

Cloud-Computing

Mell, P. M., & Grance, T. (2011). The NIST definition of cloud computing. NIST – National Institute of Standards and Technology. Nr.: 800-145. https://csrc.nist.gov/publications/detail/sp/800-145/final. Zugegriffen am 16.04.2019.

Reinheimer, S. (2018). *Cloud Computing: Die Infrastruktur der Digitalisierung* (Edition HMD). Berlin: Springer.

IT-Sicherheit

Bundesamt für Sicherheit in der Informationstechnik. (2019). IT-Grundschutz. http://bsi.bund.de. Zugegriffen am 16.04.2019.

Eckert, C. (2018). *IT-Sicherheit: Konzepte – Verfahren – Protokolle*. München: de Gruyter.

Müller, K.-R. (2018). *IT-Sicherheit mit System*. Wiesbaden: Springer Vieweg.

Shostack, A. (2014). *Threat modeling: Designing for security*. Hoboken: Wiley.

4.1 Wirtschaftlichkeit von IT-Investitionen

Frank Mehler

Lernziele

- Bewertung von IT-Systemen aus wirtschaftlicher Sicht
- Methoden zur Entscheidungsvorbereitung bei der Auswahl von IT-Systemen
- Analyse und Vorbereitung von Investitionen im IT-Bereich

> **Überlick**
> IT-Investitionen sind für viele Unternehmen entscheidend, um Geschäfsstrategien umzusetzen. Der Unternehmenserfolg kann auch davon abhängen, ob die IT-Systeme einsatzbereit sind und zum Geschäftserfolg beitragen. Die Anforderungen an die IT-Landschaft wachsen permanent. Mobile Anwendungen auf dem Smartphone, Vertriebskanäle im Internet, Überwachung und Steuerung von Maschinen und Produktionsprozessen – die Möglichkeiten sind unbegrenzt. Somit stellt sich die Frage: In welche Ideen soll ein Unternehmen investieren?

4.1.1 Kosten von IT-Systemen

Bei Investitionsentscheidungen im IT-Umfeld ist es sinnvoll, die Kosten über den gesamten Lebenszyklus der Investition (z. B. drei bis zehn Jahre) zu betrachten. Dies wird mit dem Schlagwort TCO (= Total Cost of Ownership) bezeichnet. Dahinter steht der Erfahrungswert, dass die reinen Anschaffungs- oder einmaligen Entwicklungskosten in vielen IT-Projekten nur einen geringen Teil der Gesamtkosten ausmachen. Gründe hierfür sind, dass die Folgekosten der Einführung und Nutzung viele Mitarbeiter betreffen können bzw. die Wartung, Pflege und Erweiterung einer Lösung ein Mehrfaches der Anfangsinvestition mit sich bringen kann. Im Folgenden eine Aufstellung möglicher Kostenarten für IT-Investitionen. TCO unterscheidet zudem zwischen direkten Kosten, die mithilfe eines Budgets berechnet werden können, und indirekten Kosten, die den Nutzen der IT-Investition hemmen, aber oft vernachlässigt werden (vgl. Abb. 4.1).

▶ **Total Cost of Ownership (TCO)** bezeichnet die Gesamtkosten, die aus dem Einsatz einer Investition über den gesamten Lebenszyklus der Investition anfallen.

© Springer Fachmedien Wiesbaden GmbH, ein Teil von Springer Nature 2019
A. Mehler-Bicher et al., *Wirtschaftsinformatik Klipp und Klar*, WiWi klipp & klar ,
https://doi.org/10.1007/978-3-658-26494-9_4

Kategorie	Beispiele von direkten Kosten	Beispiele von indirekten Kosten
Hardware	- Anschaffung von zentralen und dezentralen Computern und Geräten - Wartungskosten pro Jahr - Abschreibungen - Netzwerkinfrastruktur - Datensicherung - Energie- und Gebäudekosten	- Systemausfall
Software	- System- und Anwendungssoftware - Lizenzen, Wartungsverträge, Miete/Leasing	- Wartungszeiträume - Anwendungsfehler - Änderungen in anderen Systemen - Datensicherheit, Datenschutz
Externe Dienstleistungen für Prozesse und Services (Outsourcing)	- Provider (Bereitstellung von Diensten, z. B. in der Cloud) - Telekommunikation - Externe Beratung, externe Entwicklung und Support	- Ausfall externer Dienste - Nicht-Verfügbarkeit externen Wissens bei Fehlern oder Änderungen
Interne Mitarbeiter	- Mitarbeiter in Projekten - Nutzer der Anwendungen - Entwicklung - Installation, Administration und Betrieb von Anwendungen - Schulung, Organisation und Verwaltung	- (Mehr-)Aufwände durch Einarbeitung, Fragen an Kollegen („Hey-Joe-Effekt"), Fehlbedienung, umständliche Lösungen

Abb. 4.1 Kosten für IT-Ressourcen

4.1.2 Nutzen von IT-Systemen

Der Nutzen einer IT-Investition beschreibt materielle bzw. immaterielle Vorteile, die durch eine IT-Investition erreicht werden. Materieller Nutzen ist in Geldeinheiten messbar, z. B. aufgrund von Einsparungen von Zeit oder Ressourcen, wohingegen immaterieller Nutzen nur schwer quantifizierbar ist (vgl. Abb. 4.2).

Analog zum TCO-Ansatz lassen sich weitere positive Aspekte finden, z. B. durch Auswahl eines zuverlässigen IT-Systems, das weniger Ausfallzeiten oder Softwarefehler als die bisherige Lösung mit sich bringt.

Ziel ist, den Nutzen einer Investition soweit möglich messbar zu beschreiben. Für eine tiefergehende Analyse kann es sinnvoll sein, eine Prozessanalyse mit dem Vergleich von Ist- und Sollzustand durchzuführen.

Beispiel

Soll die Beschaffung für Verbrauchsmaterialien auf ein IT-gestütztes System umgestellt werden, werden manche Vorgänge vereinfacht: Die Genehmigung erfolgt automatisiert für geringe Bestellwerte, es erfolgt eine automatische Weiterleitung der Bestellung an den Lieferanten usw. Eine detaillierte Prozessanalyse bedeutet dann, die aktuellen Zeitaufwände in den betroffenen Abteilungen zu beobachten und zu dokumentieren. Mithilfe der Häufigkeit der Beschaffungsprozesse wird berechnet, welche zeitlichen Einsparpotenziale zu erwarten sind.

Kategorie	Beispiele
Materieller Nutzen: Kosteneinsparungen	- Geringerer Personalbedarf z. B. durch Automatisierung in der Fertigung
	- Höhere Produktivität bei der Erstellung der betrieblichen Leistung (z. B. schnelle Inventur, vereinfachte Bestandsüberwachung, automatisierte Qualitätskontrolle usw.)
	- Effizientere Nutzung von Ressourcen (z. B. geringere Lagerbestände, bessere Produktionsplanung von Maschinen mit höherer Auslastung)
	- Geringere Betriebskosten (z. B. weniger Stromverbrauch, Outsourcing oder Virtualisierung von Rechnerkapazitäten)
	- Verminderung von Kundenbeschwerden, Reklamationen und Gewährleistung
Materieller Nutzen: Verbesserte Erlöse	- Steigerung des Umsatzes pro Kunde durch verbesserte Kundenberatung und -betreuung, zielgerichtetes Marketing
	- Kundengewinnung und Markterweiterung z. B. durch Onlinevertriebskanäle
	- Absatzsteigerung durch Produktverbesserungen, kürzere Produktzyklen, höhere Qualität usw.
	- Entwicklung neuer oder individualisierter Produkte
Immaterieller Nutzen	- Höhere Kundenbindung, detaillierte Kundenanalysen
	- Höhere Mitarbeiterzufriedenheit, z. B. durch Home-Office
	- Bessere und schnellere Informationen über aktuelle Geschäftsentwicklungen, dadurch bessere Entscheidungsfindung
	- Bessere Überwachungs- und Kontrollmöglichkeiten, z. B. Vermeidung von Maschinenausfällen und Stillstandzeiten, höhere Lieferbereitschaft
	- Einhaltung rechtlicher Vorschriften
	- Flexiblere Planung und Entwicklung

Abb. 4.2 Nutzenarten

4.1.3 Entscheidungsmodell: Kosten-Nutzen-Analyse

Hat man Kosten und Nutzen monetär ermittelt (unter Vernachlässigung des immateriellen Nutzens), so lässt sich deren Verhältnis bestimmen

als $\dfrac{\text{Gesamtnutzen über die Nutzungsdauer}}{\text{Gesamtkosten über die Nutzungsdauer}}$.

Diese Kennziffer beschreibt, um das Wievielfache der Nutzen höher als die Kosten ist (vgl. Abb. 4.3). Das Verhältnis 240.000/220.000 ≈ 1, 09 ist größer als Eins und deshalb lohnend.

▶ Die **Kosten-Nutzen-Analyse** vergleicht die voraussichtlichen Kosten einer Investition mit dem erwarteten Nutzen.

Ein grundsätzliches Problem der Berechnungen zu eingesparten Personalkosten ist, dass tatsächliche Einsparungen nicht immer realisiert werden: Ein Mitarbeiter, der aufgrund besserer IT-Unterstützung einen gewissen Teil seiner Arbeitszeit einspart, wird nicht weniger Gehalt beziehen. Die möglicherweise eingesparte Arbeitszeit kann aber durch andere Aufgaben ausgefüllt werden. Deshalb ist die Be-

Kostenübersicht (€)	Einmalig	Pro Jahr	Gesamt 3 Jahre
Hardwareanschaffung	20.000		20.000
Hardwarewartung pro Jahr		3.000	9.000
Software Lizenzkosten	10.000		10.000
Software Wartungsvertrag pro Jahr		2.000	6.000
Externe Beratung	30.000		30.000
Interne Mitarbeiter Entwicklungskosten	15.000		15.000
Interne Mitarbeiter Wartung und Weiterentwicklung		10.000	30.000
Ausfallkosten Systemumstellung	10.000		10.000
Betriebskosten: Schulung aller Mitarbeiter im Einkauf, Helpdesk-Unterstützung		30.000	90.000

Summe   220.000

Nutzenübersicht (€)	Einmalig	Pro Jahr	Gesamt 3 Jahre
Verbesserung Geschäftsprozesse: Verringerung Personalkosten		50.000	150.000
Reduktion Lagerbestand		20.000	60.000
Automatisierte Bestandskontrolle		10.000	30.000

Summe   240.000

Abb. 4.3 Beispielrechnung

rechnung der Prozesskosten wichtig, führt jedoch nicht automatisch zu einer zahlungswirksamen Kostenreduzierung.

4.1.4 Entscheidungsmodell: Klassische Methoden der Investitionsrechnung

Hat man Kosten und Nutzen ermittelt und monetär bewertet, kann man die klassischen Methoden der Investitionsrechnung aus der BWL einsetzen. Für IT-Investitionen wird hier nur eine Auswahl der üblichen statischen und dynamischen Verfahren kurz skizziert, weitere Details und Verfahren sind in der Fachliteratur beschrieben.

▷ Statische bzw. dynamische **Verfahren der Investitionsrechnung** vergleichen Kosten und Erlöse von Investitionen mit bzw. ohne

Berücksichtigung des Zeitpunkts, zu dem die Zahlungen anfallen.

Statische Verfahren
Die Kostenvergleichsrechnung ist ein statistisches Verfahren, das die Kosten für alle betrachteten Alternativen auf ein Jahr umrechnet. Deshalb ist das Verfahren dann geeignet, wenn sich die Alternativen nur in den Kosten unterscheiden, aber nicht im Nutzen bzw. der Nutzen nicht bestimmbar ist. Als Grundlage des Verfahrens werden die laufenden Betriebskosten pro Jahr, aber auch die Anfangsinvestitionskosten herangezogen. Um ein IT-Projekt zu bewerten, sind gemäß TCO-Konzept alle Faktoren einzubeziehen. Diese umfassen nicht nur Auszahlungen, sondern z. B. auch Arbeitsaufwände interner Mitarbeiter, die nicht zahlungswirksam sind. Das in der Kostenvergleichsrechnung verwendete Prinzip der Abschreibung dient der Verteilung der Anfangs-

Kosten-komponenten	Eläuterung	Beispiel Alternative A	Beispiel Alternative B
Betriebskosten pro Jahr	Fixe und variable Kosten, die jedes Jahr anfallen, z. B. Wartungsgebühren, Personalkosten, externe Dienstleistungen	5.000,-	7.000,-
Kalkulatorische Abschreibung pro Jahr	Anfangsinvestitionskosten, die einmalig anfallen, werden auf den geplanten Nutzungszeitraum verteilt. Beispiel: Einmalige Entwicklungs-kosten für ein Software-Projekt oder eine einmalige Investition zur Übernahme der Daten aus einem anderen System	Anfangs-investitionskosten von 60.000,- werden auf 5 Jahre verteilt, d.h. 12.000,- pro Jahr	Anfangs-investitionskosten von 40.000,- werden auf 5 Jahre verteilt, d.h. 8.000,- pro Jahr
Kalkulatorische Zinsen pro Jahr	Basierend auf obigen Anfangs-investitionskosten werden die Kosten des durchschnittlich gebundenen Kapitals mit einem Kalkulationszinssatz multipliziert, z.B. einem Kreditzinssatz. Die Hälfte der Anfangs-investitionskosten sind durchschnittlich im Verlauf des Nutzungszeitraums gebunden und werden mit dem Kalkulationszinssatz multipliziert.	$(60.000 / 2) * 5\% = 1.500,-$	$(40.000 / 2) * 5\% = 1.000,-$
Summe		18.500,-	16.000,- Günstigere Alternative

Abb. 4.4 Kostenvergleichsrechnung

investitionskosten vom gesamten Nutzungszeit-raum auf die einzelnen Jahre.

Die Kostenvergleichsrechnung für IT-Investitionen betrachtet die in Abb. 4.4 darge-stellten Kostenkomponenten pro Jahr.

Die Kostenvergleichsrechnung wird erweitert zur Gewinnvergleichsrechnung, wenn durch die Nutzenanalyse Unterschiede auf der Erlösseite der Alternativen vorhanden sind. Auch hier wer-den die Erlöse eines durchschnittlichen Jahres betrachtet. Die Differenz aus Erlösen und Kosten ergibt den Gewinn pro Jahr (vgl. Abb. 4.5).

Allerdings ist der absolute Gewinn nicht im-mer aussagekräftig genug, denn auch die Höhe des investierten Kapitals spielt eine wichtige Rolle. Hierzu setzt man den Gewinn ins Verhält-nis zum durchschnittlich eingesetzten Kapital.

Aus obigen Daten lässt sich eine weitere Kennzahl ermitteln: Die Amortisationsdauer ist die Dauer, nach der die jährlichen Überschüsse gleich den ursprünglichen Anfangsinvestitions-kosten sind. Berechnet wird diese Dauer durch:

$$\frac{\text{Anfangsinvestitionskosten}}{\text{jährliche Überschüsse}}$$

Für das Beispiel ergibt sich:

• Alternative A hat eine Amortisationsdauer von

$$\frac{60.000}{15.000} = 4 \text{ Jahre}$$

• Alternative B hat eine Amortisationsdauer von

$$\frac{40.000}{12.500} = 3,2 \text{ Jahre}$$

	Erläuterung	Alternative A (€)	Alternative B (€)
Ergebnis der Kostenvergleichs- rechnung	Verwendung mit negativem Vorzeichen	−18.500	−16.000
Erlöse	Beispiel: Höhere Umsätze durch Neukundengewinnung	+33.500	+28.500
Gewinn	Jährliche Überschüsse	+15.000 Bessere Alternative	+12.500

Abb. 4.5 Gewinnvergleichsrechnung

Somit ist die Investition B bzgl. der Amortisationsdauer aufgrund der kürzeren Dauer zu bevorzugen.

Dynamische Verfahren

Die Annahme, dass jedes Jahr ähnliche Kosten und Erlöse anfallen, ist nicht immer realistisch. So können die Supportaufwände im ersten Jahr hoch sein, danach absinken, um bei größeren Änderungen (z. B. neue Version) wieder anzusteigen. Variieren die Kosten oder Erlöse im Verlauf der Nutzungsdauer stark, liefern dynamische Methoden der Investitionsrechnung präzisere Ergebnisse.

Die Kapitalwertmethode als ein typisches dynamisches Verfahren berücksichtigt den Zeitwert des Geldes. Eine Summe von 1000 €, die man heute erhält, ist mehr wert als 1000 €, die man erst in drei Jahren erhält, denn das heute erhaltene Geld könnte drei Jahre lang gewinnbringend investiert werden. Deshalb berechnet die Kapitalwertmethode für alle Zahlungen den sog. Barwert, d. h. die zukünftigen Einnahmen werden auf den heutigen Wert zurückgerechnet.

▷ **Kapitalwertmethode:** $\text{Barwert} = \dfrac{\text{Einzahlung}}{(1+\text{Zins})^t}$,

wobei t angibt, nach wie vielen Jahren die Einzahlung erwartet wird.

> **Beispiel**
> Eine Einzahlung von 1000 €, die in $t = 3$ Jahren erfolgt, besitzt zum heutigen Zeitpunkt bei einem Referenzzinssatz von 5 % einen Barwert
> von: $\dfrac{1000}{(1+0,05)^3} = 863,84$ €.

Umgekehrt betrachtet: Investiert man einen Betrag von 863,84 € heute zu einem jährlichen Zinssatz von 5 %, so erhält man nach drei Jahren durch den Zinseszinseffekt genau 1000 €.

Vergleicht man die Zahlungsreihen von zwei Alternativen A und B bei einem Referenzzinssatz von 5 %, so errechnet sich aus der Summe aller Barwerte der Kapitalwert der Investition. Die Investition mit dem höheren Kapitalwert ist zu bevorzugen (vgl. Abb. 4.6).

Der Kapitalwert von Alternative B ist größer als der von A, deshalb ist B vorteilhafter. Der Kapitalwert liefert auch bei nur einem Lösungsvorschlag eine Information darüber, ob die Investition vorteilhaft im Vergleich zum Referenzzinssatz ist: Ein Kapitalwert größer Null ist besser als eine Investition zum Referenzzinssatz; falls der Kapitalwert kleiner als Null ist, lohnt sich die Investition nicht.

4.1.5 Entscheidungsmodell: Nutzwertanalyse

Sollen auch immaterieller Nutzen oder qualitative Merkmale in eine Investitionsentscheidung eingehen, wird häufig eine Nutzwertanalyse herangezogen (NWA, auch: Scoring-Modell).

> **Beispiel**
> Für die Mitarbeiter eines Unternehmens soll eine Lösung zum Nachrichtenversand auf dem Smartphone eingeführt werden. Privat nutzen viele Mitarbeiter bekannte Instant-Messaging-Dienste, auch zur Übermittlung von Bil-

	Anfangs-investitions-kosten	1. Jahr: Jahres-überschuss	2. Jahr: Jahres-überschuss	3. Jahr: Jahres-überschuss	Kapitalwert (= Summe aller Barwerte)
Alternative A (€)	–60.000	15.000	35.000	30.000	
Barwert von A (€)	–60.000	14.286	31.746	25.915	11.947

Alternative B (€)	–40.000	12.500	25.000	25.000	
Barwert von B (€)	–40.000	11.905	22.676	21.596	16.176

Abb. 4.6 Kapitalwertverfahren

dern und Videos. Es stellen sich jedoch eine Reihe von Fragen:

- Bekommen die Mitarbeiter vom Unternehmen ein Mobilgerät zur Verfügung gestellt oder dürfen bzw. sollen sie ihr privates Smartphone verwenden (BYOD = bring your own device)?
- Wird ein weiterer Kommunikationskanal neben Telefon und E-Mail eingeführt, was ändert sich z. B. in der Prozessorganisation (Verfügbarkeit, Arbeitszeiten)?
- Weitere qualitative Kriterien betreffen Datenschutz, Sicherheit des Smartphones, Abhängigkeit vom Anbieter, Integration in die bestehende IT-Infrastruktur, Auswertungsmöglichkeiten usw.

Eine Entscheidung wäre in diesem Projekt nicht primär kostenorientiert, sondern auch durch qualitative Kriterien zu bewerten.

Eine Nutzwertanalyse kann ein geeignetes Hilfsmittel zur Entscheidungsfindung sein, falls mehrere Ziele oder qualitative Eigenschaften bei der Entscheidung zu berücksichtigen sind. Ziel der Nutzwertanalyse ist, schwierig vergleichbare qualitative Eigenschaften in Zahlen zu übertragen, um eine Rangfolge der Alternativen zu ermitteln. Hierzu werden in einer Tabelle in der ersten Spalte die Kriterien mit ihren Gewichtungen aufgelistet. In den folgenden Spalten stehen die Alternativen. Zur Ermittlung der Teilnutzen werden die Gewichte der Kriterien mit den vergebenen Punkten (z. B. 0 bis 10 Punkte oder ein anderer Wertebereich) je Alternative multipliziert und alle Teilnutzen addiert (siehe Abb. 4.7).

▶ Eine **Nutzwertanalyse** wird in Entscheidungssituationen eingesetzt, in denen mehrere Ziele verfolgt werden, die teilweise nicht in Geldeinheiten messbar sind.

Kriterium	Gewicht (1)	Alternative A		Alternative B	
		Bewertung (2)	Teilnutzwert (3) = (1) · (2)	Bewertung (4)	Teilnutzwert (5) = (1) · (4)
Funktionsumfang	20%	5	1,0	7	1,4
Bedienbarkeit	30%	6	1,8	5	1,5
Integrierbarkeit	50%	4	2,0	5	2,5
		Summe:	4,8		5,4
		Nutzwert A Rang: 2		**Nutzwert B Rang: 1**	

Abb. 4.7 Nutzwertanalyse

Das Verfahren einer Nutzwertanalyse verläuft in mehreren Schritten:

1. Aufstellen der Alternativen
   Beim Aufstellen der Alternativen kann es sinnvoll sein, bei einer größeren Zahl an Alternativen mit einem mehrstufigen Auswahlverfahren zu arbeiten und in der ersten Stufe die Alternativen zu eliminieren, die gewisse Mindestanforderungen nicht erfüllen, z. B. technische oder rechtliche Ausschlussmerkmale. Zudem ist zu überlegen, ob bzw. wie die Unterlassungsalternative zu betrachten ist. Bei einer bereits existierenden Lösung kann diese auch als Alternative betrachtet werden; gibt es noch keine Lösung, kann man den Istzustand der bisherigen Lösung mit dem Gewinner der Nutzwertanalyse bzgl. der Vor- und Nachteile vergleichen.
2. Aufstellen der Kriterien zum Vergleich der Alternativen
   Eine Nutzwertanalyse wird typischerweise zum Vergleich qualitativer Kriterien eingesetzt. Je nach Ziel der Untersuchung kann es sinnvoll sein, das Einsatzspektrum der Nutzwertanalyse zu erweitern: Falls sich der Nutzen nicht in gut messbaren Kategorien wie Geld- oder Zeiteinheiten formulieren lässt, ist es sinnvoll, die Anforderungen an die Lösung in die Kategorien funktionale Anforderungen, d. h. was soll die Lösung leisten, und nichtfunktionale Anforderungen, d. h. welche zusätzlichen Eigenschaften soll die Lösung besitzen, zu unterteilen (vgl. Abb. 4.8).

Je nach Anforderungsprofil können die Kriterien zusätzlich in Muss- und Kann-Kriterien aufgeteilt werden, um zu vermeiden, dass hohe Bewertungen unwichtiger Eigenschaften eine negative Bewertung eines Muss-Kriteriums kompensieren können. Ein mangelhaft erfülltes Muss-Kriterium führt zu 0 Punkten für die gesamte Alternative. Bei der Aufstellung der Kriterien, die in die Bewertung einfließen sollen, sind zwei Aspekte entscheidend für die Aussagekraft des Ergebnisses:

- Vollständigkeit, d. h. sind alle für die Zielsetzung relevanten Kriterien berücksichtigt?
- Überschneidungsfreiheit, d. h. sind die Kriterien weitgehend unabhängig voneinander?

3. Ermittlung der Gewichtungsfaktoren für die Kriterien
   Die Vergabe der Gewichtungsfaktoren je Kriterium erfolgt in vielen Studien in einer ganzheitlichen Verteilung aller Gewichte (= 100 %) auf die einzelnen Kriterien. Hierzu werden oft freihändig vergebene Prozentzahlen wie 10 %, 20 % oder 50 % verwendet. Diskutiert man diese Werte mit Experten oder führt eine Umfrage mit fachkundigen Ansprechpartnern durch, können diese Gewichte durchaus zur Orientierung hilfreich sein. Eine tiefergehende Analyse ermöglicht der paarweise Vergleich mittels Vergleichsmatrix; diese wird auch als Präferenzmatrix bezeichnet.

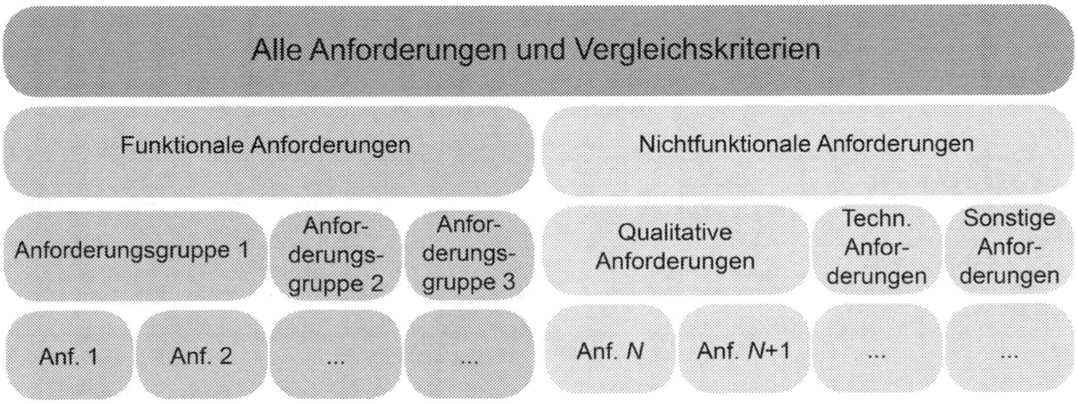

Abb. 4.8 Anforderungshierarchie

	Funktions- umfang k_1	Bedien- barkeit k_2	Integrier- barkeit k_3	Summe	Gewicht
Funktions- umfang k_1	1	1	0	2	$2/9 \approx 22\,\%$
Bedien- barkeit k_2	1	1	0	2	$2/9 \approx 22\,\%$
Integrier- barkeit k_3	2	2	1	5	$5/9 \approx 56\,\%$
Gesamt				9	100 %

Abb. 4.9 Vergleichsmatrix für ordinal geordnete Kriterien

Vergleicht man ein Kriterium mit einem anderen, so gibt es folgende Einordnungen: Kriterium k_1 ist wichtiger (= 2 Punkte), gleich wichtig (= 1 Punkt) oder unwichtiger (= 0 Punkte) als Kriterium k_2. Diese Vergleiche werden paarweise für jede Kombination durchgeführt und in einer Vergleichsmatrix eingetragen (siehe Abb. 4.9).

Voraussetzung für eine konsistente, d. h. in sich schlüssige Bewertung ist, dass die Werte oberhalb und unterhalb der Diagonalen den komplementären Wert besitzen: Somit genügt es, in der Vergleichsmatrix die Werte pro Paarvergleich nur einmal zu ermitteln, der korrespondierende Eintrag ergibt sich automatisch.

Die Konsistenz kann auch über mehr als zwei Kriterien hinweg überprüft werden: Ist k_1 wichtiger als k_2 und k_2 wichtiger als k_3, so sollte k_1 wichtiger als k_3 gelten; formal: Aus $k_1 > k_2$ und $k_2 > k_3$ folgt $k_1 > k_3$. Das gilt analog auch für Gleichheitsbeziehungen. Das obige Beispiel ist konsistent: $k_3 > k_1 = k_2$.

Diese Vergleichsmatrix ist einsetzbar, falls die Kriterien auf Basis einer Ordinalskala verglichen werden. D. h., es gibt eine Reihenfolge, aber keine Aussage über den Abstand der Kriterien. Ein typisches Beispiel sind Medaillen im Sport: Der Erstplatzierte ist besser als der Zweite, aber man kann ohne weitere Informationen keine Aussage daraus ableiten, dass der Erste 10 % besser als der Zweite ist und der Zweite ebenfalls 10 % besser als der Dritte.

In manchen Fällen ist es möglich, die Kriterien auf Basis einer Verhältnisskala zu vergleichen: Jetzt kann ein Abstand zwischen zwei Kriterien herangezogen werden. Geld- oder Zeitaufwände besitzen beispielsweise ein berechenbares Verhältnis, z. B. sind 10 € doppelt so viel wie 5 €. Somit lässt sich durch das Verhältnis zwischen zwei Kriterien k_i und k_j angeben, um wie viel das eine wichtiger als das andere ist. Ist ein Kriterium k_i beispielsweise doppelt so wichtig wie k_j, dann ist das Verhältnis α_{ij} zwischen beiden der Faktor 2: $\alpha_{ij} = 2$. Für eine konsistente Bewertung sind dann folgende Bedingungen zu erfüllen:

- Beim Vergleich desselben Paares sollten reziproke Werte verwendet werden, d. h. es muss gelten: $\alpha_{ij} = 1/\alpha_{ji}$.

- Es sollten konsistente Relationen verwendet werden, sodass folgende Gleichung erfüllt sein muss: $\alpha_{ij} \cdot \alpha_{jh} = \alpha_{ih}$ für alle Kriterien k_i, k_j und k_h.

- Die rechte Seite der Konsistenzgleichung verwendet also den vorderen Index i von α_{ij} und den hinteren Index h von α_{jh}.

Beispiel

Kriterium k_1 ist doppelt so wichtig wie k_2 und anderthalb Mal so wichtig wie k_3. Die Konsistenzgleichung $\alpha_{12} \cdot \alpha_{23} = \alpha_{13}$ liefert eingesetzt: $2 \cdot \alpha_{23} = 1,5$, d. h. $\alpha_{23} = 0,75$.

Der Wert der dritten Beziehung α_{23} kann somit entweder errechnet oder bei bereits geschätzten Werten zur Konsistenzprüfung eingesetzt

	k_1	k_2	k_3	Summe	Gewicht
k_1	1	2	$\frac{3}{2}$	$\frac{9}{2} = 4{,}5$	$\frac{4{,}5}{9{,}75} \approx 46\,\%$
k_2	$\frac{1}{2}$	1	$\frac{3}{4}$	$\frac{9}{4} = 2{,}25$	$\frac{2{,}25}{9{,}75} \approx 23\,\%$
k_3	$\frac{2}{3}$	$\frac{4}{3}$	1	$\frac{9}{3} = 3$	$\frac{3}{9{,}75} \approx 31\,\%$
Gesamt				9,75	100 %

Abb. 4.10 Vergleichsmatrix für verhältnisskalierte Kriterien

werden. Die Vergleichsmatrix liefert dann unter Verwendung der reziproken Werte die Einträge in Abb. 4.10.

Eine andere Herangehensweise zur Gewichtsermittlung ist die Frage der Austauschbarkeit zweier Kriterien: Wie viel mehr Funktionsumfang muss eine Anwendung beispielsweise besitzen, um eine schlechtere Bedienbarkeit auszugleichen?

4. Ermittlung der Zielerfüllung je Alternative und je Kriterium

In diesem Schritt werden für die Alternativen je Kriterium die konkreten Punkte eingetragen, inwieweit die Alternative das Kriterium erfüllt. Qualitative Kriterien (z. B. schlechte/gute/ausgezeichnete Zielerfüllung) werden in einen quantitativen Maßstab (z. B. Punktwerte 0 = sehr schlecht bis 10 = ausgezeichnet) transformiert. Die Einordnungen sollten soweit möglich durch Experten und Fakten gestützt werden.

Prinzipiell können je nach Kriterium vergleichbare Verfahren wie im vorigen Schritt eingesetzt werden. Es kann auch sinnvoll sein, je Entscheidungskriterium für die Einordnung Zielerreichungskategorien zu definieren. Beispiel: Für die Performance einer Anwendung werden mittels Lasttests die Antwortzeiten gemessen, eine gemittelte Antwortzeit von mehr als 900 ms ergibt nur 1 Punkt, zwischen 800 und 900 ms 2 Punkte, bis hin zu einer Antwortzeit zwischen 0 bis 100 ms die Höchstzahl von 10 Punkten.

Falls für ein Kriterium exakte Werte auf einer Verhältnisskala vorliegen (z. B. Geld- oder Zeiteinheiten), ist eine stetige Umrechnung sinnvoll, um keine Information zu verlieren. Beispiel: Die untersuchten Alternativen verursachen Entwicklungsaufwände von 0 bis 100 Tagen. Dann kann eine Aufwandsschätzung von 84 Tagen z. B. in 1,4 Punkte umgerechnet werden.

5. Berechnung der Teilnutzen und des Gesamtnutzwerts je Alternative

Mittels Multiplikation der Gewichte der Kriterien mit dem Punktwert des vorigen Schritts entstehen die Teilnutzen je Alternative. Erhält eine Alternative für ein Kriterium mit Gewicht 30 % beispielsweise 6 Punkte, entsteht ein Teilnutzwert von $0,3 \cdot 6 = 1,8$. Die Summe aller Teilnutzen je Alternative bildet den gesamten Nutzwert dieser Alternative. Unter allen Alternativen gewinnt diejenige mit dem höchsten Nutzwert.

6. Einordnung des Ergebnisses

Bei einer Entscheidung basierend auf dem Ergebnis der Nutzwertanalyse erhält man eine Rangfolge der Alternativen. In manchen Fällen kann es sinnvoll sein, die monetäre Analyse (z. B. Kosten oder Barwerte) von der nicht-monetären (z. B. qualitative Kriterien) zu trennen, insbesondere wenn der finanzielle Aspekt eine mitentscheidende Rolle spielt. Die Frage ist dann, wie man aus diesen beiden

Analysen zu einer Gesamtentscheidung ge-langt. Hat die Nutzwertanalyse nur eine Rang-folge auf einer Ordinalskala ergeben, kann eine Ergebnisdarstellung gewählt werden, die auf einer Achse die Kosten aufträgt und auf der anderen die Rangfolge.

Beispiel

Die Gesamtkosten von drei Softwareproduk-ten belaufen sich auf:

Alternative A: 1 Mio. €, Rang 2 in der Nutzwertanalyse
Alternative B: 1,26 Mio. €, Rang 1 in der Nutzwertanalyse
Alternative C: 1,1 Mio. €, Rang 3 in der Nutzwertanalyse

Die Alternative C scheidet aus, da höhere Kos-ten und ein schlechterer Rang als Alternative A ersichtlich sind. Die Entscheidung zwi-schen A und B bleibt offen, je nachdem ob die monetären oder nicht-monetären Aspekte als wichtiger eingeordnet werden. A und B gehö-ren zu der sog. „paretooptimalen Front", d. h. man kann keinen Zielwert (Kosten bzw. Nut-zen) verbessern, ohne den anderen Wert zu verschlechtern. Im Beispiel hat Alternative B zwar einen besseren Rang als A, aber dafür verschlechtern sich die Kosten (vgl. Abb. 4.11) Falls die ermittelten Nutzwerte im Sinne einer Verhältnisskala interpretiert werden können (z. B. Zielerreichungsgrad in Prozent), dann

lässt sich das Verhältnis von Kosten und Nut-zen mittels einer Kosten-Wirksamkeits-Analyse (KWA) ausrechnen. Vorsicht ist je-doch geboten, wenn eine Ordinalskala des Nutzens mit einer Verhältnisskala der Kosten in Beziehung gesetzt wird. Falls Softwarepro-dukte auf einer Ordinalskala z. B. in die bei-den Kategorien „einfach zu bedienen" bzw. „schwierig zu bedienen" eingeordnet werden, dann existiert zwar eine Reihenfolge des Nut-zens, aber die Kosten auf die Kategorie „ein-fach zu bedienen" bzw. „schwierig zu bedie-nen" umzulegen ist wenig sinnvoll. Kann man den Zielerreichungsgrad aber beispielsweise in Prozent sinnvoll messen (z. B. 60 % der ma-ximal erreichbaren Punkte der Bedienbarkeit), so ist eine KWA einsetzbar. In der grafischen Darstellung zeigt dann die vertikale Achse aussagekräftigere Abstände an als die einfa-che Rangfolge.

Das Verhältnis von Kosten zu Nutzen ergibt eine Bewertung, bei der die kleinste Kosten-Wirksamkeits-Kennziffer die beste ist.

Beispiel

Die Zielerreichung obiger drei Softwarepro-dukte beträgt:

Alternative A: 50 % des maximal möglichen Nutzens
Alternative B: 60 %
Alternative D: 44 %

Abb. 4.11 Darstellung der Kosten im Vergleich zum Rang der NWA

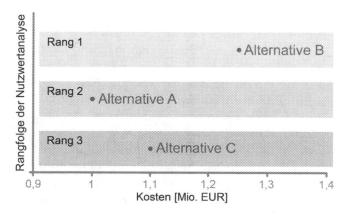

Die KWA-Kennziffern berechnen sich als:

KWA-Kennziffer A: $\dfrac{1 \text{ Mio. } €}{0,5 \text{ Nutzwert}} = 2.0 \text{ Mio. } €$

KWA-Kennziffer B: $\dfrac{1,26 \text{ Mio. } €}{0,6 \text{ Nutzwert}} = 2,1 \text{ Mio. } €$

KWA-Kennziffer C: $\dfrac{1,1 \text{ Mio. } €}{0,44 \text{ Nutzwert}} = 2,5 \text{ Mio. } €$

Somit besitzt Alternative A das beste Verhältnis von Kosten zum Nutzwert.

Als Zwischenfazit ist feststellbar, dass das größte Problem der NWA deren Objektivität ist. Die Gewichtung der Kriterien und die Punktevergabe kann je nach persönlicher Einschätzung anders vorgenommen werden, sodass im Prinzip jedes „gewünschte" Ergebnis erzielt werden kann. Dennoch hilft die NWA, Entscheidungskriterien und deren Bewertung je Alternative offen zu legen.

4.1.6 IT-Business-Analyse

Die Bewertung von IT-Investitionen auf monetärer Basis oder durch den Vergleich von Nutzwerten kann in manchen Fällen unzureichend sein. Das liegt darin begründet, dass manche IT-Investitionen für das Funktionieren oder Überleben eines Unternehmens strategisch notwendig sind. Beispiele:

• Rechtliche Vorgaben wie z. B. Meldepflichten an staatliche Institutionen, Datenschutzgrundverordnung
• Technische Gründe wie z. B. Wartungsende einer Softwareversion
• Geänderte Kundenerwartungen wie z. B. Buchung oder Kauf im Internet, Onlineprüfung der Verfügbarkeit
• Maßnahmen der Wettbewerber wie z. B. günstigere Preise, schnellere Lieferung, flexible Produktkonfiguration
• Neue Technologien, die bisherige Geschäftsmodelle ablösen, wie z. B. Streamingangebote statt klassischer Fernsehsender, Druck von Ersatzteilen mittels 3D-Drucker, Ausschaltung von Handelsstufen durch Direktvertrieb.

Hinzu kommt, dass bei den bislang im Überblick geschilderten Verfahren die Chancen und Risiken einer IT-Investition nicht explizit benannt wurden. Ein mögliches Vorgehen ist es, zur Vorbereitung einer Entscheidung eine IT-Business-Analyse zu erstellen.

▸ Eine **IT-Business-Analyse** stellt alle relevanten Informationen zu einem IT-Investitionsvorhaben zusammen, die für die Managemententscheidung notwendig sind.

Der Begriff „Business-Analyse" ist sehr allgemein, man versteht darunter die Untersuchung und Optimierung von Geschäftsprozessen eines Unternehmens; hier steht zusätzlich der IT-Bezug im Vordergrund. Eine Business-Analyse ermöglicht Veränderungen in einem Unternehmen, indem Anforderungen definiert und Lösungen empfohlen werden, die den Stakeholdern Wert bringen.

Ein spezialisierter Fachbegriff für die Untersuchung der Wirtschaftlichkeit eines Vorhabens ist der „Business Case"; dieser hat insbesondere die Aufgabe, die Auswirkungen einer möglichen Investition finanziell durchzurechnen.

Es gibt viele Möglichkeiten, eine IT-Business-Analyse bzw. einen IT-Business-Case zu beschreiben. Abb. 4.12 zeigt Bestandteile, die zur Orientierung genutzt werden können.

Der Ausgangspunkt einer IT-Business-Analyse ist meist ein konkretes Projekt. Allerdings sollte eine IT-Business-Analyse auch andere laufende oder geplante Projekte berücksichtigen, um zu einem sinnvollen Gesamtbild zu kommen. Dies hilft zu entscheiden, ob ein Unternehmen die richtigen IT-Projekte umsetzen wird (Effektivität) und hierzu die Mittel wirtschaftlich einsetzt (Effizienz). Zur Analyse des Gesamtportfolios sind Methoden der strategischen Unternehmensführung heranzuziehen.

Zusammenfassung

Die Basis zur Beurteilung von IT-Investitionen ist das Aufstellen von Kosten und Nutzen. Diese Aufgabe ist jedoch in der Praxis oft schwierig, unter anderem aus den folgenden Gründen:

Teilaspekt	Fragestellung	Erläuterung
Problemstellung	Warum ist das Thema von Bedeutung? Welche Anforderungen gibt es?	Motivation und Einordnung in die Art des Vorhabens, z. B. Neuinvestition, Erweiterung, Konsolidierung, Ablösung
Ziel	Was soll durch das Investitionsvorhaben erreicht werden? Abgrenzung?	Kunden- bzw. marktorientierte Zielsetzung, z. B. welche Kundensegmente sollen adressiert werden, aber auch unternehmensinterne Verbesserungen
Stakeholder (beteiligte Gruppen)	Wer ist von dem Investitionsvorhaben betroffen?	Benennung unternehmens-externer und -interner Gruppen oder Organisationseinheiten
Istzustand	Wie sieht die bisherige Lösung aus (falls es eine gibt)?	Stärken-und-Schwächen-Analyse
Sollzustand	Welche Lösungsvarianten gibt es?	Ableitung aus Unternehmens-strategie, Vor- und Nachteile der Alternativen, Marktanalyse, Trendanalyse
Bewertung	Lohnt sich die Investition finanziell? Wie kann man strategisch notwendige Ziele effizient erreichen? Kosten, monetärer und nicht-monetärer Nutzen?	Verwendung von Berechnungsverfahren, Nutzwertanalyse usw.
Chancen und Risiken	Welche Chancen und Risiken gibt es? Was geschieht beim Unterlassen des Vorhabens?	Betrachtung von Szenarien möglich, zukünftige Marktposition, Business-Impact-Analyse (z. B Schadensszenarien)
Abhängigkeiten	Gibt es andere Vorhaben, die berücksichtigt werden müssen? Welches Know-how ist zur Umsetzung erforderlich?	Voraussetzungen zur Umsetzung benennen, konkurrierende oder ergänzende Investitionsvorhaben, technische Infrastruktur
Planung	Gibt es einen Zeitplan? Welches Vorgehensmodell?	Beispiele: Phasenmodell, agiles Vorgehen, Projektstruktur
Empfehlung	Soll das Investitionsvorhaben umge-setzt werden? Welche Alternative? Folgeschritte?	Empfehlung zum weiteren Vorgehen, z. B. Detailanalyse, Ausschreibung

Abb. 4.12 IT-Business-Analyse

- Viele Kosten können nur schwer abgeschätzt werden.
  Beispiel: Wie viel Opportunitätskosten (= entgangene Gewinne) kostet ein unzufriedener Kunde, der falsche oder ungenügende Aus-kunft erhält? Auch die Aufwände zur Integration und Weiterentwicklung von IT-Systemen werden häufig unterschätzt.
- Der Nutzen eines IT-Systems ist oft nur ungenau messbar.

Beispiel: Wie viel Mehreinnahmen bringt ein Kunde, der gut beraten wurde?

- IT-Investitionen sind oft strategisch begründet, ohne auf den ersten Blick finanziellen Gewinn zu bieten.

Die geschilderten Methoden dienen der Entscheidungsfindung und können dafür genutzt werden, diese grundlegenden Probleme offenzulegen.

Welches Entscheidungsmodell ist in welcher Situation das passende? Liegt der Fokus auf finanziellen Aussagen und der Frage, ob sich ein Projekt lohnt, passen die klassischen statischen und dynamischen Verfahren der Investitionsrechnung. Unterscheiden sich Alternativen nicht nur rein monetär, sondern bzgl. der Zielerfüllung oder qualitativer Eigenschaften, ist zusätzlich die Nutzwertanalyse ein geeignetes Instrument. Falls strategische Aspekte bei der Entscheidung dominieren, kann eine IT-Business-Analyse zusätzliche wichtige Informationen zur Entscheidung liefern.

4.1.7 Aufgaben

Aufgabe 1
Lohnt die Investition der Alternative C (siehe Abb. 4.13) im Vergleich zu obigen Werten von A und B, falls folgende Anfangsinvestitionskosten und Überschüsse in den folgenden drei Jahren erwartet werden (Referenzzinssatz 5 %)?

Aufgabe 2
Beim Vergleich von drei Kriterien werden folgende Einschätzungen im paarweisen Vergleich vorgenommen:

- k_1 ist wichtiger als k_2,
- k_3 ist wichtiger als k_1 und
- k_2 ist gleichwichtig zu k_3.

Ist die Bewertung konsistent?

Aufgabe 3
Für die technischen Umsetzungsvarianten zur Entwicklung einer App werden drei Zielkriterien herangezogen:

- k_1: Die App soll auf allen gängigen Plattformen laufen.
- k_2: Die App soll geringen Supportaufwand verursachen.
- k_3 Die App soll eine hohe Performance bieten, d. h. kurze Antwortzeiten für eine flüssige Bedienung.

Da der Aufwand zur Zielerreichung von k_1 sehr hoch ist, ist das Kriterium k_1 2,5 Mal so wichtig wie k_2 und genauso wichtig wie k_3. Das Kriterium k_2 ist nur 0,4 Mal so wichtig wie k_3.

- Ist die Bewertung konsistent?
- Welche Gewichtungen besitzen die drei Kriterien?

4.1.8 Lösungen zu Aufgaben

Lösung zu Aufgabe 1
Vgl. Abb. 4.14.

Der Kapitalwert von C ist höher als der Kapitalwert von A, aber schlechter als B.

Lösung zu Aufgabe 2
Aus den ersten beiden Aussagen ergibt sich $k_3 > k_1 > k_2$, also insbesondere $k_3 > k_2$.

Das ist ein Widerspruch zur dritten Aussage $k_2 = k_3$.

Lösung zu Aufgabe 3
$\alpha_{12} \cdot \alpha_{23} = \alpha_{13}$ liefert eingesetzt: $2, 5 \cdot \alpha_{23} = 1$, d. h. $\alpha_{23} = 0, 4$, d. h. die Bewertung ist konsistent, falls

Abb. 4.13 Aufgabe 1

	Anfangs-investitions-kosten	1. Jahr: Jahres-überschuss	2. Jahr: Jahres-überschuss	3. Jahr: Jahres-überschuss
Alternative C (€)	–50.000	15.000	15.000	40.000

	Anfangs-investitions-kosten	1. Jahr: Jahres-überschuss	2. Jahr: Jahres-überschuss	3. Jahr: Jahres-überschuss	Kapitalwert (= Summe aller Barwerte)
Alternative C (€)	–50.000	15.000	15.000	40.000	
Barwert von C (€)	–50.000	14.286	13.605	34.554	12.445

Abb. 4.14 Lösung zu Aufgabe 1

Abb. 4.15 Lösung zu Aufgabe 3

	k_1	k_2	k_3	Summe	Gewicht
k_1	1	2,5	1	4,5	$\frac{4,5}{10,8} \approx 41{,}7\,\%$
k_2	0,4	1	0,4	1,8	≈16,7 %
k_3	1	2,5	1	4,5	≈41,7 %
Gesamt				10,8	100 %

die reziproken Werte für die restlichen Kombinationen berücksichtigt werden (vgl. Abb. 4.15).

4.2   IT-Controlling und Performance Measurement

Hans-Peter Weih and Anett Mehler-Bicher

Lernziele
- Aufgaben und Ziele des IT-Controllings
- Methoden und Kennzahlen zur Bewertung und Steuerung von IT-Prozessen

Überblick

Das IT-Budget für Entwicklung, Installation und Betrieb der IT-Landschaft eines Unternehmens nimmt einen wesentlichen Anteil des Gesamtbudgets eines Unternehmens ein. Dabei stellt sich immer wieder die Frage, ob der Einsatz der IT-Systeme wirtschaftlich ist, d. h., stehen die Aufwendungen für Kauf, Betrieb und Wartung im richtigen Verhältnis zum Nutzen der IT-Systeme? Laufen die Systeme reibungslos oder gibt es häufig Ausfälle oder Probleme? Aufgabe des IT-Controllings ist es, Licht in diese Fragestellungen zu bringen.

4.2.1   Einführung

Die aktive Steuerung der IT ist eine wichtige Führungsaufgabe, bei der es nicht nur um die Funktionsfähigkeit und Verfügbarkeit der eingesetzten IT-Systeme geht, sondern auch um folgende grundlegende Fragen:

- Ist der IT-Einsatz effektiv, d. h. werden die Unternehmensziele durch die eingesetzte IT unterstützt?
- Ist der IT-Einsatz effizient, also wirtschaftlich bzw. kostengünstig?

Um sicherzustellen, dass die IT die Unternehmensstrategie und -ziele unterstützt, muss im Rahmen der IT-Governance eine eigenständige IT-Strategie für das Unternehmen zur Erreichung der Unternehmensziele entwickelt werden. Die IT-Strategie ist dabei eng mit der Geschäftsstrategie abzustimmen.

Ziele sind zu definieren und zu überwachen bzw. Entscheidungen über Investitionen und Einsatz der IT zu treffen. Mit zunehmender Komplexität und Bedeutung der IT ist es sinnvoll, ein eigenes Fachcontrolling im Unternehmen einzuführen, d. h. das IT-Controlling, das definierte Ziele überwacht und Grundlagen für Entscheidungen bereitstellt.

▶ Unter **IT-Controlling** wird Planung, Überwachung und Steuerung aller Aktivitäten verstanden, die sich auf den Einsatz von IT im Unternehmen beziehen. Aufgabe des IT-Controllings ist die Sicherstellung der Transparenz hinsichtlich Strategie, Ergebnissen, Finanzen und Prozessen.

▶ **Performance Measurement** bezeichnet den Prozess zur Identifizierung und Quantifizierung von Leistungsindikatoren, die eine Aussage über das Maß der Zielerreichung bzgl. Leistungsumfang, Qualität, Zeit und Kosten ermöglichen.

IT-Controlling bedeutet Controlling der IT-Entscheidungen und nicht die Unterstützung des betrieblichen Controllings durch Informationssysteme. Aufgabe des IT-Controllings ist also, Transparenz über den IT-Einsatz in Unternehmen zu schaffen. Dabei sind unterschiedliche Objekte im IT-Controlling zu betrachten.

▶ **Elementare Analyseobjekte** des IT-Controllings sind IT-Projekte, IT-Systeme, IT-Prozesse und IT-Services.

Eine effektive und effiziente IT orientiert sich einerseits an dem Bedarf der Organisation bzw. der Mitarbeiter und andererseits an den Möglichkeiten, die die IT der Organisation bzw. den Mitarbeitern bieten kann.

▶ Den Bedarf einer Organisation bzw. der Mitarbeiter an IT nennt man **IT-Demand**.

▶ Die IT-Dienstleistungen, die in einer Organisation bzw. von ihren Mitarbeitern erstellt oder für diese bereitgestellt werden, nennt man **IT-Supply**.

Aufbauend auf dem Bedarf werden IT-Dienstleistungen, auch IT-Services genannt, definiert, erstellt und verwendet. Es werden Vereinbarungen getroffen wie z. B. zum Betrieb der Kernsysteme in einem spezifizierten Zeitfenster, Maßnahmen gegen Datenverlust oder Betrieb bei Katastrophen wie Brand oder einfach nur Bereitstellung von Software zur Bearbeitung von Geschäftsprozessen.

▶ Ein **Service Level Agreement (SLA)** bezeichnet einen Vertrag zwischen Auftraggeber und Dienstleister für (zumeist wiederkehrende) Dienstleistungen und legt fest, welche Leistungen im Rahmen eines Service zu erbringen sind.

Service Level Agreements (SLA) sind also Leistungsvereinbarungen über angebotene Services und eine Beschreibung, wie die Leistungserbringung zu messen ist. Typische SLA sind:

• Verfügbarkeit von Systemen im Servicefenster (z. B. 98 % der Zeit zwischen 8 und 18 Uhr)
• Durchschnittliche Antwortzeiten für Transaktionen
• Dauer der Behebung von Störungen und Anzahl der Überschreitungen der vereinbarten Wiederherstellungszeit
• Anzahl gemeldeter Störungen absolut und pro Benutzer

Um Services zu nutzen, sind entsprechende Prozesse zu definieren, die wiederum einer geeigneten Planung, Überwachung und Steuerung bedürfen.

Eine zentrale Rolle in den Prozessen spielen IT-Infrastruktur und Anwendungen. Diese Ressourcen sind in der Regel unabhängig vom Prozess vorhanden und müssen betrieben, gepflegt und verwaltet werden.

Im Rahmen von IT-Projekten werden letztendlich IT-Systeme realisiert, verändert und erweitert, sodass Prozesse und Services abgebildet werden können. Abhängig von Relevanz und Umfang bedürfen sie im Rahmen des IT-Controllings oftmals besonderer Aufmerksamkeit.

4.2.2 Aufgaben im IT-Controlling

Gängige Controllingsysteme lassen sich nahtlos auf das IT-Controlling übertragen. Verantwortliche im IT-Controlling übernehmen somit Beratungs- und Navigationsfunktionen, die Entscheidungsverantwortung bleibt jedoch beim Management. Durch IT-Controlling wird der Managementprozess der betrieblichen Informationsverarbeitung gestaltet und unterstützt.

Abb. 4.16 Modell der
IT-Steuerung

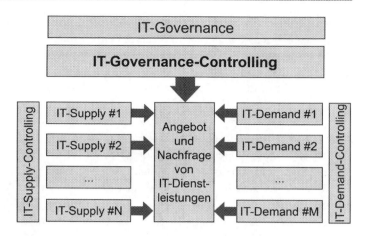

IT-Controller tragen damit eine Mitverantwortung für die Zielerreichung des Informationsmanagements. Sie agieren als Dienstleister an den Schnittstellen von Informationsmanagement, Unternehmenscontrolling und Unternehmensführung. Dadurch überbrücken sie Kommunikations- und Kulturbarrieren zwischen technischer und betriebswirtschaftlicher Perspektive und tragen zu einer adäquaten Kultur im Umgang mit der Ressource Information bei. Sie moderieren und unterstützen den Prozess der Planung, Steuerung und Kontrolle für das Informationsmanagement, sodass jeder involvierte Entscheidungsträger zielorientiert handeln kann. Sie leisten einen betriebswirtschaftlichen Service der Informationsversorgung der Leistungsträger.

IT-Controller adaptieren das Unternehmenscontrolling für das IT-Controlling und erarbeiten entsprechende Kennzahlen zur Steuerung. Hierzu betreiben sie ein in das unternehmensweite Berichtswesen integriertes IT-Reporting, erkennen aber auch Chancen und Risiken des Einsatzes von IT-Systemen.

4.2.3 Bereiche des IT-Controllings

IT-Demand und IT-Supply sind selten deckungsgleich. Während der Nutzer von IT-Dienstleistungen auf seinen Verwendungszweck passgenau abgestimmte IT-Leistungen fordert, wird der Ersteller von IT-Dienstleistungen standardisierte Leistungen anbieten, die allgemein verwendbar und einfach zu pflegen sind. Nach-

frage und Angebot von IT-Leistung treffen aufeinander und müssen innerhalb der Organisation im Rahmen der IT-Governance aufeinander abgestimmt werden.

Es ergibt sich also die Notwendigkeit, IT-Demand, IT-Supply und IT-Governance zu managen. Daraus resultieren drei Formen des IT-Controllings (vgl. Abb. 4.16).

IT-Supply-Controlling
Gegenstand des IT-Supply-Controllings sind Services, Prozesse, Systeme, Projekte und Ressourcen, die in einer Organisation bzw. von ihren Mitarbeitern bereitgestellt werden sollen. Dabei befasst sich das IT-Supply-Controlling besonders mit der Wirtschaftlichkeit der Bereitstellung und dem Wertbeitrag, der Leistungsverrechnung sowie Fixkosten und Gemeinkosten der Controllingobjekte.

▶ Die **Wirtschaftlichkeit der Bereitstellung** beschreibt das Verhältnis der von der bereitstellenden Einheit erbrachten Leistungsmengen (z. B. Betriebsstunden eines IT-Systems) zu den Kosten der für die Bereitstellung verwendeten Ressourcen (z. B. Personalkosten, Softwaremiete, Strom).

Ein IT-Dienstleister definiert ausgehend vom Bedarf die Services, die er seinen Kunden anbieten möchte. Das IT-Supply-Controlling unterstützt bei der Analyse der Marktpotenziale, der Ableitung und Gestaltung von Serviceangeboten sowie der Kosten- und Preiskalkulation. Für die definierten Services werden SLA (Service Level Agreements) vorbereitet; dadurch wird sichergestellt, dass Leistungsmengen sowie Einhaltung der Leistung messbar sind.

Basierend auf den Services werden Prozesse aufgebaut, die es ermöglichen, Services anzubieten und wesentliche Ressourcenverbräuche und Kosten zu bestimmen. Somit lassen sich Preise für die Services kalkulieren. Anwendungen und Infrastruktur sind die Träger der angebotenen Services; sie müssen bereitgestellt werden und funktionsfähig sein.

Neue IT-Services werden in der Regel anhand von Projekten realisiert, verändert oder verbessert. Das IT-Supply-Controlling unterstützt die Planung und Durchführung entsprechender IT-Projekte.

Das IT-Supply-Controlling hilft dem Management bei der Analyse und Entwicklung des System- und Projektportfolios, untersucht die Systemlandschaft auf Komplexität und Altersstruktur, fehlende Funktionalitäten oder Redundanzen und unterstützt Entscheidungen hinsichtlich Individual- oder Standardsoftware.

IT-Demand-Controlling

Innerhalb einer Organisation gibt es eine oder mehrere Einheiten, die IT-Leistungen verwenden. Dies sind z. B. Fachabteilungen wie Einkauf, Produktion, Vertrieb usw. Während IT-Supply die Services bereitstellt, muss IT-Demand die von ihr benötigten Services spezifizieren und die Verbrauchsmengen bestimmen. Für neue Services muss die IT-Demand-Organisation passende Projekte initiieren und sich an ihrer Durchführung beteiligen.

Somit liegt der Fokus des IT-Demand-Controllings auf der Wirtschaftlichkeit der Verwendung sowie der Initiierung von IT-Projekten.

▷ Die **Wirtschaftlichkeit der Verwendung** beschreibt das Verhältnis der Nutzeneffekte für Anwender (z. B. geringerer manueller Aufwand) zu den aus dem Bezug der IT-Leistungen resultierenden Kosten.

Hier ist die Perspektive auf den Bedarf und nicht auf das vorhandene Angebot ausgerichtet. So

kann man mittels IT-Demand-Analysen beispielsweise feststellen, wie häufig Lagerbewegungen oder das Zusammenstellen von Lieferungen ausgeführt werden und deshalb durch Technologien wie Barcode, RFID, Datenbrillen, automatisierte Kommissioniersysteme etc. unterstützt werden sollen.

IT-Governance-Controlling

Angebot und Nachfrage von IT-Leistungen sind so aufeinander abzustimmen, dass das Ergebnis für die Organisation optimal ist. Um die Gesamtwirtschaftlichkeit der IT zu verbessern, ist ein aktives Management sinnvoll, das sich um Services, Prozesse, Systeme und Projekte kümmert. Schwerpunkte des IT-Governance-Controlling sind

- Koordination
  Koordination sorgt dafür, dass die Verwendung von IT-Leistungen in der Organisation optimal aufeinander abgestimmt ist, d. h. IT-Supply, IT-Demand und IT-Governance müssen aktiv zusammenarbeiten. Gegebenenfalls sind auch IT-Leistungen über Organisationsgrenzen hinweg zu betrachten.
- Sourcing
  Sourcing beschäftigt sich mit der Frage, wo welche Leistungen wie bezogen werden und welche Leistungen selbst erstellt werden.

4.2.4 IT-Controlling als Prozess

Zielorientiertes Steuern bedeutet, einen Istzustand in einen Sollzustand zu überführen. Hierzu dient ein IT-Controllingprozess, den man in die dargestellten Phasen unterteilen kann (vgl. Abb. 4.17).

Am Beginn des Controllingprozesses steht die Zielvereinbarung: Ziele und zeitlicher Rahmen werden abgesteckt. Anschließend folgt die Planung, wie die Ziele zu erreichen sind. Hierbei werden auch Handlungsalternativen bewertet und eine Lösung ausgewählt. Nachdem die Entscheidung für eine Handlungsalternative gefallen ist, sind geeignete Maßnahmen zur Realisierung der Alternative umzusetzen. Bereits die Umset-

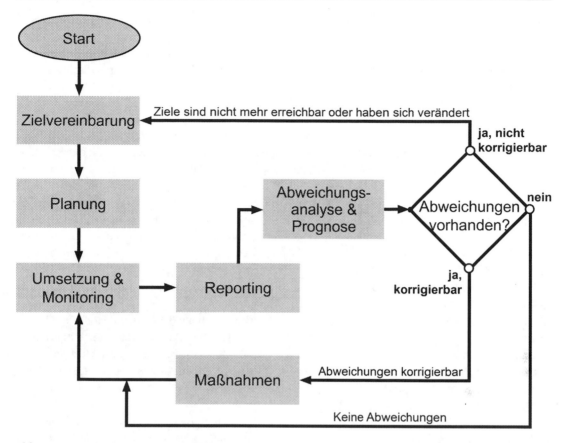

Abb. 4.17 Regelkreis des IT-Controllings

zungsphase wird von Kontrollmaßnahmen begleitet. Dies ermöglicht zeitnahe Möglichkeiten der Gegensteuerung. Ein erfolgreiches IT-Controlling stellt Abweichungen frühzeitig fest und reagiert schnell, um Korrekturaufwand und damit verbundene Kosten zu minimieren. Während der Umsetzung werden Daten gesammelt, die in regelmäßigen Abständen bzgl. Abweichungen analysiert werden. Geprüft wird, ob sich das zu steuernde Objekt wie erwartet verhält, und es werden Prognosen für das zukünftige Verhalten erstellt. Entsprechende Maßnahmen werden mit dem Management abgestimmt. Stellt man bei der Abweichungsanalyse fest, dass keine Abweichungen vom Plan auftreten, fährt man mit der Umsetzung fort. Gibt es Abweichungen zum Plan, die sich korrigieren lassen, müssen vor der weiteren Umsetzung Korrekturmaßnahmen durchgeführt werden. Falls die geplanten Ziele nicht mehr erreicht werden können, ist eine Ziel-

korrektur mit erneuter Planung der Umsetzung notwendig.

4.2.5   IT-Kennzahlensystem

Kennzahlen
Kennzahlen spielen eine zentrale Rolle, um Istsituationen zu beschreiben und Abweichungen zur Sollsituation festzustellen. Im Regelkreis des IT-Controllings sind Kennzahlen die Messgrößen, die anzeigen, ob das zu steuernde Objekt, also IT-Service, IT-Projekt, IT-Prozess oder IT-Organisation, innerhalb der vorgegebenen Grenzen liegt.

▶ Eine **Kennzahl** ist eine Reihe zeitabhängiger und nach definierten Regeln ermittelter Zahlenwerte, die Aussagen über angestrebte oder tatsächliche Ausprägungen eines für die

Zielerreichung relevanten Merkmals eines Steuerungsobjektes ermöglichen.

▶ Ein **Kennzahlensystem** ist eine Liste von Kennzahlen und beschreibt für einen Zeitpunkt den angestrebten bzw. tatsächlichen Zustand eines Steuerungsobjektes.

Kennzahlen sollen IT-Verantwortliche bei ihrer Steuerungsaufgabe wirksam unterstützen. Dazu sind die Kennzahlen auszuwählen, mit deren Hilfe der Verantwortliche schnell erkennt, wo das Problem liegt und ob ein aktives Nachsteuern notwendig ist. Für die einzelnen Kennzahlen sind Sollwerte sowie Toleranzgrenzen, innerhalb derer Abweichungen noch in der Norm sind, zu definieren.

Die Akzeptanz von Kennzahlensystemen hängt von ihrer Struktur und Systematik ab. Kennzahlen können in folgende Kategorien eingeteilt werden:

*   Elementare Kennzahlen
    Elementare Kennzahlen sind das Ergebnis von Messungen oder Zählungen wie z. B. Anzahl von Helpdesk-Calls.
*   Abgeleitete Kennzahlen
    Abgeleitete Kennzahlen entstehen durch Berechnung wie z. B. Anzahl Helpdesk-Calls pro Mitarbeiter.
*   Zeitpunktorientierte Kennzahlen
    Zeitpunktbezogene Kennzahlen beschreiben einen Zustand zu einem bestimmten Zeitpunkt wie z. B. Anzahl offener Helpdesk-Calls am Monatsende.
*   Zeitraumorientierte Kennzahlen
    Zeitraumbezogene Kennzahlen beziehen sich auf einen Zeitraum wie z. B. Anzahl neuer Helpdesk-Calls im letzten Monat.

Sinnvoll ist nicht nur eine finanzielle, sondern eine mehrdimensional ausgerichtete Steuerung. Hierzu eignet sich eine IT-Balanced Scorecard, deren Sichten an die IT-Ziele angepasst sind (vgl. Abb. 2.8).

Nutzung von IT-Kennzahlensystemen
Möchte man Kennzahlensysteme als Managementwerkzeug etablieren, so müssen Konzeption und Implementierung sehr sorgfältig erfolgen, um die Akzeptanz sicherzustellen. Jedes Unternehmen definiert individuelle Kennzahlen und spezifiziert ein unternehmensspezifisches Kennzahlensystem. Ziele und Messgrößen können aus unterschiedlichen Quellen stammen; COBIT z. B. bietet über 200 messbare Ziele an.

In die Phase der Konzeption ist das Managementteam aktiv einzubeziehen. Nach der Konzeption ist eine Pilotphase zur Erprobung der Kennzahlen empfehlenswert. Verantwortliche müssen zudem lernen, Kennzahlen richtig zu interpretieren. Nach der Erprobung kann das Kennzahlensystem in den operativen Einsatz übergehen. Um erfolgreich steuern zu können, sind Datenerhebung, -ablage, -qualität sowie -aufbereitung und -präsentation sicherzustellen. Viele Kennzahlensysteme setzen daher auf entsprechenden Daten aus BI-Systemen auf.

Grundsätzlich können Kennzahlen den Bereichen Services, Prozesse und Projekte zugeordnet sowie Kennzahlen für das Topmanagement definiert werden:

*   Kennzahlen für Services können z. B. die Verfügbarkeit eines Service (z. B. 98 % der Zeit zwischen 8 und 18 Uhr) oder Anzahl gemeldeter Störungen absolut und pro Benutzer bzgl. des betrachteten Service sein. Je nach Kritikalität eines Service, d. h. wie kritisch ein Serviceausfall für das Unternehmen ist, sind dies auch Kennzahlen, die für das Topmanagement von Relevanz sind.
*   Bei Prozessen sind vor allem Kennzahlen hinsichtlich Verarbeitungsqualität und zeitliche Aspekte von Relevanz. Typische Kennzahlen sind Durchlaufzeiten, Ressourcennutzung, Ressourcenverbrauch oder die Anzahl der Fehler im Prozessablauf mit Wiederaufsetzung.
*   Kennzahlen für Projekte orientieren sich üblicherweise an den Projektzielen wie Budget, Qualität, Termintreue und Vollständigkeit des Leistungsumfangs. Zusätzlich kann z. B. auch die Anzahl der eingehenden, angenommenen und/oder abgelehnten Änderungsanforderungen oder die Anzahl aufgetretener Probleme überwacht werden.

Der Arbeitsaufwand eines Softwareentwicklungsprojekts ist im Vorhinein oft nur schwierig zu ermitteln, da die tatsächlichen Entwicklungsaufwände von vielen Einflussfaktoren (z. B. betroffene Systeme, angestrebte Qualität, Know-how der Mitarbeiter u. v. m) abhängen. Deshalb kommt es insbesondere bei Neuentwicklungen häufig zu Verzögerungen, weil die Probleme nicht bekannt oder unterschätzt werden. Beispiele von klassischen Methoden zur Schätzung des Arbeitsaufwandes sind COCOMO und Function-Point-Analyse, die mithilfe einer Vielzahl von Einflussfaktoren (z. B. Komplexität von Eingabe/Verarbeitung/Ausgabe) einen Schätzwert ermitteln. Trotzdem kennt die Praxis die nicht ganz ernstgemeinte 90-90-Regel, dass die ersten 90 % der Entwicklung die ersten 90 % der Entwicklungsdauer benötigen, die verbleibenden 10 % aber nochmal 90 % der Entwicklungsdauer in Anspruch nehmen.

Die Auswirkungen der IT auf die Kernprozesse des Unternehmens liegen im Interesse des Topmanagements. Besonderes Interesse gilt der Wirtschaftlichkeit und der Produktivitätssteigerung. IT-Gesamtkosten bezogen auf den Umsatz oder pro IT-Arbeitsplatz, der Leistungsgrad, also abgerechneter Leistungswert bezogen auf den geplanten Leistungswert, sowie Zufriedenheit mit der IT sind hierfür gängige Messgrößen.

4.2.6 Benchmarking

Durch das interne IT-Controllingsystem einer Organisation werden die Ist- und Sollwerte verglichen und Änderungen festgestellt. Wünschenswert wäre zudem zu wissen, wie man mit seinen angebotenen Leistungen im Vergleich zu anderen Organisationen steht. Bereits bei der Zielvereinbarung können Vergleichswerte helfen, Zielwerte realistisch und erreichbar zu definieren und im praktischen Einsatz die Verbesserungspotenziale zu identifizieren.

Benchmarking hat besonders in der technischen IT beim Vergleich der Leistung von Prozessoren, Festplatten und anderen technischen Komponenten eine lange Tradition.

▶ **Benchmarking** ist ein Vergleichsmaßstab, bei dem Produkte, Dienstleistungen und Methoden betrieblicher Funktionen unternehmensintern oder über Unternehmensgrenzen hinweg verglichen werden.

Benchmarking wird oft in Zusammenarbeit mit Dienstleistern oder Beratungsunternehmen durchgeführt, die sich auf Datensammlung und -analyse vieler Unternehmen konzentrieren und Vergleichsdaten anbieten. Da externe Referenzzahlen nicht einfach zu beschaffen sind, können auch unternehmensinterne Referenzgruppen herangezogen werden. So können beispielsweise die IT-Abteilungen von verschiedenen Standorten oder die Kennzahlen mehrerer Projekte verglichen werden.

Die Daten aller Vergleichsobjekte im Rahmen des Benchmarkings müssen nach gleichen Vorgaben und Strukturen ermittelt werden. Eine Grundlage dafür ist, dass in der Organisation ein übergreifendes einheitliches IT-Kostenmodell etabliert ist. IT-Kosten müssen z. B. einheitlichen Kostenstellen zugeordnet werden. COBIT und ITIL z. B. unterstützen ein solches Rahmenwerk.

Eine Vergleichbarkeit erfordert auch die Erstellung vergleichbarer Leistungen; dies erweist sich in der Praxis in der Regel als sehr schwierig. Selbst Standard-ERP-Software ist aufgrund von Customizing individuell gestaltbar. Daher ist es erfolgversprechender, eine Vergleichbarkeit über Prozessmodelle herzustellen.

Auch die Größe der Organisationen, die zu vergleichen sind, ist ein wichtiger Punkt, da große Unternehmen aufgrund von Skaleneffekten zu anderen Ergebnissen kommen können. So kann z. B. ein IT-Servicemitarbeiter in einer großen Organisation mehr Rechnerarbeitsplätze betreuen, was zu sinkenden Kosten pro Arbeitsplatz führt.

Sind Daten und Organisationen vergleichbar, stellt sich die Frage, was im Detail zu vergleichen ist. Eine Betrachtung absoluter Größen ist in der

Regel wenig sinnvoll; stattdessen berechnet man relative Größen z. B.:

- IT-Kosten bezogen auf den Umsatz eines Unternehmens
- Anteil der IT-Personalkosten an den Gesamtkosten der IT
- IT-Kosten pro Arbeitsplatz mit IT-Zugang
- Tatsächliche Verfügbarkeit eines Systems in Bezug auf die geplante Verfügbarkeit
- Verhältnis von externen zu internen Arbeitskräften

Auf Basis relativer Größen lassen sich dann unternehmensinterne Werte mit denen anderer Organisationen vergleichen und der Stand des eigenen Unternehmens beurteilen.

Zusammenfassung

Controlling ist eine originäre Managementaufgabe mit dem Ziel, Entscheidungsfindung und Steuerung des Unternehmens zu unterstützen. IT-Systeme sind in einer Organisation von hoher Relevanz und bedürfen im Controllingprozess besonderer Aufmerksamkeit. Für diese Aufgabe hat sich in vielen Organisationen ein eigenständiges IT-Controlling etabliert, das die technische und kaufmännische Welt eines Unternehmens verbindet.

Ziel des IT-Controllings ist es, dafür zu sorgen, dass IT-Systeme im Rahmen der IT-Strategie effektiv und effizient eingesetzt und betrieben werden.

Kennzahlen und Kennzahlensysteme unterstützen das IT-Management bei seiner Steuerungsaufgabe. Auch wenn Entwicklung und Aufbau eines solchen IT-Controllingsystems aufwendig sind, ist es unerlässlich, wenn man Transparenz erhöhen, die Professionalität des IT-Managements verbessern und damit zu einer positiven Wahrnehmung der IT beitragen möchte.

4.2.7 Aufgaben

Aufgabe 1
Wieso ist eine Unterscheidung in IT-Supply-Controlling, IT-Demand-Controlling und IT-Governance-Controlling sinnvoll?

Aufgabe 2
Nennen Sie typische Kennzahlen des IT-Controllings.

Aufgabe 3
Was sind Kernaufgaben eines IT-Controllers?

4.2.8 Lösung zu Aufgaben

Lösung zu Aufgabe 1
Beim IT-Supply-Controlling steht die Wirtschaftlichkeit der Bereitstellung im Vordergrund; das IT-Demand-Controlling hingegen beschäftigt sich mit der Wirtschaftlichkeit der Verwendung. Diese beiden Sichten können unterschiedlich sein, z. B. möchte die Angebotsseite einfache, standardisierte Leistungen zu normalen Bürozeiten anbieten, während die Nachfrageseite individuelle Lösungen rund um die Uhr bevorzugt. Um Angebot und Nachfrage von IT-Leistung so aufeinander abzustimmen, dass das Ergebnis für die Organisation optimal ist, benötigt man den übergreifenden Ansatz des IT-Governance-Controllings.

Lösung zu Aufgabe 2

- IT-Kosten bezogen auf den Umsatz eines Unternehmens
- Anteil der IT-Personalkosten an den Gesamtkosten der IT
- IT-Kosten pro Arbeitsplatz mit IT-Zugang
- Tatsächliche Verfügbarkeit eines Systems in Bezug auf die geplante Verfügbarkeit
- Verhältnis von externen zu internen Arbeitskräften

Lösung zu Aufgabe 3

- Beratungs- und Navigationsfunktion für das IT-Management
- Unterstützung der Planung, Steuerung und Kontrolle für das Informationsmanagement
- Erarbeitung von Kennzahlen und Reports zur Steuerung
- Integration des IT-Reporting in das unternehmensweiten Berichtswesen

4.3 Business Intelligence

Hans-Peter Weih and Anett Mehler-Bicher

Lernziele
- Aufgaben und Ziele von Business Intelligence
- Einordnung von BI in den betrieblichen Kontext
- Struktur einer BI-Architektur
- Probleme der Integration von Daten aus verschiedenen Quellsystemen
- Werkzeuge im BI-Umfeld und ihre Anwendungsmöglichkeiten

Überblick

In den IT-Systemen der Unternehmen sind unterschiedliche Daten über Produkte, Prozesse, Mitarbeiter und Kunden gespeichert, beispielsweise die Anzahl, Art und Höhe der Einkäufe und Verkäufe, die Dauer von Produktionsprozessen, der Einsatz von Ressourcen etc.

Ziel ist es, diese Daten nutzbringend für das Unternehmen einzusetzen. Hierbei stoßen die Unternehmen aufgrund heterogener IT-Landschaften, Prozesse und Kennzahlen auf nicht unerhebliche Schwierigkeiten bei der Auswertung der Daten.

Business Intelligence – Intelligence ist dabei im Sinne von Aufklärung zu verstehen – beschäftigt sich einerseits damit, die Daten zusammenzuführen und die Grundlage für Auswertungen und Analysen zu schaffen, andererseits mit Methoden und Werkzeugen aus den Daten Informationen zu generieren.

4.3.1 Einführung

Anhand eines Beispiels sollen die Problemstellung und Lösungsansätze in Business Intelligence erläutert werden.

Beispiel

Eine große Buchhandelskette unterhält mehrere Filialen in Deutschland, Österreich und der Schweiz sowie einen florierenden Onlineshop. In den Filialen und im Onlineshop werden neben Büchern auch Hörbücher, DVD, Kalender, E-Book-Reader, Schreibwaren etc. angeboten sowie regelmäßig Veranstaltungen wie Lesungen oder Kriminächte durchgeführt.

Das Unternehmen ist in den letzten Jahren sowohl durch Eröffnung neuer Filialen als auch durch Übernahme von Wettbewerbern stark gewachsen. Alle Prozesse in der Buchhandelskette werden durch IT-Systeme unterstützt: Verkauf, Lagerhaltung, Personalverwaltung, Stammdatenverwaltung der Kunden, Eventmanagement etc.

Nach außen tritt die Firma zwar einheitlich auf, intern jedoch sind durch die Übernahme der Wettbewerber verschiedene IT-Systeme im Einsatz, die vergleichbare Funktionen wie z. B. Personalverwaltung, Kassensysteme im Verkauf etc. erfüllen.

Um ein Unternehmen erfolgreich steuern zu können, sind wichtige Fragen zu klären:

- Wie viel Umsatz oder Gewinn haben wir im letzten Jahr unterteilt nach Filialen, Regionen, Produkten etc. gemacht? Wie haben sich wichtige Kennzahlen im Vergleich zum Jahr davor verändert? Wie stehen wir aktuell im Vergleich zum Vorjahreszeitraum?
- Welche Produkte und Produktgruppen verkaufen sich immer weniger oder immer besser? Was sollen wir daher abbauen oder ausbauen?
- Haben die Events, die wir veranstaltet haben, eine Wirkung gezeigt? Wurden von diesen Autoren mehr Bücher verkauft?
- Welche Filialen erzielen besonders hohe Gewinne? Welche weniger?
- Wie können wir die Kunden besser an uns binden? Welche Werbung ist für einzelne Kunden zielführend?
- Welche Regionen, Filialen, Produkte etc. sind für uns strategisch wichtig?

Viele dieser Fragen werden mit hohem manuellem Aufwand beantwortet, indem Daten aus den operativen Systemen abgefragt und in einer Tabellenkalkulation zusammengeführt werden. Das Ergebnis sind oft große Arbeitsmappen, mittels derer alles berechnet und gesteuert werden soll: Datenhaltung, Berechnungen, Planung, Konsolidierung etc. Dies mit allen sich hieraus ergebenden Problemen, wie z. B. Fehleranfälligkeit bei manuellen Tätigkeiten, fehlende einheitliche Datenbasis oder schlechte Wartbarkeit bei Änderungen und Anpassungen.

Sehr häufig können Unternehmen die oben gestellten Fragen trotz vorhandener Daten nicht beantworten, da ihnen entsprechende Methoden und Werkzeuge fehlen. Entscheidungen werden daher wegen fehlender Analysemöglichkeiten noch aus dem Bauch getroffen.

Hier kommt Business Intelligence ins Spiel, das die Methoden und Werkzeuge zur Verfügung stellt, um Anwendungen zu entwickeln, die betriebliche Entscheidungen unterstützen.

4.3.2 Business Intelligence als integrierter Gesamtansatz

Der größte Teil an Daten im Unternehmen entsteht in den operativen Systemen. Diese im Tagesgeschäft erzeugten operativen Unternehmensdaten sind meist transaktionsorientiert. Dazu zählen Warenwirtschaftssysteme, Buchhaltungsprogramme, ERP-Systeme, Kassensysteme etc. Zusätzlich sollen auch externe Datenquellen genutzt werden, um z. B. das Verhalten von Wettbewerbern zu berücksichtigen.

Zur Analyse sind Daten langfristig zu speichern, um z. B. Trends zu erkennen und entsprechende Prognosen zu erstellen. Dies können operative IT-Systeme in der Regel nicht leisten.

Die Lösung ist daher der Aufbau eines zentralen Datenpools, in dem Daten aus verschiedenen internen wie auch externen Quellen zusammengeführt, längerfristig gespeichert sowie um weitere Informationen angereichert, verdichtet, aggregiert und transformiert werden. Hierbei handelt es sich dann um dispositive Daten des Unternehmens, die als Grundlage für die Entscheidungsunterstützung genutzt werden können.

▶ **Dispositive Daten** sind Daten, die das Management bei Entscheidungen zur Steuerung oder strategischen Ausrichtung des Unternehmens unterstützen.

Den zentralen Datenpool nutzen Werkzeuge für Reporting, Analyse, Prognose oder Data Mining, die die dispositiven Daten aufbereiten, auswerten und darstellen können. Zentraler Datenpool und zugehörige Werkzeuge beschreiben die Grundidee von Business Intelligence.

▶ **Business Intelligence (BI)** bezeichnet einen integrierten, unternehmensspezifischen, IT-basierten Gesamtansatz zur betrieblichen Entscheidungsunterstützung.

Abb. 4.18 zeigt eine typische BI-Architektur.

Die Extraktion aus den operativen Systemen erfolgt in der Regel mittels eines ETL (Extract Transform Load)-Prozesses, unterstützt durch spezifische Tools, die auf verschiedene Datenquellen und Formate zugreifen und diese verarbeiten können. Das Ergebnis des ETL-Prozesses wird im Data Warehouse gespeichert, das den zentralen Datenpool für weitere Analysen bildet. Aus dem Data Warehouse heraus werden häufig sogenannte Data Marts gebildet, die Ausschnitte aus dem Data Warehouse für spezielle Analysezwecke darstellen.

Data Warehouse und Data Marts dienen als Grundlage für Reporting- und Visualisierungstools zur Aufbereitung und Darstellung der Informationen bzw. zur weiteren Analyse z. B. durch OLAP und Data Mining.

4.3.3 Data Warehouse

Im Folgenden werden die einzelnen Schichten der Data-Warehouse-Architektur näher beleuchtet.

▶ Ein **Data Warehouse** ist ein von den operativen Datenbeständen getrennntes, logisch zentralisiertes, dispositives Datenhaltungssystem.

▶ Ein **Data Mart** ist ein Teilausschnitt eines Data Warehouse für spezielle Analysezwecke.

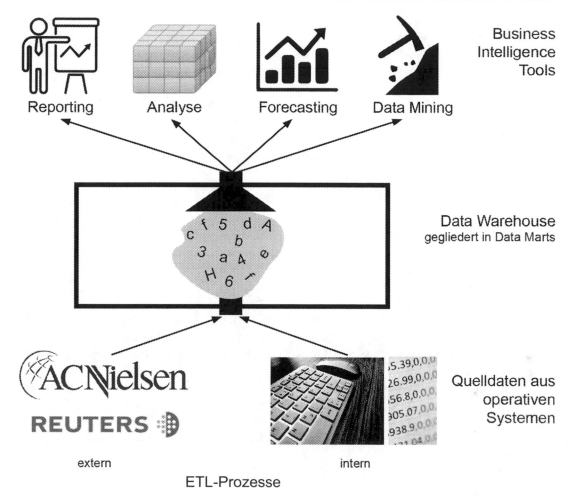

Abb. 4.18 BI-Architektur

Ziel ist, alle entscheidungsrelevanten Daten aus verschiedenen internen und externen Quellen zu sammeln und widerspruchsfrei im Data Warehouse abzulegen. Idealerweise ist es als unternehmensweite einheitliche und konsistente Datenbasis ein „Single Point of Truth" für alle Arten der Managementunterstützung.

Um diese Aufgabe erfüllen zu können, muss ein Data Warehouse themenorientiert, integriert, nicht volatil und zeitraumbezogen aufgebaut sein.

- Themenorientierung
  Das Data Warehouse dient dazu, den Informationsbedarf des Managements zu decken. Dabei werden die Informationen nach Kerngebieten wie z. B. Produkte, Kunden, Regionen, Zeit geordnet zusammengestellt.

- Integration
  Von allen Aspekten des Data Warehouse ist Integration der wichtigste. Integration ist eine sehr komplexe Aufgabe, da die Daten in den verschiedenen operativen Systemen unterschiedlich und oft redundant gespeichert sind und inhaltliche Inkonsistenzen aufweisen können.

- Nicht-Volatilität
  Anders als Daten in den operativen Systemen, die permanent hinzugefügt, gelöscht oder geändert werden, da sie immer den aktuellen Zustand des Geschäftes widerspiegeln, werden im Data Warehouse Abzüge (Snapshots) des

aktuellen Bestandes geladen, permanent gespeichert und für Analysen zur Verfügung gestellt. Daten im Data Warehouse werden in der
Regel nur angefügt; bestehende Daten werden
nicht verändert. Somit lassen sich Zeitreihen-
analysen durchführen.

- Zeitraumbezug
  Daten im Data Warehouse haben üblicherweise einen zeitlichen Bezug, zu dem sie gültig sind. Auszüge aus den operativen Systemen erhalten z. B. einen Zeitstempel, zu dem
  sie gültig sind. Durch diesen Zeitstempel ist
  die Information zu diesem Datum im Data
  Warehouse festgeschrieben. Ähnliches gilt
  auch für Strukturen, die sich ändern. Somit ist
  man mittels eines Data Warehouse in der
  Lage, einmal generierte Statistiken immer
  wieder nachzuvollziehen.

Beispiel

Im Beispiel der Buchhandelskette ist die Aufgabe der operativen Systeme, Bestellungen
der Kunden abzuwickeln und das Lager zu
verwalten, um Bücher rechtzeitig zu ordern.
Mit jeder Bestellung werden der Bestand angepasst, neue Bücher hinzugefügt oder alte
Bücher entfernt. Es ist also jederzeit möglich,
den aktuellen Bestand im Lager zu sehen,
nicht jedoch, wie er im letzten Monat war.

Das Data Warehouse dagegen stellt Informationen nach Kerngebieten zur Verfügung
wie z. B. Produkte und Produktgruppen (Pro-
duktstrukturen), Filialen, Städte, Regionen
und Länder (Regionalstrukturen) und Zeit-
strukturen. Ein Bestandsauszug aus dem La-
gerhaltungssystem der Buchhandelskette wird
typischerweise z. B. am Ende des Monats
durchgeführt; der Auszug erhält diesen Zeitstempel. Ändern sich z. B. die Vertriebsstrukturen der Buchhandelskette von Bereich Nord
und Süd zu Nord, Süd und Mitte, wird auch
dies im Data Warehouse festgehalten.

Die Datenmodellierung im Data Warehouse ist
eine wichtige Aufgabe und notwendig, um die
Anforderungen Themenorientierung, Integration,
Nicht-Volatilität und Zeitraumbezug umzusetzen. Die Daten werden im Data Warehouse zuerst
in feiner Granularität mit Zeitstempel gespei-

chert, um Änderungen an Daten, Hierarchien und
Strukturen festzuhalten. Um weitere Analysen zu
unterstützen, werden die Daten in der Regel in
ein Sternschema (engl. „star scheme") überführt.

▶ Das **Sternschema** ist eine besondere Form
eines Datenmodells, dessen Ziel nicht die
Normalisierung, sondern eine Optimierung auf
effiziente Leseoperationen ist.

Es werden dabei themenorientierte Faktentabellen
sowie Strukturen und Hierarchien modellierende
Dimensionstabellen gebildet, die über mehrere
Faktentabellen nutzbar sind (vgl. Abb. 4.19). Auf
eine Normalisierung der Daten wird verzichtet,
um die Zugriffszeiten zu beschleunigen.

▶ Die Bezeichnung Sternschema rührt daher,
dass die Tabellen sternförmig angeordnet werden:
Im Zentrum steht eine Faktentabelle, um die sich
mehrere Dimensionstabellen gruppieren.

▶ Die **Faktentabelle** steht im Zentrum des
Sternschemas. Sie enthält Kennzahlen des
Datenwürfels, und der Schlüssel wird durch
Verweise auf die Einträge der Dimensionstabellen
gebildet.

▶ In den **Dimensionstabellen** werden die
beschreibenden Attribute und Hierarchien der
jeweiligen Dimension abgebildet.

Eine Faktentabelle und dazugehörige Dimensionen bilden ein Data Mart und damit die Grundlage für weitere Analysetools.

Vorteil der Trennung von Fakten und Dimensionen ist, dass die Fakten nach jeder Dimension
generisch und unabhängig analysiert werden
können. Es wird kein „Wissen" über die Bedeutung einer Dimension benötigt; die Interpretation
ist dem Benutzer überlassen.

4.3.4 ETL-Prozess

Die Integration der Daten in einem Data
Warehouse ist ein wichtiger Aspekt, da Qualität
und damit Nutzen und Erfolg eines Data
Warehouse in hohem Maße von einer gelungenen

Abb. 4.19 Sternschema

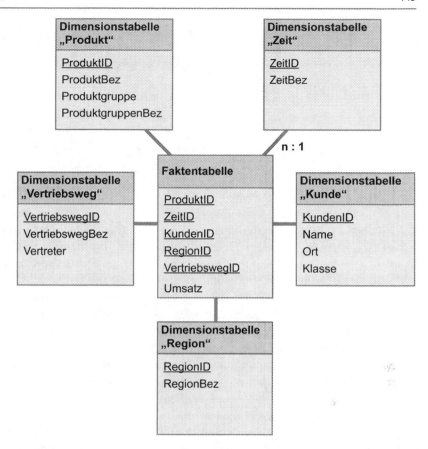

Integration der verschiedenen Datenquellen abhängen.

Der Idealzustand, dass alle operativen Prozesse eines Unternehmens durch ein einziges unternehmensweites ERP-System unterstützt werden, ist in der Realität selten gegeben. Aufgrund der historischen Entwicklung unterhalten viele Unternehmen verschiedene Systeme, die der Unterstützung und Abwicklung operativer Prozesse dienen. So ist es z. B. im Versicherungsbereich Normalität, dass einerseits alte Systeme (engl. „legacy systems") sowie neue Architekturen parallel betrieben werden, um Versicherungsverträge zu verwalten. Die Integration neuer Funktionalitäten in alte oder die Migration aller Vertragsdaten in ein neues System wäre aufwendig. Häufig fehlt es auch an den Kenntnissen der Mitarbeiter, dies umzusetzen; somit werden alte und neue Systeme parallel betrieben. Fusionen und Übernahmen verschärfen das Problem. Die Anwendungslandschaft eines Unternehmens besteht darüber hinaus oftmals aus vielen Spezial-

applikationen wie Personalverwaltung, Lagerhaltung oder Workflowsystemen.

Neben den Daten in der Firma müssen eventuell auch noch externe Daten wie Marktforschungsdaten, Daten des Statistischen Bundesamtes, Entwicklung von Aktienkursen etc. integriert werden, da sie für Auswertungen, Berechnungen und Bewertungen notwendig sind.

Der Prozess der Übertragung der Daten in das Data Warehouse wird als ETL bezeichnet.

▷ Der **ETL-Prozess** (engl. „extract transform load") umfasst alle Aktivitäten zur Umwandlung operativer Daten in betriebswirtschaftlich interpretierbare Daten zwecks Speicherung in einem Data Warehouse und setzt sich aus den Teilprozessen Filterung, Harmonisierung, Aggregation sowie Anreicherung zusammen.

Der ETL-Prozess läuft in der Regel softwareunterstützt ab und lässt sich in vier Stufen unterteilen (vgl. Abb. 4.20).

Abb. 4.20 Vier Stufen
des ETL-Prozesses

Filterung	Extraktion und Bereinigung operativer Daten, syntaktischer und inhaltlicher Fehler
Harmonisierung	Betriebswirtschaftliche Abstimmung der gefilterten Daten
Aggregation	Verdichtung gefilterter und harmonisierter Daten
Anreicherung	Bildung und Speicherung weiterer betriebswirtschaftlicher Kennzahlen

Abb. 4.20 Vier Stufen des ETL-Prozesses

Filterung

Die erste Stufe wird als Filterung bezeichnet. Um diese Aufgabe zu erfüllen, muss über verschiedene Schnittstellen auf operative interne und externe Daten zugegriffen werden. ETL-Tools verfügen daher über viele Importprogramme, um neben Standarddatenbanken, ERP-Systemen und Cloud-Lösungen auch seltenere Datenformate extrahieren zu können. Die extrahierten Daten werden in einem weiteren Schritt um syntaktische und semantische Mängel bereinigt:

- Unter syntaktischen Mängeln versteht man Darstellungsprobleme auf codetechnischer Ebene. Syntaktische Mängel sind z. B. die unterschiedliche Darstellung von Datumsformaten, die mittels Filterregeln auf einen einheitlichen Datentyp in der Datenbank abgebildet werden. In der Regel erfolgt dies automatisiert.
- Semantische Mängel betreffen betriebswirtschaftliche Inhalte der Daten wie fehlende Werte oder Ausreißer in den Daten. Beispiel hierfür sind ein Geburtsdatum im 17. Jahrhundert oder eine fehlende Zuordnung eines Kunden zur Vertriebsstruktur. Im Ladeprozess können diese Werte durch Standardwerte (engl. „default values") ersetzt werden, die im Vorfeld zu definieren sind.

Bereinigungen (engl. „data cleaning") insbesondere semantischer Datenmängel führen zu einer Änderung der Quelldaten und sind immer zu kennzeichnen. Sie sind aber notwendig, um mit den Daten sinnvoll weiterarbeiten zu können.

Harmonisierung

Die gefilterten Daten werden im nächsten Schritt harmonisiert, d. h. zusammengeführt und für die Überführung ins Data Warehouse vorbereitet.

Hier unterscheidet man zwischen syntaktischer und betriebswirtschaftlicher Harmonisierung:

- Die syntaktische Harmonisierung zielt darauf ab, die heterogenen Quelldaten in ein einheitliches Datensystem zu überführen und Disharmonien aufzulösen. Ein häufiges Problem sind Schlüsseldisharmonien, die sich aufgrund unterschiedlicher Primärschlüssel ergeben: Kunden haben in verschiedenen Systemen z. B. unterschiedliche Kundennummern. Ein einheitlicher Primärschlüssel ist festzulegen, sodass übergreifende Auswertungen möglich sind. In Abb. 4.21 sind weitere Problemstellungen syntaktischer Harmonisierung dargestellt.
- Bei der betriebswirtschaftlichen Harmonisierung wird sichergestellt, dass für das gesamte Unternehmen ein fachlich konsistenter dispositiver Datenzugriff gewährleistet wird. Einheitliche Definitionen betriebswirtschaftlicher Kennzahlen werden entwickelt, Währungen vereinheitlicht und Periodenzuordnungen getroffen; dieser Schritt erfordert eine hohe betriebswirtschaftliche Kompetenz.

Aggregation

Bei der Aggregation werden die Daten um Verdichtungsstrukturen erweitert, d. h., es werden Dimensionen gebildet, die sich möglichst übergreifend im gesamten Data Warehouse nutzen lassen. Dies sind z. B. Vertriebsstrukturen oder Produkthierarchien. Viele dieser Strukturen fehlen oft in operativen Systemen, da sie meist nur Analysezwecken dienen. Die Erstellung und Pflege von Dimensionen und ihre Aufgliederung in Dimensionshierarchien ist eine essenzielle Aufgabe beim Aufbau eines Data Warehouse. Sicherzustellen ist z. B., dass jeder Kunde einer Vertriebsstruktur (z. B. Vertriebsgebiet) oder Kundenkategorie zugeordnet ist.

	Charakteristika	Datenquelle 1	Datenquelle 2	Aktivität
Unterschiedliche Kodierung	Gleiche Attribut-namen; gleiche Bedeutung, unterschiedliche Wertebereiche	Attribut: Geschlecht; Wertebereich (0,1)	Attribut: Geschlecht; Wertebereich (m, w)	Wahl eines Wertebereiches
Synonyme	Unterschiedliche Attributnamen; gleiche Bedeu-tung, gleiche Wertebereiche	Attribut: Personal; Name des Angestellten	Attribut: Mitarbeiter; Name des Angestellten	Wahl eines Attributnamens
Homonyme	Gleiche Attributnamen; unterschiedliche Bedeutung, ungleiche Werte-bereiche	Attribut: Auftragsbestand; Auftragsstand Vertrieb	Attribut: Auftragsbestand; Auftragsstand Produktion	Wahl unterschiedliche Attributnamen
Äquipollenzen	Gleiche Attributnamen; unterschiedliche Bedeutung, gleiche Werte-bereiche	Attribut: Lagerbestand; Mengen-betrachtung	Attribut: Lagerbestand; Wertesicht €	Wahl unterschiedliche Attributnamen

Abb. 4.21 Syntaktische Harmonisierung

Anreicherung

Ziel der Anreicherung ist die Berechnung und Speicherung zusätzlicher betriebswirtschaftlicher Kennzahlen, die in den operativen Systemen nicht vorhanden sind, jedoch bei Auswertungen und
Analysen einheitlich benutzt werden können. Beispiele hierfür sind der Deckungsbeitrag oder Jah-
resbeiträge bei unterschiedlichen Zahlweisen etc.
Die Berechnung solcher Werte wird vereinheitlicht
und so eine konsistente Datengrundlage geschaffen,
was zu einer Verbesserung der Datenqualität führt.

Der ETL-Prozess ist ein integraler Bestandteil
zum Aufbau des Data Warehouse. Mit ihm steht
und fällt die Qualität und damit der Nutzen eines
BI-Systems.

4.3.5   Reporting und Dashboards

Je nach Art der Informationen, die zur Verfügung
gestellt werden, und den Anforderungen des Nutzers kommen unterschiedliche Auswertungen
zum Einsatz. Sie reichen von Standardreports
über Ad-hoc-Abfragen direkt auf der Datenbasis
bis zu tiefergehenden Analysen und Vorhersagen
in spezialisierten Werkzeugen.

Die Darstellung der Daten erfolgt in der Regel
auf drei Ebenen, wobei jede Ebene durch Endan-
wender, Tools und Detailierungsgrad der Informationen gekennzeichnet ist (vgl. Abb. 4.22).

Im Folgenden werden die Ebenen Reporting
und Monitoring betrachtet; die Analyseebene
folgt bei OLAP, Planung und Data Mining.

Reporting

> **Beispiel**
>
> Elementare Fragestellungen der Buchhandels-
> kette wie z. B. eine Liste aller Filialen mit ih-
> rem Umsatz unterteilt nach Produkten für das
> aktuelle Jahr, Anzahl der Kunden im Online-
> shop und der durchschnittliche Bestellwert
> lassen sich mit einfachen Mitteln abfragen.
>
> Dies kann ad hoc erfolgen, indem die Da-
> ten per Abfragesprache direkt aus der Daten-
> bank gezogen und z. B. mithilfe einer Tabel-
> lenkalkulation aufbereitet werden, oder
> mittels eines Reportingtools.

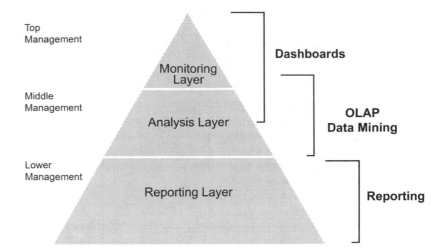

Abb. 4.22 Einordnung des Reporting

Ein Reportingtool stellt also einer breiten Masse an Anwendern immer wiederkehrende Informationen auf Abruf zur Verfügung. Parameter bei der Eingabe wie z. B. Filter auf bestimmte Regionen steuern die Ausgabe des Berichts. Berichte sollen in der Lage sein, Daten grafisch darzustellen, Zwischen- und Gesamtsummen und neue Felder zu berechnen.

Dashboards

Beispiel

Das Management der Buchhandelskette möchte gerne regelmäßig über den Stand der Filialen, deren Umsätze und über Abweichungen von Planzahlen informiert werden. Idealerweise möchte man hierzu nicht verschiedene Berichte durchgehen oder analysieren. Stattdessen sollen die Informationen in verschiedenen Aggregationsstufen, d. h. Detaillierungsstufen, dargestellt und Auffälligkeiten direkt visualisiert werden.

Zur Umsetzung dieser Anforderung eigenen sich Dashboards, die die wichtigsten Informationen zusammenfassen.

▷ Dashboard Unter einem Dashboard, alternativ auch als Management Cockpit oder Informationscockpit bezeichnet, wird die Darstellung von Kennzahlen und Informationen auf einem Bildschirm verstanden.

Je nach Funktionalität unterscheidet man verschiedene Arten von Dashboards:

• Strategische Dashboards
  Mittels strategischer Dashboards werden Entscheidungen getroffen, die Einfluss auf die zukünftige Unternehmensentwicklung haben. Hierzu werden Key Performance Indicators (KPIs) in stark verdichteter Form dargestellt, um mittleres und Topmanagement über den aktuellen Stand und Entwicklungen zu informieren.
• Analytische Dashboards
  Analytische Dashboards erweitern die Funktionalität strategischer Dashboards um die Möglichkeit der Interaktion mit Daten. Oft genügt es nicht zu wissen, dass der Umsatz gesunken ist, sondern man möchte wissen, in welchen Kategorien oder Filialen Umsatzeinbußen zu verzeichnen sind.
• Operative Dashboards
  Im Gegensatz zu den strategischen und analytischen Dashboards unterstützen operative Dashboards das Monitoring von Ereignissen und Sachverhalten. Typisches Einsatzgebiet in der IT ist z. B. die Überwachung von Rechnerleistung oder die Auslastung von Speichermedien. Ziel ist es, bei auftretenden Problemen schnell reagieren zu können.

4.3.6 Multidimensionale Analyse – OLAP

Klassische Reportingsysteme kommen an ihre Grenzen, wenn die Daten weitergehend analysiert werden sollen.

Beispiel

Die Buchhandelskette möchte wissen, wie der Verkauf der einzelnen Filialen im Vergleich zum Plan und zum Vorjahreszeitraum aussieht. Treten Abweichungen vom Plan auf, möchte man diese genauer analysieren. Weiterhin möchte man wissen, welche Produktgruppen schlechter als geplant laufen oder welche Änderungen sich im Vergleich zum Vorjahreszeitraum ergeben haben. Dies soll im direkten Vergleich der Produktgruppe zwischen den einzelnen Filialen erfolgen.

Bei komplexen Fragestellungen kann man entweder mehrere Reports erstellen, die alle gewünschten Sachverhalte abdecken oder aber ein OLAP-Tool benutzen, das möglichst viele Freiheitsgrade der Analyse bietet.

▷ **OLAP (Online Analytical Processing)** ist eine Softwaretechnologie, die betrieblichen Analysten und Managern Einsicht in

Informationen ermöglicht, indem sie den Nutzern über verschiedene Dimensionen hinweg Zugriffs- und Analysemöglichkeiten bietet.

Produkte, Vertriebswege, Regionen und Zeit sind typische Beispiele hierarchisch gegliederter Dimensionen, die einen analytischen Blick auf betriebswirtschaftliche Kennzahlen bieten.

Die Grundlage einer OLAP-Analyse ist in der Regel ein Data Mart, also ein Ausschnitt des Data Warehouse, der idealerweise bereits im Star-Schema vorliegt. Die Grunddaten zur Analyse bilden einen Datenwürfel (vgl. Abb. 4.23).

▷ Ein **OLAP-Würfel** (engl. „OLAP cube") oder Datenwürfel (engl. „data cube") dient der logischen Darstellung von Daten. Die Daten werden als Elemente eines mehrdimensionalen Würfels angeordnet.

Diese Art der Darstellung ist für die Analyse von Daten von Vorteil, da auf verschiedene Aspekte, d. h. Dimensionen der Daten, auf gleiche Weise zugegriffen wird. Je nach Funktion des Anwenders können unterschiedliche Aspekte im Datenwürfel fokussiert werden (vgl. Abb. 4.24).

Die im Datenwürfel benutzen Dimensionen sind hierarchisch strukturiert und bilden den

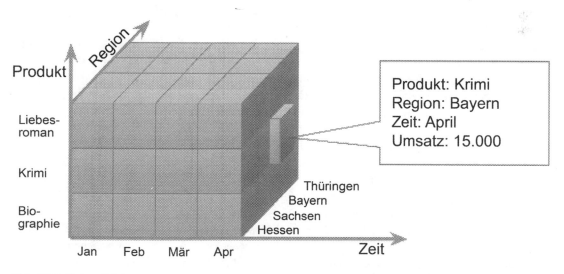

Abb. 4.23 Datenwürfel

Sichtweise bzgl. Umsatz

Produkt/Zeit/Region
Produkt/Region/Zeit
Zeit/Produkt/Region

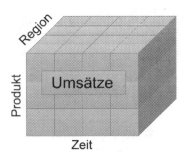

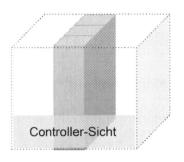

Controller-Sicht

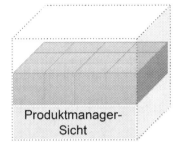

Produktmanager-Sicht

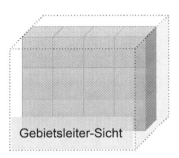

Gebietsleiter-Sicht

Abb. 4.24 Sichtweisen bzgl. Umsatz

Aggregationspfad. Auf unterster Ebene im Schnittpunkt aller Dimensionen befinden sich die zu analysierenden Kennzahlen. Diese Kennzahlen werden entlang des Aggregationspfades auf höhere Hierarchieebenen aggregiert.

OLAP-Tools bieten zur Analyse folgende Operationen mit dem Datenwürfel an:

- Slice and Dice
  Slice and Dice sind Filterfunktionen. Sie ermöglichen die Analyse von Teilausschnitten des Würfels. Bei Slice wird eine Dimension eingeschränkt (z. B. Region Nord) und damit eine Scheibe des Würfels ausgeschnitten (vgl. Abb. 4.24), bei Dice erfolgt der Einsatz mehrerer Filter (z. B. Region Nord und Produktkategorie Belletristik), sodass ein Teilwürfel entsteht.
- Rotieren/Pivotieren des Würfels
  Die Sicht auf den Würfel kann so verändert werden, dass andere Dimensionen im Vordergrund der Analyse stehen (vgl. Abb. 4.25).
- Drill-Down und Roll-Up
  Entlang des Aggregationspfades können detaillierte Daten aufgerufen werden; umgekehrt werden die Werte auf höheren Hierarchieebe-

nen aggregiert (vgl. Abb. 4.26). So ist z. B. möglich, aus der Übersicht der Produktkategorien sowohl ein Drill-Down zu den einzelnen Produkten unterhalb der Kategorie durchzuführen als auch ein Roll-Up, das die einzelnen Produkte zusammenfasst.

4.3.7 Planung mit BI

▶ **Planung** und **Budgetierung** sind betriebswirtschaftliche Führungsinstrumente, mit deren Hilfe kurz- und langfristige Ziele definiert und innerhalb der Organisation koordiniert werden.

Beispiel

Der Buchhandelskette stellen sich im Laufe des Geschäftsjahres zur Steuerung des Geschäftes folgende Fragen:

- Wie ist die aktuelle Geschäftssituation?
- Sind wir im Plan oder weichen wir vom Plan ab? Und wenn ja, wie stark?
- Was können wir tun, um Abweichungen zu korrigieren?

Abb. 4.25 Rotation des
Würfels

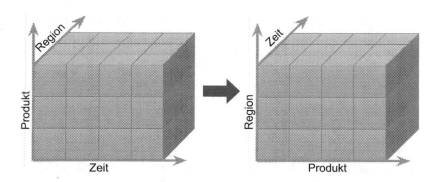

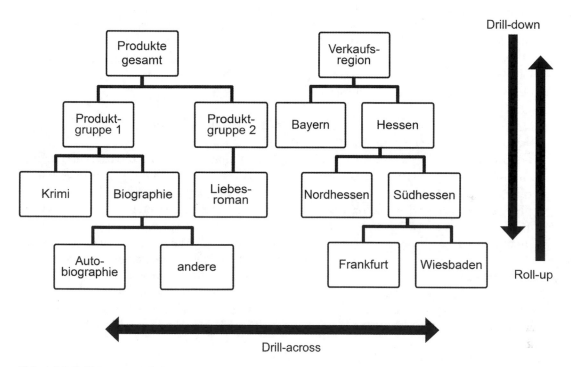

Abb. 4.26 Drill-Down und Roll-Up

Die erste Frage lässt sich mit den Tools eines
Data Warehouse und OLAP sehr gut und auch
zeitnah beantworten.

Zur Beantwortung der zweiten Frage benötigen
wir Planzahlen. Idealerweise werden diese mit einer
Planungssoftware erfasst, sodass die Controller im
Unternehmen Abweichungen erkennen und Ursachen ermitteln können, um Maßnahmen zur Korrektur der Abweichung abzuleiten. Weit verbreitet
ist immer noch die Planung mit einer Tabellenkal-
kulationssoftware. So erhält z. B. bei einer Budgetplanung jeder Kostenstellenverantwortliche ein Ta-
bellenkalkulationsarbeitsblatt,   das   dieser   mit

Planzahlen des eigenen Bereichs befüllt. Alle ausgefüllten Arbeitsblätter werden von der Planung
manuell zusammengeführt. Die Ergebnisse werden
präsentiert und gehen in der Regel in weitere Pla-
nungsrunden, in denen Anpassungen vorgenommen werden, da das Budget überschritten wurde
oder Einsparungen vorgenommen werden müssen,
bis letztendlich ein finales Budget feststeht. Dieser
Prozess ist langwierig und aufgrund vieler manueller Schritte fehleranfällig. Auch fehlt die Transparenz des Prozesses: Möchte man feststellen, wer
bereits in welchem Umfang geplant hat oder ob die
Planung bereits abgeschlossen ist, ist dies nicht di-

rekt ersichtlich. Zusätzlich sind Anpassungen in der Tabellenkalkulation, wie z. B. neue Kostenstellen, aufwendig. Ideal wäre es, wenn die Daten direkt in einer zentralen Datenbank vorlägen und Nutzer ihre Anpassungen dort einfügten.

Im Data Warehouse liegen die Dimensionen einer typischen Budgetplanung bereits vor: Kostenstellen, Kostenarten, Zeiten, Kennzahlen zur Planung inklusive Istwerten aus vergangenen Jahren sind zentral verfügbar. Es ist also naheliegend, das Data Warehouse als Datenbasis für das Planungssystem und OLAP für die Analysen zu nutzen. Die meisten OLAP-Tools bieten daher umfangreiche Planungsfunktionalitäten sowie Workflows zum Monitoring der Planung an.

Um planen zu können, werden im Data Warehouse notwendige neue Dimensionen eingeführt. Dies sind:

- Dimension für Kennzahlen mit Ist, Plan und Forecast
- Dimension für die einzelnen Planungsszenarien

Um die Planung mittels OLAP besonders effektiv zu gestalten, bieten OLAP-Tools erweiterte Funktionalitäten an:

- Rückschreiben
  Um die Daten bei den einzelnen Kostenstellenverantwortlichen zu sammeln, sind die Daten im Data Warehouse zu speichern.
- Kopieren
  Basis einer Budgetplanung sind häufig die Istwerte aus dem Vorjahr. In dem Planungstool können die Istwerte aus dem Vorjahr als Planwerte des zu planenden Jahres übernommen werden und stehen als Grundlage für weitere Planungsaktivitäten zur Verfügung.
- Splashen
  Soll das Budget im zu planenden Jahr geringer (höher) ausfallen, kann mittels Splashing ein vorgegebener Wert für das Gesamtbudget topdown auf alle Kostenstellen entsprechend der Verteilung der Istvorjahreswerte übertragen werden.
- Forecast
  Ein Forecast (Prognose) bietet die Möglichkeit, auf Basis der Vergangenheitswerte und

der bisherigen Istwerte eine Vorhersage für die Entwicklung des Budgets der noch fehlenden Monate zu treffen. Nutzungsvoraussetzung für diese Funktionalitäten ist, dass umfangreiche historische Daten vorliegen, um entsprechende Muster zu erkennen. Alternativ ließe sich dies auch mittels Data Mining durchführen.

Mittels Kopieren und Splashing sowie Forecast lassen sich verschiedene „Was wäre wenn"-Szenarien erstellen. Beispiele sind die Verringerung des Budgets um x % insgesamt oder nur in einem Teilbereich. Die aggregierten Werte werden nach jeder Änderung neu berechnet, um die Konsistenz der Daten zu erhalten.

4.3.8 Data Mining

Data Mining hat in den letzten Jahren aufgrund des Hypes um Big Data und Künstliche Intelligenz sowie stark gestiegener Rechnerleistung eine Renaissance erfahren. Typische Anwendungsgebiete sind Betrugserkennung, Predictive Analytics und Maintenance, Empfehlungssysteme, Lieferkettenoptimierung und Sentiment Analysen in Social Media, also automatische Auswertungen von Texten mit dem Ziel, eine geäußerte Haltung als positiv oder negativ zu erkennen. Mittels Data Mining werden dort beachtliche Erfolge erzielt.

▷ Unter **Data Mining** versteht man rechnergestützte Verfahren zur Analyse großer Datenbestände mit dem Ziel, neues Wissen und Muster aus den Datenbeständen zu extrahieren, die

- bislang unbekannt,
- potenziell nützlich und
- leicht verständlich

▷ sind. Data Mining kann somit als Prozess der Wissensentdeckung in Datenmengen bezeichnet werden.

▷ Unter Data Mining wird im weiteren Sinne eine Kombination aus Algorithmen und Tools

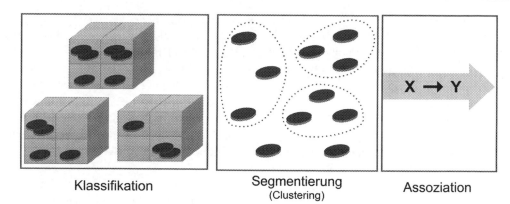

Klassifikation Segmentierung Assoziation
(Clustering)

Abb. 4.27 Data-Mining-Ansätze

verstanden, die Anwendern helfen, Daten zu analysieren und zu verstehen.

Die Aufgaben des Data Mining werden mit gängigen statistischen Verfahren bearbeitet, z. B. der multivariaten Analyse. Dazu zählen (vgl. Abb. 4.27):

- Korrelation
  Bei der Korrelation wird versucht, eine Beziehung zwischen zwei Merkmalen zu finden, die nicht notwendigerweise kausal sein muss. Das Maß der Beziehung ist der Korrelationskoeffizient. Falls man Beziehungen entdeckt, ist zu prüfen, ob tatsächlich ein kausaler Zusammenhang vorliegt.
- Regression
  Die Regressionsanalyse hat zum Ziel, Beziehungen zwischen einer abhängigen und einer oder mehreren unabhängigen Variablen darzustellen. Damit lassen sich Zusammenhänge der Daten modellieren, unbekannte Werte der abhängigen Variablen vorhersagen bzw. Ausreißer identifizieren. Ein typisches Beispiel für die Regressionsanalyse ist die Prognose von Absatzzahlen.
- Klassifikation
  Bei der Klassifikation soll jeder Datensatz jeweils einer bestimmten Klasse (z. B. im Buchhandel: Bestseller bzw. Ladenhüter) zugeordnet werden.
- Segmentierung (Clustering)
  Ziel der Segmentierung bzw. des Clustering ist, Ähnlichkeiten zwischen Daten zu finden und sie in Gruppen einzuteilen.

- Assoziationsanalyse
  Bei der Assoziationsanalyse werden Regeln zwischen gemeinsam auftretenden Daten gesucht.

Beispiel

Die Buchhandelskette möchte Kunden per Post für eine Veranstaltung anschreiben. Aus früheren Aktionen sind bereits Kunden klassifiziert worden, die auf Post reagiert bzw. nicht reagiert haben. Um neue Kunden anzuschreiben, ist es aus Kostengründen sinnvoll, die Post auf die Kunden einzuschränken, die mit einer gewissen Wahrscheinlichkeit antworten werden. Zur Identifikation geeigneter Kunden wird daher ein Klassifikationsverfahren genutzt.

Auch möchte man die Kunden herausfiltern, die in der Vergangenheit häufiger an vergleichbaren Veranstaltungen teilgenommen haben. Die Identifikation entsprechender Kundenmerkmale führt zur Definition geeigneter Segmente, die man kontaktieren möchte.

Für die Durchführung weiterer Werbemaßnahmen sollen die Kunden in ABC-Kunden klassifiziert werden. A-Kunden, besonders wertvolle Kunden, die viel und häufig kaufen, sollen einen Gutschein per Post erhalten. C-Kunden hingegen, die selten und eher wenig kaufen, sollen per E-Mail auf eine Rabattaktion im Onlineshop hingewiesen werden.

Die Buchhandelskette analysiert darüber hinaus die Warenkörbe ihrer Kunden mittels

Assoziationsverfahren, um zu ermitteln, welche Bücher oft zusammen gekauft werden. Auf Basis der Datenauswertungen werden Kunden neue Bücher zum Kauf empfohlen.

4.3.9 Big Data

Big Data ist ein Trend, der sich aktuell in der breiten öffentlichen Diskussion befindet. Big Data steht stellvertretend für die fortschreitende Digitalisierung vieler Lebensbereiche und der damit verbundenen Flut an Daten, die tief in Struktur und Wertschöpfung der Unternehmen eingreift. Daten werden als dominierende und wertvolle Ressource erkannt, die neue Geschäftsfelder eröffnen kann.

Mit **Big Data** bezeichnet man eine große Menge an Daten, die mittels geeigneter Methoden und Technologien verarbeitet werden sollen.

Big Data liegt dann vor, wenn die Möglichkeiten der klassischen Datenhaltung, -verarbeitung und -analyse überschritten werden, die zur Definition der grundlegenden drei Vs von Big Data führen: Volume, Variety und Velocity

- Volume (Menge)
  Volume bezieht sich auf den Anstieg des Datenvolumens. Dies wird verursacht durch den vermehrten Einsatz des Internet of Things, der zunehmenden Protokollierung der IT-Nutzung im Internet und speziell in Sozialen Medien sowie den Zuwachs an Transaktionsdaten durch die wachsende Durchdringung mit IT-Systemen. Hier unterscheidet sich Big Data von klassischer BI, da das Volumen die Möglichkeiten bestehender Systeme hinsichtlich Datenhaltung, -verarbeitung und -analyse übersteigt.
- Variety (Vielfalt der Datenformate)
  Variety bezieht sich auf die unterschiedliche Struktur und Herkunft der Daten und deren Verknüpfung, Integration und Analyse. Klassische BI-Systeme verarbeiten strukturierte Daten, die üblicherweise in relationalen Datenbanken gespeichert werden. Bild-, Audio- und Videodaten erfordern jedoch andere Verfahren zur Datenverknüpfung, -integration und -analyse.

- Velocity (Geschwindigkeit)
  Velocity bezieht sich auf die Geschwindigkeit, mit der Daten entstehen und auszuwerten sind, idealerweise in Echtzeit. Typische Beispiele sind die Echtanzeige von Staus im Straßenverkehr oder Angebot und Nachfrage nach bestimmten Aktien. Klassische BI-Systeme mit hohen Latenzzeiten, d. h. Verzögerungen bei Berechnungen, sind hier überfordert.

Weitere Vs wie Veracity (Korrektheit), Validity (Gültigkeit), Variability (Differenziertheit), Volatility (Volatilität), Vulnerability (Verwundbarkeit) oder Value (Wert) beziehen sich auf Eigenschaften, die auch in klassischen BI-Systemen bereits relevant waren. Nur Visualization, also die Visualisierung großer Datenbestände, erfordert neue Methoden und Technologien.

Big-Data-Projekte zeichnen sich zu Beginn des Lebenszyklus durch einen eher explorativen Charakter aus. Oft ist der Gewinn an Erkenntnis das erste Sachziel, auf dessen Basis sich das weitere Produkt entwickelt. Aufgrund der Komplexität der Projekte ist ein iteratives oder agiles Vorgehen zielführend. Dies setzt sich in einem agilen Anwendungsmanagement fort, da Big-Data-Lösungen permanent zu erweitern und anzupassen sind.

Big Data ist nicht neu, sondern die Fortschreibung bekannter Konzepte in Kombination mit neuen Technologien. Big Data ist daher keine Revolution, sondern vielmehr eine Stufe in der Evolution zu einer stärker datenorientierten Unternehmensrealität. Big Data ergänzt also idealerweise bestehende BI-Systeme und ermöglicht weitere Auswertungsmöglichkeiten, um Entscheidungen vorzubereiten und zu unterstützen.

Die zu Beginn dargestellte Architektur von BI-Systemen wird durch Big-Data-Datenspeicherung und -analyse ergänzt. Kernstück ist ein Data Lake.

▶ In einem **Data Lake** werden Big-Data-Daten in der Regel unmittelbar nach ihrer Entstehung gesammelt, um sie in der klassischen BI nutzen zu können oder in speziellen BI-Analysetools weiterzuverarbeiten und Ergebnisse darzustellen (Advanced Analytics).

Big Data und Business Intelligence verschmelzen in der breiten Diskussion mehr und mehr unter dem neuen Oberbegriff Analytics, da Analysekomponenten eine zentrale Bedeutung erhalten.

Zusammenfassung

In einer globalen Welt mit voranschreitender Digitalisierung und kürzeren Produktzyklen müssen Unternehmen auf Veränderungen mit schnellen Entscheidungen reagieren. Business Intelligence spielt eine zentrale Rolle, um aus Daten in Unternehmen auf allen Ebenen Wissen zur Entscheidungsunterstützung und zur Unternehmenssteuerung zur Verfügung zu stellen.

BI-Systeme stellen eine Kombination aus Technologien und Werkzeugen dar. Sie integrieren unternehmensinterne operative Datenbestände sowie externe Datenquellen in einem zentralen Datenpool und stellen Werkzeuge für Reporting, Analysen, Prognosen und Data Mining zur Verfügung. Somit hat BI einen hohen Nutzen für die Wertschöpfung des Unternehmens.

4.3.10 Aufgaben

Aufgabe 1
Siehe Abb. 4.28.

Aufgabe 2
Warum ist ein Data Warehouse eine gute Grundlage für Planung, Reporting, Data Mining und weitergehende Analysen?

Aufgabe 3
Wie unterscheiden sich operative Daten grundsätzlich von dispositiven Daten?

4.3.11 Lösungen zu Aufgaben

Lösung zu Aufgabe 1
Vgl. Abb. 4.29.

Lösung zu Aufgabe 2
In einem Data Warehouse liegen die Daten bereits in sehr guter Qualität vor, da sie im Zuge der Datenintegration bereits gefiltert, harmonisiert, aggregiert und angereichert wurden. Verschiedene Datenquellen wurden integriert und die Daten in Zeitreihen gespeichert. Somit bietet das Data Warehouse eine verlässliche und qualitätsgesicherte Datengrundlage für weiterführende Analysen, Reporting und Planung.

Lösung zu Aufgabe 3
Operative Daten sind transaktionsorientierte Daten eines Unternehmens aus dem operativen Tagesgeschäft. Sie werden u. a. von ERP-Systemen, Buchhaltungsprogrammen und Warenwirtschaftssystemen erzeugt. Dispositive Daten sind für Analyse-, Kontroll- und Steuerungszwecke aufbereitete und dauerhaft gespeicherte operative Daten, oft angereichert durch weitere externe Daten und Strukturen.

4.4 IT-Service-Management

Bernhard Ostheimer

Lernziele
- Definition und Abgrenzung von IT-Service-Management
- Gängige IT-Service-Managementmodelle

RegNr	Region	VertrNr	Vertreter	MonatNr	Monat	Jahr	ProdNr	ProdBez	Umsatz (€)
R1	Mainz	V1	Müller	01	Jan	20xx	P1	Maschine1	20.000
R1	Mainz	V1	Müller	02	Feb	20xx	P2	Maschine2	30.000
R2	Bingen	V2	Meier	01	Jan	20xx	P1	Maschine1	15.000
R2	Bingen	V2	Meier	02	Feb	20xx	P2	Maschine2	20.000

Abb. 4.28 Aufgabe 1

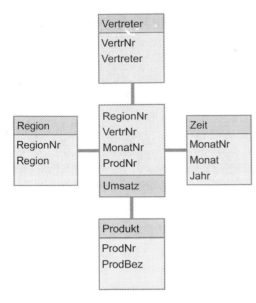

Abb. 4.29 Lösung zu Aufgabe 1

Überblick
Durch die IT wird heute eine Vielzahl von
Services (= Dienstleistungen) intern wie
auch extern erbracht. Die Vielfältigkeit der
Services und ihrer Abhängigkeiten erfordern ein entsprechendes Management. Zu
klären ist, wie sich aus den verschiedenen
IT Services in ihrer Kombination ein größt-
möglicher Nutzen ziehen lässt. Hier kommen IT-Service-Managementmodelle ins
Spiel. Sie sollen das Zusammenspiel der
Services handhabbar, effizient und effektiv
gestalten.

4.4.1 Einführung

Das IT-Service-Management umfasst Planung,
Steuerung, Implementierung und Kontrolle von
IT-basierten Dienstleistungen (vgl. Abschn. 2.3.2), die nicht nur technischen Anforderungen genügen, sondern auch aus geschäftsori-
entierter Perspektive nutzenstiftend sind.

▷ **IT-Service-Management** bezeichnet die
Gesamtheit aller Maßnahmen und Methoden, die

notwendig sind, um eine qualitativ hochwertige
und gleichzeitig effiziente Unterstützung von
Geschäftsprozessen durch die IT-Organisation zu
erreichen.

IT-Service-Management basiert auf einer Kombination von Menschen, Prozessen und Informationstechnologie. Es steht eine nutzungsorientierte Perspektive im Mittelpunkt, keine technikzentrierte
Sichtweise. So können kontinuierlich Qualität und
Wirtschaftlichkeit der jeweiligen IT-Organisation
verbessert werden. Die „Serviceorientierung" fußt
auf einem systematischen, kundenorientierten Vorgehen zum Management von Diensten.

Beispiel
Betrachtet man den typischen IT-Service
„Helpdesk", d. h. die Unterstützung von Mitarbeitern bei Fragen und Problemen rund um
die IT, so hat IT-Service-Management die
Aufgabe, geeignete Prozesse und Strukturen
zu definieren und bereitzustellen, um auftretende Probleme so schnell und einfach wie
möglich zu beheben und damit eine hohe Mit-
arbeiterzufriedenheit zu erreichen.

Nach ihrem Ziel lassen sich kundenorientierte
und unterstützende IT-Services differenzieren:

- Kundenorientierte IT-Services
  IT-Services werden für externe oder interne
  Kunden angeboten und stiften für diesen Kun-
  den einen Nutzen:
  - Ein externer kundeorientierter IT-Service
    ist z. B. die Bereitstellung von Web Ser-
    vices zur Nutzung durch Entwickler einer
    webbasierten Anwendung. So kann man
    beispielsweise automatisch aktuelle Daten
    wie Wetterinformationen abfragen oder
    Karten mit Standorten anzeigen lassen.
  - Ein interner kundenorientierter IT-Service
    ist z. B. die Bereitstellung des E-Mail-Diens-
    tes für alle Mitarbeiter eines Unternehmens.
    Kunden des IT-Services werden innerhalb
    des anbietenden Unternehmens gefunden.
- Unterstützende IT-Services
  Einige IT-Services haben als Bestandteil an-
  derer IT-Services eher unterstützenden Cha-

rakter, wie z. B. die Bereitstellung einer WLAN-Infrastruktur durch die IT-Abteilung eines Unternehmens, damit das Tagesgeschäft mit mobilen Endgeräten durchgeführt werden kann. Sie dienen als Baustein zur Erstellung oder als Hilfsmittel zur Veröffentlichung von anderen IT-Services.

Wie können nun IT-Services in einem Unternehmen strukturiert betrachtet werden? Ein Ansatz zum IT-Service-Management ist die Verwendung von Informationsmodellen (engl. „information model").

▷ Ein **Informationsmodell** ist eine abstrakte Abbildung von Objekten mit ihren Eigenschaften und Beziehungen.

▷ Unter einem **Referenzmodell** wird ein Informationsmodell verstanden, dessen Inhalte bei der Konstruktion weiterer Informationsmodelle wiederverwendet werden.

Ein Beispiel eines Informationsmodells ist ein Datenmodell mit Beschreibung der Inhalte der Datenbank oder die Modellierung eines Geschäftsprozesses mit den beteiligten Abteilungen. Informationen umfassen hierbei auch die Bedeutung von Daten. Zur schnelleren und verbesserten Entwicklung unternehmensspezifischer Modelle werden Referenzmodelle genutzt.

In der Praxis finden sich viele Referenzmodelle, die auf unterschiedliche Anforderungen und Verwendungszwecke ausgelegt sind:

- ISO/IEC 20000
  Das in der internationalen Norm ISO 20000 beschriebene Referenzmodell ISO/IEC 20000 ist vor allem bei europäischen und asiatischen Unternehmen im Einsatz.
- ITIL
  Die IT Infrastructure Library (ITIL) ist eine Sammlung von Best-Practice-Vorschlägen für das IT-Service-Management.
- FitSM
  FitSM stellt ein Referenzmodell dar, das vor allem für den Einsatz in kleinen und mittelständischen Unternehmen geeignet ist.

Daneben existieren weitere Referenzmodelle aus dem IT-Service-Managementkontext, die als eher

- unternehmensführungsorientiert wie z. B. COBIT,
- herstellergetrieben wie z. B. Microsoft Operations Framework (MOF) oder
- branchenspezifisch wie z. B. enhanced Telecom Operations Map (eTOM)

einzustufen sind und nicht näher behandelt werden.

IT-Service-Management wird in Unternehmen durch Softwaretools unterstützt. Am Markt existieren eine Vielzahl unterschiedlicher Produkte, die sich nach Verbreitungsgrad, Funktionsumfang und Preis erheblich unterscheiden. Häufig eingesetzte umfangreiche Softwaretools sind ServiceNow, BMC Remedy, Samanage Service Platform, TOPdesk und Produkte der Hersteller Atlassian, HPE, IBM und CA. Auch Open-Source-Software deckt zumindest teilweise die IT-Service-Managementbedarfe ab, wie z. B. openITCOCKPIT, i-doit und OTRS.

4.4.2 ISO/IEC 20000

ISO/IEC 20000 ist eine internationale Norm und bietet seit 2005 einen Rahmen zur Ausrichtung der Leistungserbringung und Lieferung von IT-Services. Sie dient als messbarer Qualitätsstandard für das IT-Service-Management. Zertifiziert werden können (Teil-) Organisationen, Niederlassungen oder IT-Services. Eine ISO/IEC 20000-Zertifizierung bescheinigt den Unternehmen die Konformität des vorhandenen IT-Service-Managements gemäß den Vorgaben der ISO/IEC 20000 für einen Zeitraum von drei Jahren; die Zertifizierung kann durch eine Folgeprüfung („Rezertifizierung") verlängert werden.

ISO/IEC 20000 basiert auf dem ITIL-Referenzmodell sowie auf der britischen Norm BS 15000. Wie andere IT-Service-Managementkonzepte zielt ISO 20000 darauf ab, den Konflikt zwischen Qualität und Kosten in der IT durch Standardisierung auszubalancieren. Gleichzeitig sollen IT-Services einen Beitrag zur

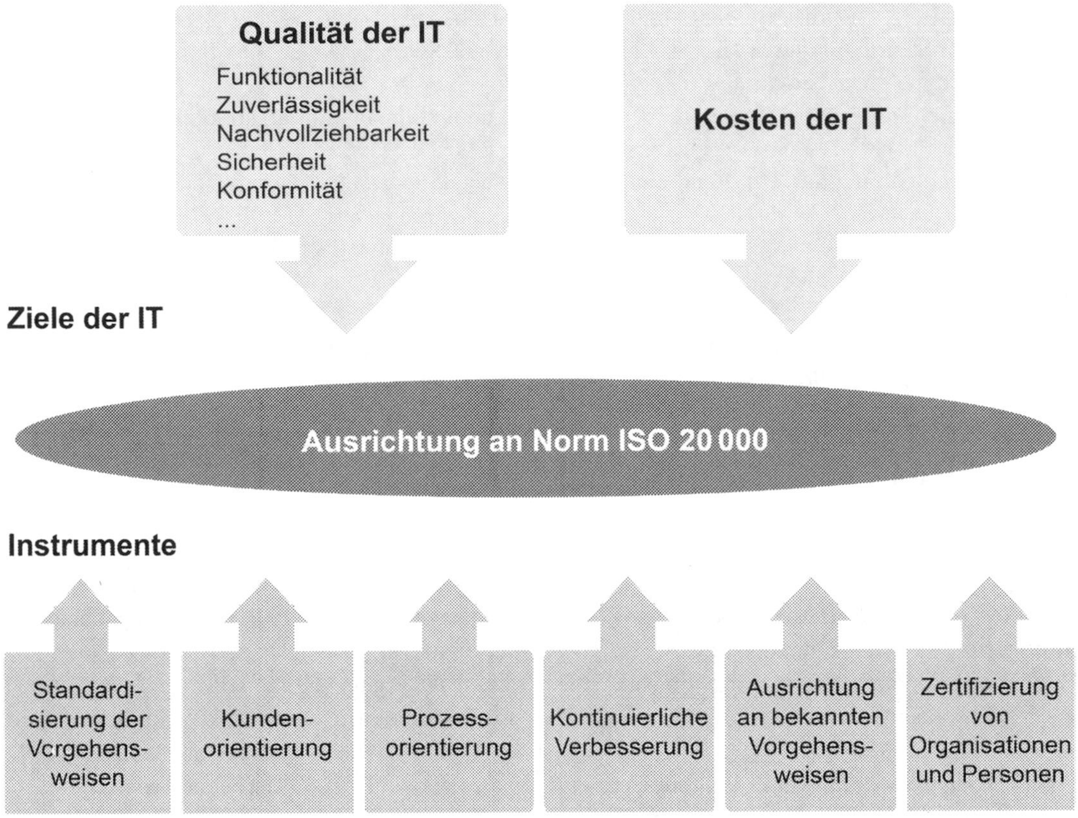

Abb. 4.30 Ziele und Instrumente einer Zertifizierung nach ISO/IEC 20000

Erreichung der Unternehmensziele leisten. Abb. 4.30 zeigt, welche Instrumente gemäß ISO/IEC 20000 genutzt werden, um die IT-Ziele zu erreichen.

Folgende Instrumente sind nach ISO/IEC 20000 geeignet, um IT-Service-Management effizient und effektiv zu gestalten:

• Standardisierung der Vorgehensweise
Eine standardisierte Vorgehensweise ermöglicht größere Unabhängigkeit von Personen, Zeit und Ort sowie höhere Transparenz. Dies führt zu besserer Planbarkeit, Nachvollziehbarkeit und Handhabbarkeit. Außerdem erlaubt eine standardisierte Vorgehensweise, IT-Services modular aufzubauen, skalierbar und für Dritte überprüfbar zu machen.

• Kundenorientierung
IT-Services werden mit Blick auf den Kunden erbracht; Umfang sowie Qualität werden in SLAs festgehalten. Dies verbessert sowohl die Transparenz der Services als auch die Kundenzufriedenheit.

• Prozessorientierung
Betriebskosten und -risiken sollen gesenkt und die Qualität der IT-Services gesteigert werden, indem die IT-Prozesse mit den zu unterstützenden Geschäftsprozessen abgestimmt werden.

• Kontinuierliche Verbesserung
Durch laufende Prüfungen und Bewertungen unter Anlehnung an Prinzipien und Methoden des Qualitätsmanagements werden die IT-Services kontinuierlich verbessert.

• Ausrichtung an bekannten Vorgehensweisen
Durch Anlehnung an bereits existierende und funktionierende Standardprozesse und Rahmenwerke soll im Unternehmen eine höhere Akzeptanz geschaffen werden.

• Zertifizierung von Organisation und Personen

Ein durch eine unabhängige Zertifizierungs-stelle erteiltes Zertifikat und regelmäßige Re-zertifizierungen gelten als Qualitätssiegel und als Erfolgsnachweis. Innerhalb des Unterneh-mens soll eine Zertifizierung eine Verbesserung der IT-Serviceprozesse erbringen, in der Au-ßensicht erhöht eine Zertifizierung die Wettbe-werbsfähigkeit gegenüber Konkurrenten.

Die Norm ISO/IEC 20000 besteht aus fünf Teilen:

- Teil 1 „Service Management System Require-ments"
  In diesem Teil werden Mindestanforderungen an das Servicemanagementsystem festgelegt und Anforderungen wie Planung, Design und Bereitstellungen von IT-Services beschrieben.
- Teil 2 „Guidance on the application of service management systems"
  Teil 2 ergänzt Teil 1 um Beispiele sowie An-wendungsvorschläge und bietet Leitlinien zur Verwendung von IT-Service-Managementsystemen.
- Teil 3 „Guidance on scope definition and ap-plicability of ISO/IEC 20000-1"
  Dieser Teil enthält anwendungsorientierte Hinweise zur Definition des Umfangs, An-wendbarkeit und zum Nachweis der Anforde-rungskonformität aus Teil 1.
- Teil 4 „Process reference model"
  In Teil 4 wird ein Prozessbewertungsmodell nach den Prinzipien der ISO/IEC 15504 Pro-zessbewertung konzipiert.
- Teil 5 „Exemplar implementation plan for ISO/IEC 20000-1"
  Teil 5 enthält einen beispielhaften Implemen-tierungsplan für Dienstleister für ein Service-Management-System.

Zertifizierte Unternehmen lassen sich hauptsäch-lich in Europa – vor allem in Großbritannien auf-grund der Nachfolge der Norm BS 15000 – und in Asien finden. Die hohe Anzahl zertifizierter asiatischer Unternehmen lässt sich damit erklä-ren, dass diese Offshoring für europäische und nordamerikanische Unternehmen anbieten und die Qualität ihrer Services durch die ISO/IEC 20000-Zertifizierung belegen möchten.

4.4.3 ITIL

Die „Information Technology Infrastructure Li-brary" (ITIL) ist ein häufig verwendetes Frame-work für IT-Service-Management. Basis von ITIL ist eine Sammlung von Best-Practice-Ansätzen. ITIL besteht aus gesammelten und zusammenge-fassten Prozessen, Funktionen und Rollen typi-scher IT-Infrastrukturen in Unternehmen.

Ziel von ITIL ist eine optimale IT-Unterstützung für bestehende Geschäftsprozesse. ITIL soll gleichzeitig die Chance bieten, neue Geschäftsprozesse durch IT zu ermöglichen. Da-bei beschreibt ITIL nicht nur das Management von Technologie und Prozessen, sondern auch die qualitative Verbesserung der Kenntnisse be-teiligter Personen, Prozesse und Technologien.

ITIL besteht aus fünf Bänden, in denen Be-standteile und Zusammenhänge einer lebenszyk-lusorientierten Betrachtung von IT-Services de-tailliert werden:

- Servicestrategie (engl. „service strategy")
- Serviceentwicklung (engl. „service design")
- Serviceinbetriebnahme (engl. „service transi-tion")
- Servicebetrieb (engl. „service operation")
- Kontinuierliche Serviceverbesserung (engl. „continual service improvement")

Dabei bedingen und fördern sich die einzelnen Bereiche gegenseitig.

Betrachtet man einen IT-Service aus der Le-benszyklusperspektive, d. h. von der Entwick-lung bis zur Außerbetriebnahme eines Service (engl. „retirement"), steht die Servicestrategie an erster Stelle: Welche IT-Services sollte ein Unter-nehmen erbringen, um wettbewerbsfähig zu sein? Daraus folgen direkt die Fragestellungen: „Welchen IT-Service soll ein Unternehmen an-bieten und welche nicht?" und „Warum wird ein Kunde für die IT-Services bezahlen?" Ziel ist die Beschreibung aller

- bereitgestellten (gesammelt im Servicekatalog)
- vorgeschlagenen (gesammelt in der Servicepi-peline) und
- entfernten

Strategy Management for IT Services	Service Portfolio Management	Financial Management for IT Services	Demand Management	Business Relationship Management
Strategie zur Bereitstellung und Bewertung von Services	Verwaltung von Serviceportfolio zur Erreichung der Geschäftsergebnisse	Planung des Budget und der Leistungsverrechnung	Kundenbedarf analysieren, vorhersehen, beeinflussen und Kapazitäten sicherstellen	Identifikation und Zufriedenstellung der Kundenbedürfnisse mit geeigneten Services

Abb. 4.31 Hauptprozesse der Servicestrategie

Service Level Management	Availability Management	Capacity Management	Continuity Management
SLA, OLA, Underpinning Contracts	Management aller Faktoren, die zur Verfügbarkeit der IT-Services beitragen	Kapazität der IT-Services und Infrastruktur, Anforderungsplanung	ITSCM, SLA Minimalanforderungen einhalten

Information Security Management	Service Catalogue Management	Supplier Management	Design Coordination
Vertraulichkeit, Integrität, Verfügbarkeit aller IT-Servicefaktoren	Informationen zu allen Services, Status, Abhängigkeiten	Prüfung der Lieferantenverträge, Notwendigkeit und Erfüllung der Pflichten	Koordination aller Servicedesignaktivitäten, Prozesse, Ressourcen

Abb. 4.32 Hauptprozesse der Serviceentwicklung

IT-Services einer Organisation. Dabei umfasst die Servicestrategie fünf Hauptprozesse (vgl. Abb. 4.31).

Im Rahmen der Serviceentwicklung werden IT-Services und Lösungen auf Grundlage konkreter Anforderungen entwickelt. Hierzu gehört der Entwurf neuer IT-Services ebenso wie Änderungen und Verbesserungen bereits vorhandener IT-Services. Es lassen sich acht Hauptprozesse der Serviceentwicklung unterscheiden (vgl. Abb. 4.32).

Der Hauptprozess „Design Coordination" im Rahmen der Serviceentwicklung enthält die Koordination aller Aktivitäten, Prozesse und Ressourcen. Er kann als ein „Überwachungsprozess" der Serviceentwicklung gesehen werden. Es besteht eine enge Verknüpfung zu Risk, Compliance & Architecture Management.

Beispiel

Ein Unternehmen hat die Bearbeitung von Hard- und Softwareproblemen von Mitarbeitern bislang dezentral in den einzelnen Fachabteilungen angesiedelt. Diese Lösung führt jedoch dazu, dass in allen Fachhabteilungen Mitarbeiter mit entsprechenden IT-Kenntnissen beschäftigt sein müssen. Das Unternehmen ist mit der jetzigen Lösung daher unzufrieden und möchte einen zentralen Helpdesk für alle Mitarbeiter einführen.

Ziel der Serviceentwicklung ist daher die Definition entsprechender Prozesse, um einen zentralen Helpdesk zu etablieren, sowie die Spezifikation von Kennzahlen, denen ein zentraler Helpdesk genügen muss. Dazu zählen z. B. Antwortzeiten bei auftretenden Problemen oder Problembehebungszeiten.

Die Serviceinbetriebnahme hat das Ziel, IT-Services aufzubauen und einzuführen. Hierzu ist ein besonderes Augenmerk auf die Frage zu legen, wie Änderungen (engl.: changes) an IT-Services und Servicemanagementprozessen koordiniert und passend durchgeführt werden. Es können acht Hauptprozesse in der Serviceinbetriebnahme differenziert werden (vgl. Abb. 4.33).

Für die verschiedenen Hauptprozesse gibt es jeweils unterschiedliche Kennzahlen, wie z. B. die Anzahl dringender Notfall-Changes. Die Hauptprozesse werden durch Checklisten unterstützt: aktuell sind ca. 100 Checklisten in der ITIL-Prozesslandkarte vorhanden, wie z. B. die Checkliste für einen formellen Antrag zur Durchführung eines Changes: welche Angaben sind zur Durchführung eines Changes notwendig? Kennzahlen und Checklisten können als Leitlinien bei der praktischen Umsetzung der Prozesse eine wichtige Unterstützung sein.

Beispiel

Nach der Definition entsprechender Prozesse und Kennzahlen wird der zentrale Helpdesk im Unternehmen implementiert und der Service in Betrieb genommen. Stellt sich während der Durchführung heraus, dass ein Prozess anzupassen ist (z. B. weil die Nutzer nicht nur über ein Ticketsystem per E-Mail mit dem Helpdesk kommunizieren wollen, sondern eine Telefonhotline haben möchten), muss ein Change definiert und durchgeführt werden.

Change Management	Change-Evaluierung	Projektmanagement (Transition Planning and Support)	Anwendungsentwicklung
Lebenszyklus aller Changes steuern	Bewerten von umfangreichen Changes	Planung und Koordinierung der Ressourcen	Entwicklung von Anwendungen und Systemen für Funktionalität der IT-Services

Release and Deployment Management	Servicevalidierung und Test	Service Asset und Configuration Management	Knowledge Management
Planen, Festlegen und Kontrollieren, wie ein Release getestet und in Live-Umgebung ausgerollt wird.	Sicherstellung der Qualitätsprüfung von Services und Bewertung der angemessenen Unterstützung durch IT-Betrieb	Bereitstellung von Informationen zu Configuration Items	Erfassen, Analysieren, Speichern und Bereitstellen von Wissen und Informationen innerhalb des Unternehmens

Abb. 4.33 Hauptprozesse der Serviceinbetriebnahme

Der Servicebetrieb konzentriert sich auf die tägliche Erbringung von IT-Services. Hierzu zählen die Behebung von Störungen, die Administration der Systeme und die Aufrechterhaltung der Servicequalität im Tagesbetrieb.

Typische Spannungsfelder, die im Rahmen des Servicebetriebs auftreten, sind z. B. Stabilität vs. Antwortzeit und Qualität vs. Kosten. Diese Spannungsfelder sind begründet unter anderem in der Schwierigkeit der kontinuierlichen Bereitstellung von IT-Services auf einem definierten Servicelevel und der kontinuierlichen technischen und organisatorischen Weiterentwicklung. Typische Auswirkungen können beispielsweise die Verfehlung der Geschäftsanforderungen, schlechte Antwortzeiten und zu hohe Kosten sein.

Beispiel

Bei Systemausfällen sucht das Helpdesk eine schnelle Lösung (z. B. Neustart der Server), aber falls dieselben Probleme mehrfach auftreten, sind tiefergehende Analysen notwendig, um eine nachhaltige Lösung zu finden. Gibt es beispielsweise vermehrt Abstürze in einer Anwendung, ist die tiefere Ursache eventuell ein neu eingespieltes Update, Dateninkonsistenzen, Netzwerkprobleme, der Ausfall verbundener Systeme usw. Das Helpdesk zieht dann zur Problemlösung weitere Spezialisten oder den Softwarehersteller hinzu, informiert die Nutzer und stellt Umgehungsvorschläge bereit, bis das Problem behoben ist.

Die kontinuierliche Serviceverbesserung nutzt bekannte und bewährte Qualitätsverbesserungsverfahren. Dabei beruht die kontinuierliche Serviceverbesserung auf dem häufig verwendeten Plan-Do-Check-Act-Kreislauf (PDCA-Zyklus). Dieses evolutionäre Vorgehen umfasst neben einem Service Review, also der regelmäßigen Beurteilung eines Services mit Vorschlägen zur Qualitätsverbesserung, auch die Bewertung der Serviceprozesse des Serviceanbieters, z. B. durch Audits. Auf Basis der Ergebnisse dieser beiden Elemente erfolgt im nächsten Schritt die Definition von Initiativen zur Verbesserung mit Hilfe konkreter Projekte, deren Durchführungsüberwachung ein wichtiger Bestandteil der kontinuierlichen Serviceverbesserung ist.

4.4.4   FitSM

FitSM setzt da an, wo umfangreiche, sprich schwergewichtige IT-Service-Managementstandards ihre Schwächen zeigen. Durch ständige Erweiterungen wurden diese Standards oft so umfangreich, dass viele Unternehmen bei der entsprechenden Umsetzung überfordert sind.

▶ **FitSM** ist eine knappe, also leichtgewichtige Sammlung von standardisierten Verfahren zur einfachen Umsetzung eines IT-Service-Managements.

Dabei beschränkt sich FitSM auf die Kernbestandteile des IT-Service-Managements: 14 Prozesse auf insgesamt ca. 40 Seiten Dokumentation. FitSM eignet sich daher vor allem für kleine und mittelständische Unternehmen mit kleineren IT-Abteilungen, die weder personelle noch know-how-bezogene Kapazitäten besitzen, um ausgeprägte Rollenkonzepte und Formalisierungen umzusetzen.

FitSM besteht aus sieben Modulen, die bei der Umsetzung eines IT-Service-Managements eine unterstützende Funktion haben (vgl. Abb. 4.34). Die ersten vier Module (FitSM-0 – FitSM-3) bilden den Kernstandard und werden pro Modul in einem Dokument abgebildet. Die weiteren drei Module (FitSM-4 – FitSM-6) sind zusätzliche Dokumentationen in Form von Vorlagen und Guidelines. Diese sind nicht zwingend erforderlich, aber gerade für Einsteiger im IT-Service-Management bei der Umsetzung hilfreich.

Kurz zusammengefasst:

- FitSM-0
  Das erste Modul erklärt die Prinzipien von FitSM sowie das für die anderen Module notwendige Vokabular anhand von 75 Begriffen.
- FitSM-1
  Modul 2 definiert 16 allgemeine und 69 prozessbezogene Anforderungen, die erfüllt sein müssen, um FitSM-konform zu sein.
- FitSM-2
  Das dritte Modul liefert Handlungsempfehlungen, die bei der Umsetzung der Anforderungen unterstützen.

Abb. 4.34 FitSM-
Aufbau

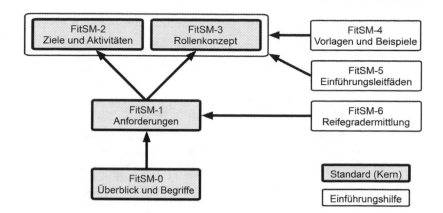

- FitSM-3
  Modul 4 spezifiziert das Rollenmodell zugeschnitten auf die Anforderungen. Dabei wer-
  den allgemeine sowie prozessspezifische Rollen, wie z. B. Service Owner, Servicecoach
  und Serviceteam in einem Servicemanagementsystem beschreiben.
- FitSM-4
  Das fünfte Modul enthält vordefinierte Vorlagen wie z. B. Muster zur Definition von Service Level Agreements, die von Unternehmen
  genutzt und angepasst werden können.
- FitSM-5
  Modul 6 bietet Leitfäden und Checklisten zur
  Unterstützung bei der Umsetzung eines
  IT-Service-Managements.
- FitSM-6
  Das letzte Modul besteht aus einem Selbstbe-
  wertungstool zur Feststellung des Reifegrades
  der IT-Service-Managementprozesse. Damit
  lässt sich aufzeigen, ob die gesetzten Ziele erreicht wurden und wo Verbesserungen möglich sind.

FitSM basiert auf den bestehenden Ansätzen eta-
blierter IT-Service-Managementstandards. Dennoch gibt es Anwendungsfälle, bei denen es von
Vorteil sein kann, FitSM mit den gängigen
IT-Service-Managementstandards zu kombinieren: So kann FitSM als Einstieg in das IT-Service-
Management genutzt werden. Falls notwendig,
lassen sich über die Kernprozesse hinaus noch
erweiterte Prozesse aus ITIL integrieren. Ebenso
können nach ITIL ausgerichtete Unternehmen

das Bewertungstool von FitSM (FitSM-6) nutzen, um den Reifegrad ihrer Prozesse zu bewerten.

Zusammenfassung

Das kontiniuerliche IT-Service-Management ist
heute eine wichtige Voraussetzung für einen ef-
fektiven und effizienten Einsatz von IT-Services
in Unternehmen. Ansätze wie ISO/IEC 20000,
ITIL oder FitSM stellen standardisierte Muster
zur Verfügung, um geeignete Prozesse und Dokumentationen aufzusetzen.

4.4.5 Aufgaben

Aufgabe 1
Was versteht man unter einem IT-Service? Wieso
ist ein systematisches Management von IT-
Services sinnvoll?

Aufgabe 2
Wie unterscheidet sich die Norm ISO 20000
von anderen IT-Service-Managementreferenzmodellen?

Aufgabe 3
Ein Unternehmen setzt strategisch auf die Nutzung
von Smartphones. Die Nutzer des Raumbuchungs-
systems beschweren sich, dass die Raumbuchungen
derzeit nicht auf dem Smartphone angezeigt und
geändert werden können. Welche Bestandteile von
ITIL sind zur Lösung dieses Problems vorgesehen?

Aufgabe 4

Wie unterscheidet sich FitSM von anderen IT-Service-Managementreferenzmodellen?

4.4.6 Lösungen zu Aufgaben

Lösung zu Aufgabe 1

Ein IT-Service ist eine Dienstleistung, die durch IT-Instrumente geprägt ist und Geschäftsprozesse eines Unternehmens unterstützt oder sogar ermöglicht.

Ein systematisches IT-Service-Management ist sinnvoll, damit eine qualitativ hochwertige, aber auch kosteneffiziente Unterstützung von Geschäftsprozessen durch die IT-Organisation erreicht werden kann.

Lösung zu Aufgabe 2

Die ISO/IEC 20000 Norm dient als messbarer Qualitätsstandard für das IT-Service-Management. Dazu werden in der ISO/IEC 20000 die notwendigen Mindestanforderungen an Prozesse spezifiziert und dargestellt, die eine Organisation etablieren muss, um IT-Services in definierter Qualität bereitstellen und managen zu können. Die ISO/IEC 20000 ist grundsätzlich ausgerichtet an den ITIL-Prozessbeschreibungen und ergänzt diese. Das in der internationalen Norm ISO 20000 beschriebene Referenzmodell ISO/IEC 20000 ist vor allem in europäischen und asiatischen Unternehmen im Einsatz.

Lösung zu Aufgabe 3

- Serviceentwicklung: Aufnahme eines neuen Services in die Servicepipeline bzw. in den Servicekatalog
- Serviceinbetriebnahme: Bereitstellung oder Erweiterung einer App, eventuell mit Zugriffsbeschränkungen bei Änderungen
- Servicebetrieb: Unterstützung bei Fragen, Analyse der Nutzung
- Kontinuierliche Serviceverbesserung: z. B. Anzeige im Terminkalender, Erinnerung/Warnung bei Raumverlegung

Lösung zu Aufgabe 4

FitSM setzt da an, wo umfangreiche IT-Service-Managementstandards ihre Schwächen zeigen. Durch ständige Erweiterungen wurden diese Standards oft so umfangreich, dass viele Unternehmen bei der entsprechenden Umsetzung überfordert sind. FitSM ist eine knappe Sammlung von standardisierten Verfahren zur einfachen Umsetzung eines IT-Service-Managements. Dabei beschränkt sich FitSM auf die Kernbestandteile des IT-Service-Managements. FitSM eignet sich vor allem für kleine und mittelständische Unternehmen mit kleineren IT-Abteilungen, die weder personelle noch know-how-bezogene Kapazitäten besitzen, um ausgeprägte Rollenkonzepte und Formalisierungen umzusetzen.

Literatur

Wirtschaftlichkeit von IT-Investitionen

Busse von Colbe, W., Laßmann, G., & Witte, F. (2015). *Investitionstheorie und Investitionsrechnung*. Berlin/Heidelberg: Springer.

Eisenführ, F., Weber, M., & Langer, T. (2010). *Rationales Entscheiden*. Berlin/Heidelberg: Springer.

Hoffmeister, W. (2008). *Investitionsrechnung und Nutzwertanalyse*. Berlin: Berliner Wissenschafts.

Jung, H. (2014). *Controlling*. München: Oldenbourg.

Laudon, K. C., Laudon, J. P., & Schoder, D. (2016). *Wirtschaftsinformatik, Eine Einführung*. München: Pearson.

Müller, D. (2014). *Investitionscontrolling*. Berlin/Heidelberg: Springer.

Schmidt, G. (2015). *Organisation und Business Analysis – Methoden und Techniken*. Gießen: Verlag Dr. Götz Schmidt.

Taschner, A. (2013). *Business Cases, Ein anwendungsorientierter Leitfaden*. Wiesbaden: Springer Gabler.

IT-Controlling und Performance Measurement

Abts, D., & Mülder, W. (2011). *Grundkurs Wirtschaftsinformatik*. Wiesbaden: Vieweg + Teubner.

Kütz, M. (2013). *IT-Controlling für die Praxis – Konzeption und Methoden*. Heidelberg: dpunkt.

Lang, M. (Hrsg.) (2018). *IT-Management*. Berlin/München/Boston: de Gruyter.

Laudon, K.C., Laudon, J.P., & Schoder, D. (2016). Wirtschaftsinformatik, Eine Einführung. München: Pearson.

Lehner, F., Wildner, S., & Scholz, M. (2008). *Wirtschaftsinformatik, Eine Einführung*. München Wien: Hanser.

Müller, D. (2014). Investitionscontrolling. Berlin/Heidelberg: Springer.

Business Intelligence

Dittmar, C., Felden, C., Finder, R., Scheuch, R., & Tams, L. (2016). *Big Data – Ein Überblick*. Heidelberg: dpunkt.

Few, S. (2013). *Information dashboard design – Displaying data for at-a-glance monitoring*. Burlingame: Analytics Press.

Gluchowski, P., & Chamoni, P. (2016). *Analytische Informationssysteme*. Berlin/Heidelberg: Springer.

Inmon, W. H. (2005). *Building the data warehouse*. Indianapolis: Wiley Publishing Inc.

Kemper, H. G., Baars, H., & Mehanna, W. (2010). *Business Intelligence, Grundlagen und praktische Anwendungen*. Wiesbaden: Vieweg+Teubner.

Kohlhammer, J., Proff, D., & Wiener, A. (2018). *Visual Business Analytics – Effektiver Zugang zu Daten und Informationen*. Heidelberg: dpunkt.

Laudon, K.C., Laudon, J.P., & Schoder, D. (2016). *Wirtschaftsinformatik, Eine Einführung*. München: Pearson.

North, M. (2012). *Data mining for the masses*. North Charleston: CreateSpace Independent Publishing Platform.

IT-Service-Management

Agutter, C. (2015). *ITIL foundation Handbuch*. London: The Stationery Office.

Arraj, V. (2013). *ITIL®: The basics*. https://www.axelos.com/case-studies-and-white-papers/itil-the-basics-white-paper. Zugegriffen am 31.01.2019.

Beims, M., & Ziegenbein, M. (2014). *IT-Service Management in der Praxis mit ITIL*. München: Hanser.

Breiter, A., & Fischer, A. (2011). *Implementierung von IT Service-Management*. Berlin: Springer.

Buchsein, R., & Müller, T. (2016). *ISO/IEC 20000 – IT-service management*. Online im Internet: https://www.iet-solutions.de/files/1714/6486/5848/ger_ISO20000_2016.pdf. Zugegriffen am 31.01.2019.

Czarnecki, C., & Dietze, C. (2017). Domain-specific reference modeling in the telecommunications industry. In M. Alexander, J. vom Brocke, & A. Hevner (Hrsg.), *Designing the digital transformation* (S. 313–329). Berlin: Springer.

Disterer, G. (2009). Zertifizierung der IT nach ISO 20000. *Wirtschaftsinformatik* (S. 530–534, Bd. 51(6)). Berlin: Springer.

IT-Process Maps. (2018). *ITIL Wiki*. Online im Internet: https://wiki.de.it-processmaps.com/index.php/Hauptseite.

IT-Service Management Forum Deutschland e.V. (2018). Hintergrundinformationen über ISO/IEC 200000 Norm, Zertifizierungen. https://www.itsmf.de/community/itsm-querschnitts-fachforen/ak-personenzertifizierung/isoiec-20000.html. Zugegriffen am 31.01.2019.

Normann, R. (1984). *Service management: Strategy and leadership in service business*. Hoboken: Wiley.

Pfitzinger, B., & Jestädt, T. (2016). *IT-Betrieb*. Berlin: Springer Vieweg.

Rohrer, A., & Söllner, D. (2017). *IT-Service Management mit FitSM*. Heidelberg: dpunkt.

Vom Brocke, J. (2003). *Referenzmodellierung: Gestaltung und Verteilung von Konstruktionsprozessen*. Berlin: Logos.

5.1 IT-Sourcing

Anett Mehler-Bicher and Frank Mehler

Lernziele

- Definition und Abgrenzung der Begrifflichkeiten im IT-Sourcing
- Einordnung und Bewertung verschiedener Sourcing-Strategien

Überblick

In den meisten Unternehmen werden IT-Aufgaben wie die Bereitstellung von Software und Hardware für die Mitarbeiter oder die Softwareentwicklung kleinerer Programme oft in Eigenarbeit durchgeführt. Nehmen die Zeitaufwände immer mehr zu, wird hinterfragt, ob man alles selbst machen muss oder z. B. ein externer Dienstleister eingesetzt werden kann.

IT-Sourcing ist für viele Unternehmen ein Ansatz, um Aufgaben, die nicht im Kernkompetenzbereich eines Unternehmens liegen, effektiver, effizienter und meist kostengünstiger abwickeln zu lassen. Dabei stellt sich die Frage: Welche Variante des Sourcings ist für ein Unternehmen die beste?

5.1.1 Einführung

Seit den 1990er-Jahren gewinnt das Thema IT-Sourcing zunehmend an Bedeutung; zeitweise wies der Bereich Outsourcing Wachstumsraten von 20 % auf. Dabei stehen oft IT-basierte Dienstleistungen im Fokus. Eine häufige Motivation ist die Nutzung von Lohnkostenunterschieden in verschiedenen Ländern, aber auch im eigenen Land können externe Dienstleister aufgrund von Skaleneffekten oder spezialisiertem Know-how kostengünstiger anbieten. Zudem fehlen im eigenen Unternehmen oder sogar im ganzen Land teilweise die spezialisierten Arbeitskräfte in der benötigten Anzahl.

▶ **Outsourcing** bezeichnet in der Ökonomie die Abgabe von Unternehmensaufgaben und -strukturen an Drittunternehmen. Zielsetzung ist die Konzentration auf Kernkompetenzen durch Auslagerung von Unternehmensaufgaben, die nicht zu den Kernkompetenzen zählen.

Ein typisches Beispiel für Outsourcing ist das Auslagern der Lohnbuchhaltung. Lohnbuchhaltung ist zwar in jedem Unternehmen wichtig und muss zuverlässig abgewickelt werden, aber sie stellt in den wenigsten Unternehmen einen Wettbewerbsfaktor dar.

Outsourcing ist eine Form des Fremdbezugs von bisher unternehmensintern erbrachter Leistung; entsprechende Verträge fixieren dabei Dauer und Gegenstand der Leistungserbringung. Das grenzt

Outsourcing von sonstigen Partnerschaften ab. In Deutschland wird mit dem Begriff Outsourcing auch die Auslagerung von Arbeitsplätzen in tarifungebundene Tochtergesellschaften verstanden.

Da es in den letzten Jahren häufig gegenläufige Aktivitäten zum Outsourcing, nämlich Back- oder Re-Sourcing beobachtet werden konnten, hat sich zunehmend der Begriff Sourcing durch-

gesetzt, um alle Formen der Verlagerung von Unternehmensaktivitäten zu erfassen.

5.1.2 Varianten des Sourcings

In Abb. 5.1 erfolgt eine Klassifikation der verschiedenen Sourcingvarianten.

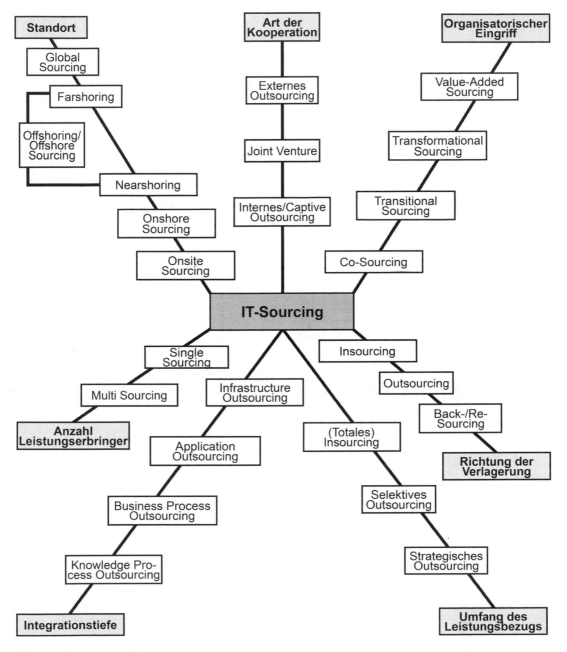

Abb. 5.1 Varianten des IT-Sourcings

Sourcingaktivitäten kann man bzgl. einer Vielzahl von Aspekten klassifizieren. Grundlegende Kategorien und die zugehörigen Skalen/Wertebereiche sind:

- Standort der Leistungsverlagerung: Outsourcing am eigenen Standort oder weiter entfernt
- Art der Kooperation (wirtschaftliche Selbstständigkeit des Dienstleisters): interne bzw. externe Dienstleistung oder gemeinsame Beteiligung
- Organisatorischer Eingriff (Dauer und Organisationsform): Unterstützung bei der kurzfristigen Übernahme einzelner Aufgaben bis hin zur dauerhaften Übertragung
- Anzahl der Leistungserbringer: einer oder mehrere
- Integrationstiefe: Auslagerung von Basisdiensten der IT-Infrastruktur bis zu komplexen Geschäftsprozessen
- Umfang des Leistungsbezugs: Vergabe von keinen oder wenigen Aufgaben bis hin zu vielen Aufgaben an externe Dienstleister
- Richtung der Verlagerung: Von innen nach außen bzw. von außen nach innen

Die Ausprägungen und häufig eingesetzten Schlagworte dieser unterschiedlichen Ansätze werden im Folgenden beschrieben. Zunächst unterscheidet man bzgl. des Standorts.

▶ Verbleiben die Aufgaben oder Strukturen im Unternehmen selbst, wird dies auch als **Onsite** bzw. **On-Premises Sourcing** bezeichnet (On-Premises = in den eigenen Räumlichkeiten, im eigenen Haus).

▶ Werden die Geschäftstätigkeiten innerhalb des eigenen Landes verlagert, spricht man von **Onshore Outsourcing**.

▶ Beim **Offshoring** werden Prozesse weg von der eigenen Küste ins Ausland verlagert, oft aufgrund der Lohnkostenunterschiede.

▶ Bei sehr großen Distanzen der Verlagerung spricht man von Farshoring, bei Verlagerung in nähergelegene Länder von **Nearshoring**.

▶ Verteilt man Offshoring-Aktivitäten weltweit, spricht man auch von **Global Sourcing**.

Der Begriff Offshoring stammt aus der Finanzökonomie, in der Offshorezentren Steueroasen bezeichnen, die mit niedrigen Steuersätzen und striktem Bankgeheimnis ausländische Anleger locken.

Ein typisches Beispiel für Farshoring ist die Auslagerung der Anwendungsentwicklung nach Indien, weil man sich dort gut ausgebildete und frei verfügbare Arbeitskräfte erhofft. Nearshoring hingegen hat große Bedeutung im Kundensupport. Entsprechende Call Center in Ungarn beispielsweise können deutsche Unternehmen unterstützen, da für Ungarn keine Zeitverschiebung berücksichtigt werden muss, aber auch sprachliche Fähigkeiten und günstige Lohnkosten eine Rolle spielen.

Die Differenzierung nach Art der Kooperation wird in der folgenden Definition erläutert.

▶ Beim **internen** oder **Captive Sourcing** erfolgt die Leistungserbringung durch das Unternehmen selbst in Tochtergesellschaften oder Unternehmenseinheiten im In- oder Ausland.

▶ **Joint Ventures** oder **strategische Allianzen** sind gemeinsame Gesellschaften zur Leistungserbringung, an der Sourcinggeber wie auch Sourcingnehmer beteiligt sind.

▶ **Externes Outsourcing** bezeichnet das Outsourcing, bei dem die Leistung von einem Drittunternehmen erbracht wird.

Eine weitere Dimension der Unterscheidung des Outsourcingvorhabens ist der Grad des organisatorischen Eingriffs (Dauer und Organisationsform).

▶ Der Leistungserbringer übernimmt beim **Co-Sourcing** für einen kurzen Zeitraum Organisationsstrukturen oder -aufgaben mit dem Ziel, diese wieder vollständig zurück zu übertragen.

▶ Beim **Transitional Outsourcing** überträgt ein Unternehmen Organisationsstrukturen oder -aufgaben z. B. während eines Technologiewechsels an einen Dienstleister.

▶ **Transformational Outsourcing** zielt darauf ab, dass Organisationsstrukturen oder -aufgaben im Unternehmen durch einen Leistungserbringer reorganisiert werden.

▶ Die Idee des **Value-Added Outsourcing** ist, dass Unternehmensaufgaben oder -organisationsstrukturen dauerhaft an den Leistungserbringer ausgelagert werden.

Co-Sourcing ist eine interessante Variante, wenn z. B. in einer Organisation durch Vakanz in Führungspositionen kurzfristig eine Lösung gefunden werden muss, um den Betrieb aufrechtzuerhalten.

Sowohl beim Transitional als auch Transformational Outsourcing ist nach Abschluss der Aufgaben durch den Leistungserbringer zu klären, ob der Leistungserbringer diese weiter betreibt oder rücküberführt. Transitional wie auch Transformational Outsourcing stellen für Unternehmen sinnvolle Alternativen dar, wenn entweder nicht genügend eigenes Personal vorhanden ist, um z. B. einen Technologiewechsel durchzuführen, oder große Widerstände der Mitarbeiter bzgl. einer Reorganisation befürchtet werden, denen man mit einem externen Dienstleister besser begegnen kann.

Die Auslagerung des kompletten IT-Betriebs eines Unternehmens fällt in die Kategorie Value-Added Outsourcing, da dies aufgrund der Komplexität des Outsourcingvorhabens in der Regel dauerhaft angelegt ist.

Eine weitere Unterscheidung bei der Einteilung von Sourcingaktivitäten ergibt sich durch die Anzahl der Leistungserbringer:

▶ **Single Sourcing** liegt vor, wenn man nur einen Leistungserbringer hat. Im Fall von mehreren Leistungserbringern spricht man von **Multi Sourcing**.

Single Sourcing hat den Nachteil, dass man sich in Abhängigkeit von nur einem Leistungserbringer begibt, aber eine enge Kooperation auch eingespielte Prozesse mit sich bringt. Multi Sourcing ist aufgrund der Koordination der verschiedenen Leistungserbringer sehr komplex und stellt eine organisatorische Herausforderung

dar, kann aber strategisch sinnvoll sein, um flexibler agieren zu können.

Bzgl. der Integrationstiefe (vergleichbar zur Fertigungstiefe) kann man folgende Varianten unterscheiden.

▶ Beim **Infrastructure Sourcing** werden Basisdienste der IT-Infrastruktur ausgelagert.

▶ Das **Application Sourcing** dient der Auslagerung von Unternehmensanwendungen.

▶ Werden Organisationsstrukturen ausgelagert, die der Unterstützung von Geschäftsprozessen dienen, spricht man vom **Business Process Outsourcing**.

▶ Werden Geschäftsprozesse im Kernkompetenzbereich des Unternehmens ausgelagert, so handelt es sich um **Knowledge Process Outsourcing**.

Die Nutzung von IaaS oder PaaS im Rahmen von Cloud-Computing stellen Beispiele für Infrastructure Sourcing dar (vgl. Abschn. 3.4).

Die Auslagerung z. B. des kompletten IT-Betriebs eines Unternehmens fällt in die Kategorie Business Process Outsourcing.

Lagert ein Unternehmen z. B. seinen gesamten Forschungs- und Entwicklungsbereich aus, also eine Kernkompetenz, handelt es sich um ein Knowledge Process Outsourcing.

Differenziert man hinsichtlich Umfang des Leistungsbezugs, wird oft mit folgenden Begriffen gearbeitet:

▶ **Selektives** oder **operatives Sourcing** beschreibt eine kurzfristige Vertragsbindung mit einem anderen Unternehmen zwecks Übernahme einer oder mehrerer spezifischer Aufgaben.

▶ **Strategisches Sourcing** bezeichnet eine langfristige Vertragsbindung mit einem anderen Unternehmen zwecks Übernahme einer oder mehrerer Organisationsfunktionen.

Selektives Outsourcing zielt auf spezielle Aufgaben wie z. B. ein Helpdesk als Anlaufstelle für

Mitarbeiterfragen oder die Bereitstellung von vor-installierten Geräten wie Notebooks oder Smartphones; hier werden klar abgegrenzte Aufgaben ausgelagert. Ein Wechsel des Drittunternehmens ist in der Regel relativ kurzfristig möglich.

Die Auslagerung des kompletten IT-Betriebs eines Unternehmens fällt in die Kategorie „Strategisches Outsourcing", da hier eine langfristige Bindung an das Drittunternehmen erfolgt und umfangreiche Funktionen verlagert werden.

Die Richtung der Verlagerung, also intern oder extern, stellt eine weitere Möglichkeit der Differenzierung dar:

▶ **Insourcing** bezeichnet grundsätzlich den Zustand, dass Unternehmensaufgaben oder -strukturen unternehmensintern abgewickelt werden.

▶ Unter **Back-** oder **Re-Sourcing** versteht man Zurückverlagern ehemals outgesourcter Unternehmensaufgaben oder -strukturen zurück in das Unternehmen.

Oftmals werden die Begriffe Insourcing und Backsourcing synonym verwendet.

In den letzten Jahren haben einige Unternehmen, die zum Teil umfangreiche Outsourcingak-tivitäten initiiert hatten, aufgrund negativer Erfahrungen Backsourcing durchgeführt, d. h. bisher outgesourcte Bereiche wieder ins Unternehmen eingegliedert.

IT-Sourcing weist eine Reihe von Vorteilen und Chancen, zugleich aber auch Nachteile und Risiken auf (vgl. Abb. 5.2):

- Vorteile und Chancen sind im Wesentlichen Kostenersparnisse, Nutzung spezialisierter Kenntnisse, schnelle Verfügbarkeit von Standarddienstleistungen und Schließen von personellen Lücken.
- Nachteile äußern sich vor allem im Know-how-Verlust, der Abhängigkeit vom Leistungserbringer und geringerer Flexibilität bzw. weniger Einfluss als bei intern zu erbringenden Leistungen. Ein typisches Risiko ist eine nicht passende Leistungserbringung durch falsche vertragliche Regelungen. Insbesondere beim Offshoring/Farshoring/Global Sourcing gibt es auch aufgrund unterschiedlicher Sprachen, Zeitzonen und kultureller Unterschiede Risiken bzgl. Abstimmungsproblemen bzw. Mehraufwand durch höhere Koordination interner und externer Aktivitäten.

Abb. 5.2 Vor- und Nachteile des IT-Sourcings

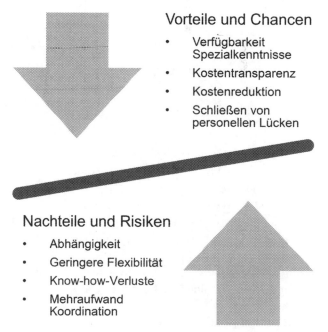

Vorteile und Chancen
- Verfügbarkeit Spezialkenntnisse
- Kostentransparenz
- Kostenreduktion
- Schließen von personellen Lücken

Nachteile und Risiken
- Abhängigkeit
- Geringere Flexibilität
- Know-how-Verluste
- Mehraufwand Koordination

Zusammenfassung

IT-Sourcing umfasst eine Vielzahl von Sourcingausprägungen. Durch Cloud-Computing und die weiter zunehmende Digitalisierung von Prozessen sind Ansätze des IT-Sourcings für viele Unternehmen sehr interessant. Die Schwierigkeit besteht jedoch darin, die für ein Unternehmen und Aufgaben jeweils geeignete Form des Sourcings mit den passenden Partnern zu finden.

5.1.3 Aufgaben

Aufgabe 1
Nennen Sie typische Beispiele für Ausprägungen des Outsourcings hinsichtlich zeitlicher und inhaltlicher Dimensionen.

Aufgabe 2
Das IT-Katastrophenmanagement für den Fall eines Brandes oder eines Hackerangriffs soll vorbereitet werden, ein alternatives Rechenzentrum innerhalb von einer Stunde voll betriebsbereit sein (Hot Standby). Welche Arten des Outsourcings kommen in Frage?

Aufgabe 3
Diskutieren Sie Vor- und Nachteile von Outsourcing.

5.1.4 Lösungen zu Aufgaben

Lösung zu Aufgabe 1
Vgl. Abb. 5.1.

- Umfang des Leistungsbezuges: (totales) Insourcing, selektives Outsourcing, strategisches Outsourcing
- Grad der organisatorischen Einwirkung: Co-Sourcing, Transitional Sourcing, Transformational Sourcing, Value-Added Sourcing

Lösung zu Aufgabe 2
- Standort der Leistungsverlagerung: Onshore Outsourcing
- Art der Kooperation: Externes Outsourcing

- Organisatorischer Eingriff (Dauer und Organisationsform): Co-Sourcing
- Anzahl der Leistungserbringer: Single Sourcing
- Integrationstiefe: Infrastructure Outsourcing
- Umfang und Bedeutung des Leistungsbezugs: Selektives Outsourcing
- Richtung der Verlagerung: Outsourcing

Lösung zu Aufgabe 3
- Vorteile: Kostenreduktion, Skalierbarkeit, spezialisierter Leistungserbringer, …
- Nachteile: Abhängigkeit vom Leistungserbringer, Kompetenzverlust, …

5.2 Innovationen in der IT

Bernhard Ostheimer

Lernziele
- Grundverständnis von Innovationen
- Typische Ansätze des Innovationsmanagements

Überblick
Innovationen sind notwendig, um Technologien, Prozesse, Anwendungen und Produkte (weiter-)zuentwickeln. Fehlende Innovationen bedeuten Stillstand. Doch was macht eine Innovation aus? Wo treten Innovationen häufig auf? Wie kann man Innovationen managen? Was zeichnet innovationsstarke Unternehmen aus?

5.2.1 Einführung

Innovation beschreibt neue Ideen, Erfindungen und deren Nutzung. Innovationen können durch Unternehmen in den Markt gebracht werden, aber auch innerhalb eines Unternehmens eingesetzt werden.

Beispiel

Betrachtet man Unternehmen aus der jüngeren Geschichte von ehemals marktführenden Unternehmen wie Quelle (Versandhandel), Grundig (Rundfunk- und Fernsehgeräte) oder Kodak (Filmmaterial) wird deutlich, dass Innovation ein mitentscheidender Aspekt für den Fortbestand eines Unternehmens ist. Auch das Beispiel Nokia, bis 2008 noch Weltmarktführer für Handys, zeigt deutlich, wie schnell ein Unternehmen durch Nichtbeachtung von Innovationsbedarf seine Marktanteile verlieren kann.

Den genannten Beispielen gemeinsam ist umfangreiches Know-how der Mitarbeiter über Produktentwicklung, Produktionsverfahren, Markt und Logistik sowie bis heute bekannte Markennamen. Gemeinsame Schwächen liegen im richtigen Timing der Veränderung des Geschäftsmodells, in den Produkten und Marktzugängen sowie einem starken Fokus auf das Tagesgeschäft und nicht auf neue Geschäftsmodelle. „Today's failure can lead to tomorrow's success" als ein Prinzip der Innovation ist bei manchen Unternehmen auch in umgekehrter Form zu beobachten: „Today's success can lead to tomorrow's failure", falls sich ein Unternehmen nicht weiterentwickelt.

Innovationen sind ein wichtiger kritischer Erfolgsfaktor. Daraus ergibt sich implizit die Frage nach dem Innovationsmanagement.

▶ **Innovationsmanagement** umfasst die systematische Planung, Steuerung und Kontrolle von Innovationen in Organisationen. Innovationsmanagement ist auf die Verwertung von Ideen bzw. deren Umsetzung in wirtschaftlich erfolgreiche Produkte bzw. Dienstleistungen ausgerichtet und stellt eine betriebliche Kerntätigkeit dar.

Erfolgreiche Unternehmen passen ihre Produkte und Dienstleistungen laufend den Kundenbedürfnissen an, z. B. durch Konfigurations- und Kombinationsanpassungen und Lernen aus Kundenbedürfnissen.

5.2.2 Innovation und Imitation

Eine Innovation ist typischerweise kein Dauerzustand, sondern unterliegt einer Art Regelkreis: Innovationen, die einen Kundennutzen stiften, führen zu einem Wettbewerbsvorteil. Andere Unternehmen versuchen, diesen Wettbewerbsvorteil zu imitieren. Bei erfolgreicher Imitation verringert sich der Wettbewerbsvorteil für das ursprünglich die Innovation erzeugende Unternehmen. Damit besteht wieder die Notwendigkeit für weitere Innovation, um einen erneuten Wettbewerbsvorteil zu erzeugen. Imitation ist also per se kein negatives Konzept, auch wenn das häufig im Sinne von „Abkupfern" und „Kopieren" so gesehen wird; in gewissem Umfang verursacht Imitation weitere Innovation und Wettbewerb.

▶ **Innovation** und **Imitation** bilden zusammen die Wettbewerbsdynamik. Beide Aspekte zusammen zwingen Unternehmen zur Verbesserung ihrer Leistungen. Dies kann als „schöpferische Zerstörung" oder „kreative Zerstörung" bezeichnet werden, heute findet sich häufig der Begriff der „disruptiven Innovation".

Die disruptive Innovation bedeutet die Ablösung einer etablierten Technologie oder eines bislang erfolgreichen Geschäftsmodells durch neue Ansätze. So hat beispielsweise die Digitalkamera sehr rasch die Analogkamera ersetzt, selbst wenn zu Anfang die Bildqualität noch schlechter war. Die Vorteile in der Bearbeitung (z. B. Bilder kostenfrei erstellen und sofort ansehen, dann digital weiterverarbeiten) haben die Anwender überzeugt.

Innovationen lassen sich in verschiedene Kategorien einordnen. Man unterscheidet im Wesentlichen:

* Produktinnovationen
Entwicklung eines neuen oder verbesserten Produkts: z. B. Entwicklung eines robusten Outdoorsmartphones aus einem normalen Smartphone
* Prozessinnovationen
Entwicklung eines neuen oder verbesserten Prozesses: z. B. mobile Bezahlverfahren ergänzen traditionelle Bezahlverfahren

- Organisationsinnovationen
  z. B. agile Organisationsformen für Projekte
- Managementinnovationen
  z. B. flache statt streng hierarchische Strukturen
- Produktionsinnovationen
  z. B. neue Werkstoffe wie carbonfaserverstärkte Kunststoffe, Nanotechnologien für Beschichtungen oder Technologien für flexible Displays
- Marketinginnovationen
  z. B. Direktvertrieb über einen Onlineshop statt Vertrieb über Händler
- Serviceinnovationen
  z. B. Software as a Service statt Einmallizenzierung von Software
- Geschäftsmodellinnovationen
  z. B. kurzfristige Miete mit streckenabhängigem Mietpreis statt Verkauf eines Neuwagens durch einen Automobilhersteller

Innovationen werden im Wesentlichen durch drei verschiedene Bereiche angestoßen und gefördert:

- Technologische Perspektive
  Technologischer Fortschritt, der durch unternehmenszentrierte Forschung und Entwicklung vorangetrieben wird.
- Marktorientierte Perspektive
  Bedürfnisse und Wünsche von Kunden, die explizit z. B. durch Kauf/Inanspruchnahme von Gütern/Dienstleistungen und implizit z. B. durch Meinungen geäußert werden.
- Forschungsorientierte Perspektive
  Neue Erkenntnisse, die durch Grundlagen- und anwendungsorientierte Forschung an Universitäten und Forschungseinrichtungen gewonnen werden.

5.2.3 Verbreitung von Innovationen

Wohlhabendere Volkswirtschaften mit diversifizierten Industriestrukturen und Exporten haben meist einen hohen Innovationsgrad. Doch wie verbreiten sich Innovationen oder setzen sich durch?

▶ Die Verbreitung bzw. Durchsetzung einer Innovation wird als **Innovationsdiffusion** bezeichnet.

Eine typische Betrachtungsweise ist zeitlich geprägt, d. h. die Zeitspanne zwischen der Innovation selbst und ihrer vollständigen Adaption (= Anpassung) durch den Markt. Die Kunden unterscheiden sich dabei in der Bereitschaft, neue Produkte auszuprobieren. Man unterscheidet häufig:

- Innovatoren (engl. „innovators")
  Innovatoren sind offen für Innovationen und risikobereit; meist besteht eine hohe Zahlungsbereitschaft für neue Produkte. Ein typisches Beispiel sind Betatester einer Software.
- Frühe Anwender (engl. „early adopters")
  Frühe Anwender interessieren sich für neue Produkte und Services, die am Markt verfügbar sind. Da sie oft die ersten sind, die neue Ideen übernehmen, gelten sie als Meinungsführer (engl. opinion leadership).
- Frühe Mehrheit (engl. „early majority")
  Die frühe Mehrheit wartet erste Erfahrungen der frühen Anwender ab.
- Späte Mehrheit (engl. „late majority")
  Die späte Mehrheit ist eher reserviert gegenüber innovativen Produkten und risikoavers; sie wartet häufig Preisanreize ab.
- Nachzügler (engl. „laggards")
  Nachzügler nutzen eine Innovation erst, wenn keine Alternative mehr vorhanden ist; sie sind Traditionalisten.

Die Innovationsdiffusion nach Rogers ist in Abb. 5.3 dargestellt: der Marktanteil eines Produkts steigt mit zusätzlichen Kundengruppen, die das Produkt nutzen.

▶ Die Zeitspanne zwischen der Innovation selbst und einem marktfähigen Produkt bezeichnet man als **Time-to-Market** (vgl. Abb. 5.4).

In manchen Branchen ist diese Zeitspanne sehr lang; bei pharmazeutischen Produkten liegt die Time-to-Market aufgrund der aufwendigen Forschungs- und Genehmigungsprozesse häufig bei mehr als zehn Jahren. In dieser Zeitspanne entstehen für das Produkt Kosten, wie z. B. Produktentwicklungskosten, Patentanmeldungen, Marktforschung. Das Produkt erzielt allerdings

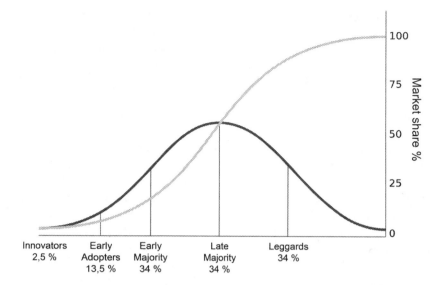

Abb. 5.3 Innovationsdiffusion nach Rogers

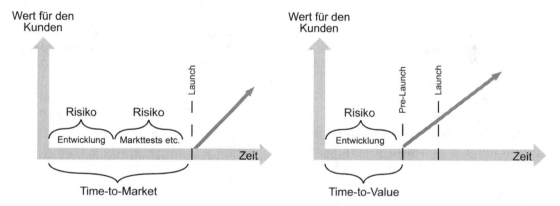

Abb. 5.4 Time-to-Market

Abb. 5.5 Time-to-Value

noch keinen Umsatz. Gleichzeitig besteht aus Perspektive des Unternehmens das Risiko eines nicht vom Markt akzeptierten Produkts. Im schlimmsten Fall decken die generierten Rückflüsse nicht die Kosten der Produktentwicklung: das Produkt ist ein Flop. Besonders im IT-Umfeld wird eine kurze Time-to-Market als Wettbewerbsvorteil betrachtet.

In den letzten Jahren kommt eine weitere Betrachtung hinzu: die Zeitspanne zwischen der Innovation selbst und einem ersten (Teil-) Produkt, das einen Kundennutzen stiftet.

Die Zeitspanne zwischen der Innovation selbst und einem ersten (Teil-)Produkt, das einen Kundennutzen stiftet, bezeichnet man als **Time-to-Value** (vgl. Abb. 5.5).

Bei dem ersten Teilprodukt („Pre Launch") geht es nicht um ein „perfektes" Produkt, sondern um ein getestetes, funktionierendes Vorstadium (z. B. 50 %- oder 80 %-Lösung), welches für den Kunden einen (kleinen) Nutzen stiftet. Manche Softwareprodukte bieten sich für ein solches Vorgehen an. So kann bereits eine erste Funktionsausbaustufe als eigenständiges Produkt vermarktet werden; weitere Funktionen werden zu einem späteren Zeitpunkt kostenfrei oder gegen zusätzliches Entgelt hinzugefügt. Dies kann z. B. als Funktionspaket in einer App mit In-App-Kauf sein. Bei anderen Produktarten wie z. B. einem Medikament ist diese Betrachtung in der Regel wenig zweckdienlich.

Typische Vorteile einer Time-To-Value-orientierten Vorgehensweise sind:

- Kunden (und damit Nutzer) eines Produkts werden in den Produktentwicklungsprozess integriert, weil schon vor dem Abschluss der vollständigen Produktentwicklung Rückmeldungen von „echten" Kunden berücksichtigt werden können.
- Den Kosten einer Produktentwicklung können bereits vor Einführung des fertigen Produkts Umsätze gegenübergestellt werden, die durch das Angebot des (Teil-)Produkts generiert werden. Die Umsätze, die durch das Angebot des (Teil-)Produkts erzielt werden, fallen möglicherweise geringer aus als die des fertigen Produkts, sind aber höher als „keine" Umsätze durch das Abwarten des vollständigen Produktentwicklungsprozesses.
- Eine frühe Markteinführung und schnelle Produktentwicklungszyklen können zu einem Wettbewerbsvorteil des Unternehmens führen.

5.2.4   Innovationsprozess

Ziel des Innovationsmanagements ist es, geeignete Innovationen zu finden bzw. zu erzeugen und für das Unternehmen erfolgreich umzusetzen. Ein Teil des Innovationsmanagements ist die Beschreibung eines Innovationsprozesses.

▸ Der **Innovationsprozess** beschreibt ein systematisches und strukturiertes Vorgehen, um Innovationen zu generieren und in marktfähige Produkte zu überführen.

Es gibt eine Vielzahl von Innovationsprozessen, die unterschiedliche Schwerpunkte besitzen; so kann man beispielsweise den Angebotsdruck durch technologische Innovationen (engl. „technology push") unterscheiden vom Nachfragesog durch Kunden- und Marktbedürfnisse (engl. „market pull").

Häufig wird der Innovationsprozess in folgende Phasen untergliedert:

- Strategische Situationsbestimmung
  Position des Unternehmens im Vergleich zum Wettbewerb oder aus Kundensicht.
- Ideengenerierung
  Aus unterschiedlichen verfügbaren Quellen wie z. B. Marktforschung oder Mitarbeiterbefragung werden Ideen gesammelt und ausgewertet.
- Ideenvorauswahl
  Die am besten geeigneten Ideen werden durch den Einsatz systematischer Bewertungsmethoden wie z. B. ABC-Analyse zur Klassifikation oder mittels Portfoliotechnik ausgewählt.
- Konzeptentwicklung
  Es folgen die Erarbeitung der Realisierungsmöglichkeiten der Ideen und ein systematischer Test.
- Marketingstrategieentwicklung
  Zu klären ist, wie das innovative Produkt vermarktet werden kann.
- Wirtschaftlichkeitsanalyse
  Es schließt sich die Prüfung der Profitabilität der Strategien an.
- Produktentwicklung
  Umsetzung des Konzepts, prototypische Realisierung und Vorbereitung auf den Serienstart folgen als nächste Schritte.
- Markterprobung
  Das Kundenverhalten wird in Testmärkten unter verschiedenen Bedingungen erprobt.

In Abb. 5.6 werden die die Erfolgsfaktoren identifiziert.

Aktuell findet in der unternehmerischen Praxis häufig das „Stage-Gate-Modell" nach Cooper Anwendung. Im Rahmen dieses Modells werden Entwicklungsprojekte in Teilprojekte (engl. „work stages") unterteilt. Das Modell kennt definierte Zeitpunkte („checkpoint gates"), zu denen eine Entscheidung über die Fortführung der Entwicklungsprojekte getroffen werden. Eine Weiterentwicklung ist das Innovationstrichtermodell, bei dem auch externe Partner wie z. B. Lieferanten und Kunden in den Innovationsprozess integriert werden. Das Einbeziehen externer Partner bezeichnet man als „open innovation" (vgl. Abb. 5.7).

Erfolgsfaktoren zum Management von Innovationen	
Strategische Ausrichtung	„Verfügen wir über eine Innovationsstrategie?"
Ideenbörse	„Werden bei uns Ideen systematisch gesammelt und bewertet?"
Projektpipeline	„Gehen wir die richtigen Entwicklungsprojekte an?"
Entwicklungszeiten	„Wie verkürzen wir unsere Produktentwicklungszeit?"
Innovationsbarrieren	„Was sind die Hindernisse zur Steigerung unserer Innovations- kraft?"
Organisation	„Verfügen wir über geeignete organisatorische Strukturen?"
Wissensmanagement	„Machen wir vorhandenes Wissen im Unternehmen verfügbar?"
Unternehmenskultur	„Haben wir eine auf Innovationskraft ausgerichtete Unternehmenskultur?"
Rolle des Topmanagement	„Treiben wir als Topmanagement Innovationen und die Entwicklung neuer Geschäftsfelder voran?"

Abb. 5.6 Erfolgsfaktoren des Innovationsmanagements

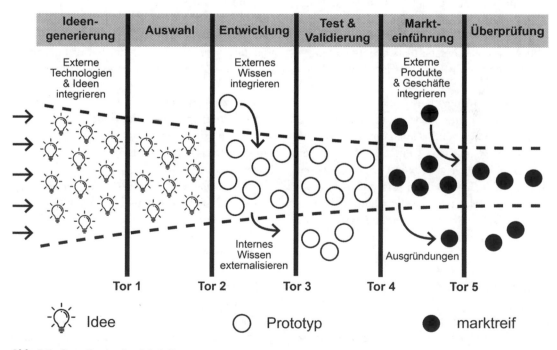

Abb. 5.7 Open-Innovation-Modell

Die Integration externer Partner lässt sich über verschiedene Organisationsformen realisieren; gängige Ansätze sind:

- Corporate Venturing
  Unternehmen, die nicht im Finanzierungsbereich tätig sind, stellen Start-ups zur Finanzierung notwendiges Eigenkapital zur Verfügung und treten als Risikokapitalgeber auf. Denkbar ist auch eine Ausgründung aus dem Unternehmen.
- Innovationslabor
  Die Betreiber des Labors stellen den kreativen Ideengebern (z. B. Studierenden mit einer guten Idee) für eine begrenzte Zeit reale (z. B. Büros, Werkstätten) und digitale (z. B. Serverkapazitäten) Infrastrukturen zur Verfügung. Dabei stehen das Vernetzen der kreativen Köpfe untereinander und mit Kapitalgebern sowie die Möglichkeit, Ideen und neue Geschäftsmodelle mit geringem Aufwand auszuprobieren, im Vordergrund.
- Inkubatoren
  Inkubatoren, auch Gründerzentren genannt, werden von Hochschulen oder Kommunen betrieben und stellen Start-ups eine Umgebung (z. B. Beratung, Büroflächen) bereit, die einen erfolgreichen Start vereinfacht. Die Förderung der wirtschaftlichen Entwicklung eines Start-ups ist ein wesentliches Ziel eines Inkubators.
- Corporate Company Builders
  Als recht neues Konzept zur fortdauernden Entwicklung neuer Geschäfte setzen Unternehmen Corporate Company Builders ein. Geschäftsideen werden in Form von Tochterunternehmen und Spin-offs entwickelt. Ziel ist, strategisch relevante Geschäftsfelder möglichst schnell aufzubauen und diese in das Mutterunternehmen zu integrieren.

Zusammenfassung

Innovationen sind das Lebenselixier von Unternehmen. Für Unternehmen ist es deshalb essenziell, den Innovationsprozess zu steuern. Der IT-Bereich kann hierbei ein Vorreiterrolle über-

nehmen sowohl als Treiber für neue Technologien als auch bei der Unterstützung oder Umsetzung von Innovationen.

5.2.5   Aufgaben

Aufgabe 1
Was bedeutet „Innovation", was „Imitation"?

Aufgabe 2
Was versteht man unter „Time-to-Market"? wie unterscheidet sich dies von „Time-to-Value"? Welche typischen Vorteile bietet das „Time-to-Value"-Konzept?

Aufgabe 3
Erläutern Sie die Phasen des Innovationsprozesses mit Hilfe der Idee einer Onlineterminvereinbarung für Ärzte.

5.2.6   Lösungen zu Aufgaben

Lösung zu Aufgabe 1
Innovation beschreibt neue Ideen, Erfindungen und deren Nutzung in und durch Unternehmen. Imitation hingegen das Nachahmen einer Innovation und des daraus resultierenden Wettbewerbsvorteils.

Lösung zu Aufgabe 2
Die Zeitspanne zwischen der Innovation selbst und einem am Markt platzierten, marktfähigen Produkt bezeichnet man als „Time-to-Market".

Time-to-Value ist die Zeitspanne zwischen der Innovation selbst und einem ersten (Teil-)Produkt, das einen Kundennutzen stiftet.

Typische Vorteile einer Time-to-Value-orientierten Vorgehensweise sind:

- Integration der Kunden in den Produktentwicklungsprozess
- Frühzeitige Gegenüberstellung von Kosten der Produktentwicklung zu möglichen Umsätzen
- Frühe Markteinführung und schnelle Produktentwicklungszyklen

Lösung zu Aufgabe 3

- Strategische Situationsbestimmung: fehlende Möglichkeit einer Online-Terminvereinbarung für viele Ärzte
- Ideengenerierung: Online-Terminvereinbarung für Ärzte in Kombination mit normaler Terminvergabe
- Ideenvorauswahl: Online-Terminvereinbarung auf der Homepage oder mittels spezieller App oder Kombination mit einem Marktplatz für Ärzte
- Konzeptentwicklung: Design der Benutzeroberfläche und der technischen Architektur inklusive Verbindung zu anderen Terminkalendern
- Marketingstrategieentwicklung: Darstellung auf der Homepage für ausgewählte Praxen zu Sonderkonditionen, Mund-zu-Mund-Propaganda, da andere Marketingstrategien wie Außendienst zu teuer sind
- Wirtschaftlichkeitsanalyse: Freemium-Angebot der Onlineterminvereinbarung
- Produktentwicklung: Entwicklung einer Beta-Version mit internem Test
- Markterprobung: Bereitstellung der Beta-Version auf Testmärkten mit Evaluation des Kundenverhaltens

5.3 Neue Technologien

Lothar Steiger

Lernziele
- Verständnis neuer Technologien
- Einschätzung von Entwicklungen
- Anwendungsszenarien für neue Technologien
- Definition und Abgrenzung der Begrifflichkeiten im Internet der Dinge
- Chancen und Risiken, die sich durch die Realisierung des Internets der Dinge ergeben
- Definition und Abgrenzung der Begrifflichkeiten im Umfeld künstlicher Intelligenz
- Darstellung der Grundideen maschinellen Lernens
- Erläuterung typischer Lernverfahren im Bereich künstlicher Intelligenz

- Herausforderungen in der künstlichen Intelligenz
- Definition und Abgrenzung der Begriffe Virtual und Augmented Reality
- Darstellung technischer Grundlagen
- Beschreibung von Anwendungsszenarien für Augmented Reality

Überblick

Die Bedeutung neuer Technologien einzuordnen ist schwierig, weil deren Auswirkungen von vielen Faktoren und schlussendlich auch der Akzeptanz durch die Nutzer abhängen. Ein Versuch, solche Entwicklungen einzuschätzen, ist der Gartner Hype Cycle for Emerging Technologies, also aufkommende neue IT Technologien. Eine typische Phase bei der Einordnung von neuen Technologien ist die Phase der Begeisterung, in der eine neue Technologie sehr große Erwartungen weckt, die dann von einer Phase der Desillusionierung abgelöst wird. So erzeugt beispielsweise die Idee des autonomen Fahrens zwar bei vielen eine große Begeisterung, aber inzwischen ist auch Ernüchterung bezüglich Risiken und deren Regulierung eingetreten.

Folgende Technologien werden hier kurz beschrieben:

- Internet der Dinge (Internet of Things)
- Maschinelles Lernen
- Augmented Reality
- Virtual Reality

5.3.1 Internet der Dinge (Internet of Things)

Die Vernetzung physischer und virtueller Gegenstände, um sie durch Informations- und Kommunikationstechniken zusammenarbeiten zu lassen, ist die Grundidee des Internets der Dinge. Doch was ist im Internet der Dinge anders als im klassischen Internet?

▷ Das **Internet der Dinge** (engl. „Internet of Things", kurz IoT) ist ein Sammelbegriff für die Vision einer globalen Infrastruktur, die es ermöglicht, physische und virtuelle Gegenstände miteinander zu vernetzen und sie durch Informations- und Kommunikationstechniken zusammenarbeiten zu lassen (Smart Services).

▷ **Smart Services** beschreiben datenbasierte, digitale Dienstleistungsangebote; sie werden durch Dienstleister für Kunden erbracht, die sogenannte Smart Systems nutzen.

▷ **Smart Systems** (bzw. Smart Products) sind mit Sensorik ausgestattete, technische Objekte, die Daten aufnehmen und weitergeben können. Sie werden über Software gesteuert und sind mit einem Netzwerk, in der Regel dem Internet, verbunden.

▷ Smart Systems sind häufig als **eingebettete Systeme** (engl. „embedded systems") realisiert. Ein eingebettetes System ist eine Kombination aus einem Computer und einem technischen Gerät, das in der Regel entweder Überwachungs-, Steuerungs- oder Regelfunktionen übernimmt oder für Daten- bzw. Signalverarbeitung zuständig ist.

Die Vision eines „Internets der Dinge" findet sich bereits in Konzepten wieder, die Anfang der 1990er entwickelt wurden. Mark Weiser prägte damals den Begriff des „Ubiquitous Computing" (= allgegenwärtige Computer). Seine Vision war, dass der Computer als eigenständiges Gerät zunehmend in den Hintergrund tritt und in „intelligenten" Objekten der physischen Welt aufgeht.

Möglich wird dies durch die Erweiterung beliebiger physischer Gegenstände wie z. B. Waschmaschine, Lampen, Pakete mittels immer kleiner werdender mikroelektronischer Komponenten. Oftmals treten in diesem Kontext für IoT auch die Begriffe „Pervasive Computing" (= Computerdurchdringung) oder „Ambient Intelligence" (= Umgebungsintelligenz) auf, die jedoch alle für ähnliche Inhalte verwendet werden.

Durch die Ausstattung von Gegenständen mit zusätzlicher „Intelligenz" z. B. auf Basis von Sensoren werden diese in die Lage versetzt, ihre Umwelt wahrzunehmen und auf diese zu reagieren. Zudem erhalten die Objekte eine eindeutige Identität und können vernetzt werden. Da die Objekte somit untereinander und mit ihrer Umgebung kommunizieren können, entsteht ein „Internet der Dinge".

Der Begriff „Internets of Things" selbst wurde von Kevin Ashton geprägt, der den Begriff erstmalig 1999 für seine Aktivitäten für das Auto-ID Center am MIT verwendete. Dabei beschreibt das „Internet der Dinge" weniger eine einzelne Technologie als vielmehr die Kombination unterschiedlichster Disziplinen und Technologien (vgl. Abb. 5.8).

Beispiel

Vor allem in der Logistik wurden schon früh Konzepte z. B. auf Basis von RFID (Radio Frequency Identification) entwickelt, um Container und Transportsysteme miteinander kommunizieren zu lassen. Dies ermöglicht den Transport einer Ladung von A nach B fast ohne Zutun eines Menschen.

Im privaten Umfeld findet eine zunehmende Vernetzung von Objekten im häuslichen Umfeld statt.

▷ Als **Smart Home** bezeichnet man einen Haushalt, in dem Haushalts- und Multimediageräte interagieren und zentral gesteuert werden. Alltagsvorgänge werden automatisiert und Geräteeinstellungen können schnell an persönliche Bedürfnisse angepasst werden.

Die zunehmende Miniaturisierung bei gleichzeitiger Kostenreduktion trägt zur Realisierung der Vision des Internets der Dinge bei. Kostengünstige und immer kleiner werdende Mikroprozessoren führen zu einer zunehmenden Durchdringung des Alltags im Sinne des „Ubiquitous Computing". Die technologischen Weiterentwicklungen im Bereich der Mikroelektronik stellen den wichtigsten Treiber für das Internet der Dinge dar.

RFiD als Basistechnologie benötigt im Unterschied zum weitaus bekannteren Barcodever-

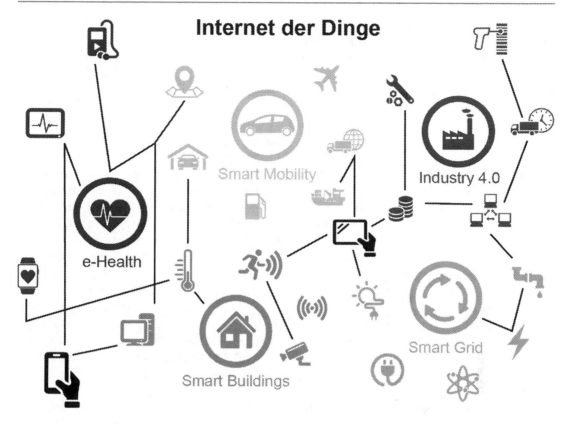

Abb. 5.8 Internet der Dinge

fahren keinerlei Sichtkontakt zwischen Sende- und Empfangseinheit. Hierdurch wird eine kostengünstige, intelligente Lokalisierungstechnik zur Verfügung gestellt, die die Möglichkeit einer eindeutigen Identifizierung und Vernetzung von Objekten bietet. Informationen der Realwelt können dadurch in den Bereich der Informationswelt überführt werden. Damit erfüllt die RFID-Technologie eine der Grundvoraussetzungen für die Realisierung des Internets der Dinge.

Anders als beim klassischen Internet sind die das Internet der Dinge bildenden Objekte oftmals nicht ortsgebunden und benötigen daher eigene Energiequellen. Batterien kommen hierbei jedoch nicht in Frage, da Wartungsaufwand und damit verbundene Kosten zu hoch sind. Vielmehr wird „Energy Harvesting" (= Energieernte) angestrebt, d. h. das Erzeugen von Strom aus der Umgebung.

Da das Internet der Dinge mit seiner Vielzahl an Objekten sehr heterogen ist und die darin enthaltenen Objekte oftmals auch unterschiedliche Anforderungen an die Kommunikation stellen, besteht eine weitere Herausforderung in der Kommunikation und Interaktion der unterschiedlichen Systeme. Kommunikation kann zwar grundsätzlich auf Basis einer Vielzahl unterschiedlicher Kommunikationsstandards und Protokolle stattfinden, allerdings unterstützen die meisten Systeme stets nur ihre eigenen bzw. spezifische Protokolle und Standards, was eine Kommunikation untereinander erschwert. Hinzu kommt, dass die unterschiedlichen Protokolle und Standards wiederum unterschiedlichen Bedingungen im Hinblick auf Energiebedarf und Bandbreite unterliegen können. So benötigt beispielsweise das klassische Internetprotokoll HTTP sehr viel mehr Energie bei der Datenübertragung als optimierte Protokolle wie CoAP (Constrained Application Protocol) für das Internet der Dinge.

Da Smart Systems zudem oftmals nur über geringe Ressourcen verfügen, müssen auch die zum

Einsatz kommenden Softwaresysteme möglichst ressourcensparend und effizient agieren. Dabei können Lösungen in Form von Middleware (wie bspw. Platform-as-a-Service-Lösungen) oder Gateways im Netz rechenintensive Aufgaben übernehmen oder zwischen unterschiedlichen Protokollen und Standards als Vermittler bzw. Übersetzer fungieren.

Für das Internet der Dinge wird eine weitaus höhere Anzahl an Geräten prognostiziert als für das klassische Internet. Je nach Anwendungsfall fallen dadurch auch unterschiedlich große Datenmengen an. Während ein einzelner Sensor oft nur wenige Daten zu bestimmten Zeitpunkten kommuniziert, können innerhalb von Sensornetzen beispielsweise im Umfeld der Logistik dauerhaft Daten in sehr großen Mengen anfallen, die verarbeitet werden müssen. Anpassungsfähigkeit und Flexibilität der Netze und Datenspeicher sind damit weitere wichtige Herausforderungen für die Realisierung des IoT.

Daneben benötigt im Internet grundsätzlich jedes Objekt eine eigene IP-Adresse, um mit anderen Geräten kommunizieren zu können. Bei einer prognostizierten Geräteanzahl bis 2020 von mehr als 50 Milliarden Geräten ist der Adressraum des Standards IPv4 nicht mehr ausreichend. Die Verbreitung von IPv6, dem Nachfolger von IPv4, zählt damit ebenfalls zu den weiteren unabdingbaren technischen Voraussetzungen für das Internet der Dinge, um einen ausreichenden Adressraum bereitstellen zu können.

Auch für das Internet der Dinge gelten die Grundwerte der Informationssicherheit, die sich in Vertraulichkeit, Integrität und Verfügbarkeit widerspiegeln. Unter anderem bedeutet dies, dass der Zugriff auf sowie die Speicherung von Daten geschützt und unter Einsatz kryptographischer Verfahren erfolgen sollen. Da die Systeme zunehmend unbemerkt miteinander interagieren, wird eine Kommunikation von Dingen und Diensten untereinander benötigt. Allerdings ist die Freigabe von persönlichen Daten problematisch. Daher müssen auch geltende Datenschutzgesetze weiterentwickelt werden. So besteht z. B. Klärungsbedarf für Haftungsfragen in Fällen, bei denen Systeme, die in Verbindung mit der Sicherheit von Menschen stehen (wie z. B. Not-

fall- und Fahrassistenzsysteme), missbräuchlich verwendet werden.

Das Internet der Dinge führt zahlreiche Technologien aus vielen Wissenschaftsfeldern zusammen. Dadurch besteht die wesentliche Innovation des Internets der Dinge vor allem in der technologischen Konvergenz, d. h. dem Verschmelzen von Technologiewelten. Trotz Standardisierungsbemühungen hat sich bislang noch keine einzelne Technologie durchgesetzt. Es wird auch in Zukunft eine Vielzahl von Technologien und Entwicklungen geben, die die besonderen Erfordernisse des Internets der Dinge zunehmend erfüllen und je nach Anwendungsfall die entsprechende Lösung anbieten. Durch die damit noch immer in vielen Bereichen vorherrschende Komplexität der Gesamtthematik steht die volle Entfaltung der Marktpotenziale hinter den zahlreichen Herausforderungen zurück. Entsprechend prognostiziert auch Gartner, dass z. B. IoT-Plattformen noch keine Marktreife erreicht haben.

5.3.2 Künstliche Intelligenz und maschinelles Lernen

Künstliche Intelligenz ist heute ein beliebtes Schlagwort. Intelligente Assistenten oder Roboter, die selbstständig lernen, werden schon heute in den Medien „angepriesen". Doch was steckt hinter künstlicher Intelligenz? Was sind wesentliche Eigenschaften künstlicher Intelligenz? Wie entwickelt man intelligente Maschinen?

Das Ziel von IT-Systemen ist, menschliche Tätigkeiten zu unterstützen oder gar zu ersetzen. Dadurch sollen Prozesse beschleunigt, Kosten gespart und menschliches Fehlverhalten eliminiert werden. Bereits 1955 definierte John McCarthy den Begriff „Künstliche Intelligenz" (KI): Sein Ziel war, Maschinen zu entwickeln, die sich so verhalten, als verfügten sie über Intelligenz. 1991 definierten Rich und Knight KI als die Aufgabe, Probleme, die die Lösungsfähigkeit von Menschen benötigen, durch Rechner bearbeiten zu lassen.

In diesem Abschnitt steht vor allem „maschinelles Lernen" im Vordergrund.

Der Begriff Künstliche Intelligenz ist nicht eindeutig abgrenzbar, da es bereits an einer Definition von „Intelligenz" mangelt. Dennoch wird er in Forschung und Entwicklung verwendet. Hinsichtlich der bereits existierenden und der als Potenziale sich abzeichnenden Anwendungsbereiche gehört künstliche Intelligenz zu den wegweisenden Antriebskräften der Digitalen Transformation.

▷ **Künstliche Intelligenz (KI)**, auch **Artifizielle Intelligenz (AI)** (engl. „artificial intelligence") ist ein Teilgebiet der Informatik, das sich mit maschinellem Lernen und der Automatisierung intelligenten Verhaltens befasst.

Das menschliche Gehirn ist aufgrund seiner Struktur in der Lage, Informationen parallel zu bearbeiten und aufgrund weniger Beispiele Gelerntes auf neue, unbekannte Situationen anzuwenden – und das, obwohl jeder Rechner inzwischen mehr Berechnungen pro Sekunde anstellt als das menschliche Gehirn. Das menschliche Gehirn zu verstehen ist daher ein wichtiges Bestreben der KI-Forschung, denn genaues Wissen über das Gehirn und seine Funktionsweise ist die Basis für die Nachbildung seiner Funktionalität. Besonders die Hirn- und die Kognitionswissenschaft befassen sich intensiv mit dieser Thematik. Die Fähigkeit des Gehirns, aus Erfahrungswerten zu lernen und das Gelernte auf neue Situationen anzuwenden, beschäftigt die Wissenschaft schon lange.

Beispiel

Sprach-, Schriften- und Gesichtserkennung, autonome Verkehrssysteme, Entscheidungssysteme im Finanzbereich und weitere zahlreiche Anwendungen werden mit Systemen, die auf Methoden der künstlichen Intelligenz basieren, realisiert.

Zum einfacheren Verständnis werden die einzelnen Begriffe wie folgt definiert:

▷ Man unterscheidet zwischen **starker KI**, d. h. eine Maschine kann alles, was ein Mensch kann, und **schwacher KI**, d. h. der Beherrschung einzelner Aspekte wie z. B. Bilderkennung

▷ **Maschinelles Lernen** (engl. „machine learning") beschreibt Verfahren zur maschinellen Wissensgenerierung.

▷ Die **Verarbeitung natürlicher Sprache** (engl. „natural language processing") ist ein Teilgebiet des Machine Learning und umfasst z. B. die optische Zeichenerkennung.

▷ **Deep Learning** basiert auf künstlichen neuronalen Netzen und bezeichnet im Wesentlichen Methoden, die neben einer initialen Trainingsmethode auf kontinuierlichem Wissenszuwachs basieren.

▷ **Künstliche neuronale Netze** befassen sich mit dem Nachbau des menschlichen Gehirns mit seinen Neuronen und Synapsen per Software und sind somit auch ein Teilbereich der KI.

Netztypen und Lernverfahren

In der klassischen Programmierung wird mithilfe eines vorgegebenen Algorithmus und mithilfe von Datenstrukturen ein bestimmtes Problem bearbeitet; dabei sind die Struktur der Eingabedaten, der Algorithmus selbst und die Entscheidungs- bzw. Antwortmöglichkeiten bekannt.

Künstliche Intelligenz hingegen zielt darauf ab, dass das System lernt, anhand von Beispielen die gestellte Problematik zu verstehen, verschiedene Zusammenhänge zu erkennen und damit aus einem praktisch unbegrenzten Wissenspool („Big Data") die Antwort zu extrahieren. Mit dieser Arbeitsweise ähnelt die künstliche Intelligenz der des menschlichen Gehirns. Zur Simulation der Arbeitsweise des menschlichen Gehirns kommen neuronale Netze zum Einsatz.

▷ Ein **neuronales Netz** ist ein Rechnermodell, das bestimmte Fähigkeiten des menschlichen Gehirns imitiert und Informationsverarbeitung und -speicherung sowie Lernprozesse des menschlichen Gehirns nachbildet. Hierbei werden künstliche Neuronen im Computer simuliert.

Jedes Neuron innerhalb des neuronalen Netzes hat eine oder mehrere Eingaben und erzeugt daraus ein Arbeitsergebnis. Neuronale Netze bestehen aus den Verbindungen der Neuronen, bei denen die Ausgabe eines Neurons die Eingabe für weitere Neuronen darstellt, bis hin zur Ergebnisausgabe. Es gibt daher mindestens zwei Schichten (Layer): Die Input- und die Outputschicht. Zwischen der Input- und der Outputschicht können weitere Zwischenschichten (Hidden Layers) ergänzt werden. In der Inputschicht nehmen die Neuronen Daten entgegen, verarbeiten diese und leiten die Resultate an die Zwischenschichten weiter. Der Trainingsprozess modifiziert die Gewichte, d. h. die Verbindungen zwischen den künstlichen Neuronen, mittels eines Lernverfahrens so lange, bis die gewünschten Ergebnisse in der Outputschicht erreicht werden (z. B. eine Entscheidung zwischen mehreren Alternativen). Ein neuronales Netzwerk lernt somit aus positiven und negativen Erfahrungen. Die Verbindung zwischen zwei künstlichen Neuronen besitzt eine gewisse Stärke (Gewicht). Man unterscheidet drei Arten von Gewichten:

- positives Gewicht, d. h., es erfolgt eine positive Beeinflussung
- negatives Gewicht, d. h., die Beeinflussung ist hemmend
- neutrales oder Null-Gewicht, d. h., es findet keine Beeinflussung statt

Eine Gewichtsveränderung ist also ein Lernvorgang (vgl. Abb. 5.9) und ist im biologischen Vorbild damit zu vergleichen, dass durch Lernen Verbindungen zwischen natürlichen Neuronen gestärkt werden.

Typische Anwendungsgebiete künstlicher neuronaler Netze liegen im Bereich der Mustererkennung oder Datenanalyse.

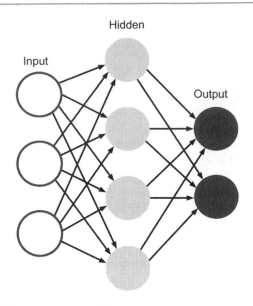

Abb. 5.9 Neuronales Netz

Ein anderes Beispiel ist die Unterstützung bei der Diagnose von Krankheiten mittels Bilderkennung. Anhand von Röntgenbildern oder MRT-Bildern kann ein neuronales Netz mit Hilfe von bereits diagnostizierten Bildern trainiert werden. Das neuronale Netz lernt selbstständig, welche Details für eine Diagnose nutzbar sind, und markiert beispielsweise kritische Bereiche auf einem Bild. Zur Absicherung einer maschinellen Einordnung steht ein menschlicher Experte für kritische Entscheidungen bereit.

Da die Aufgabenstellungen für neuronale Netze sehr unterschiedlich sind, existiert auch eine Vielzahl neuronaler Netze mit spezifischen Eigenschaften.

> **Beispiel**
>
> Ein neuronales Netz kann trainiert werden, um mithilfe von Sensordaten zu erkennen, ob bzw. wann ein Motor demnächst ausfällt. Input sind die Sensordaten wie z. B. Verbrauch, Öltemperatur, Geräusche usw. Das Netz kann mit Beispielen aus der Vergangenheit trainiert werden, die vorher als negativ bzw. positiv eingeordnet wurden. Nach der Trainingsphase kann das neuronale Netz selbstständig Einordnungen durchführen.

> **Beispiele**
>
> - Pattern Associator (deutsch: Mustererkenner, musterassoziierendes Netzwerk)
> - Der Pattern Associator ist gut geeignet zur Wiedererkennung vorher gelernter Muster. Dieses Netz verfügt nur über eine Input- und eine Outputschicht. Es gehört zur Gruppe der Feedforward-Netze, d. h. Netze, die keine Rückkopplungen besitzen.

- Attraktorennetz
- Attraktorennetze sind rückgekoppelte Netze und werden insbesondere zur Simulation menschlicher Verhaltensmuster sowie zur „Berechnung" von Prognosen verwendet.
- Kompetitives Netz
- Kompetitive Netze eignen sich zur Redundanzreduktion von Inputdaten. Daher werden sie oft anderen Netzen vorgeschaltet, um die Datenlast zu reduzieren. Aufgrund ihrer Ähnlichkeit zum Pattern Associator werden solche Netze z. B. auch zur Gesichtserkennung eingesetzt.
- Kohonennetz
- Kohonennetze dienen vor allem der Dimensionsreduktion. Damit kann ein höherdimensionales Muster in ein niedrigdimensionales Muster mit wenig Informationsverlust überführt werden; ein einfaches Beispiel ist eine 3D-zu-2D-Konvertierung. Weitere Anwendungsgebiete sind Erkennung von Sprache, Unterschriften oder Gesichtern.

Eigenschaften neuronaler Netze
Alle exemplarisch dargestellten Netztypen besitzen folgende Eigenschaften:

- Parallelverarbeitung
  Die Berechnungen werden nicht seriell, sondern quasi-parallel durchgeführt.
- Verteilte Speicherung
  Das Wissen ist nicht singulär an einer Stelle gespeichert, sondern wird durch die Verbindungen zwischen den Neuronen abgebildet.
- Erfassung nichtlinearer Zusammenhänge
  Netze können besser als Menschen nichtlineare, d. h. komplexe Zusammenhänge erfassen. Dies geschieht auch im Falle fehlender oder unbekannter Zusammenhänge
- Lernfähigkeit
  Das Wissen wird nicht fest codiert, sondern das Netz lernt anhand vieler Beispiele.
- Biologische Plausibilität
  Das Netz ist tolerant gegenüber internen Schäden und externen Fehlern.

Probleme bei neuronalen Netzen Einige Herausforderungen sind in der Entwicklung von neuronalen Netzen noch zu lösen:

- Anzahl Freiheitsgrade
  Durch die große Anzahl an Variablen, Parametern und Netztopologien ist es schwierig, die optimale Konfiguration eines Netzes für eine bestimmte Aufgabenstellung zu finden.
- Qualität
  Neuronale Netze konkurrieren mit klassischen statistischen Verfahren oder anderen Algorithmen, die teilweise schneller zu einem besseren Ergebnis führen können.
- Rechenaufwand
  Der Rechenaufwand bei der Anwendung neuronaler Netze zur konkreten Problemlösung kann deutlich höher sein als bei klassischen Ansätzen.
- Langsames Lernen
  Im Gegensatz zur festen Codierung von Wissen erfordert das Lernen aufgrund der Daten und benötigten Durchgänge mehr Zeit.
- Overfitting
  Wird ein neuronales Netz „übertrainiert", arbeitet es auf den Trainingsdaten perfekt, liefert aber bei neuen Daten unter Umständen schlechte Ergebnisse aufgrund der zu hohen Spezialisierung.
- Korrektheit des Outputs
  Der durch ein Netz gelieferte Output ist immer nur mit einer gewissen Wahrscheinlichkeit korrekt.
- Nachvollziehbarkeit
  Eine Erklärung, warum ein künstliches neuronales Netz zu einem bestimmten Ergebnis gekommen ist, fehlt häufig, da das Wissen des Netzes verteilt gespeichert und deshalb schwer nachvollziehbar ist.

Lernverfahren   Grundlegend gibt es beim Lernen zwei Phasen:

- Trainingsphase
- Testphase

Da es beim Einsatz künstlicher neuronaler Netze viele unterschiedliche Voraussetzungen und Ziele gibt, werden auch unterschiedliche Lernverfahren eingesetzt. Hierbei unterscheidet man zwei Hauptgruppen von Lernverfahren:

- Überwachtes bzw. beaufsichtigtes Lernen (engl. „supervised learning"):
  Der durch das Netz erwartete Output (z. B. Einordnung in Kategorien) wird vorgegeben. Die Trainingsdaten sind bereits klassifiziert.
- Unbeaufsichtigtes Lernen (engl. „unsupervised/self-organized learning")
  Hier wird kein Output vorgegeben. Die Gewichtsmodifikation oder die Struktur des Netzes entwickelt sich dynamisch z. B. anhand der Ähnlichkeit der eingehenden Inputdaten.

Der Trainingsphase schließt sich die Testphase an. Diese kann zweierlei Ansätze verfolgen:

- Durch erneute Präsentation der Testdaten wird geprüft, ob das Netz die erwarteten Ergebnisse liefert.
- Auf Basis neuer Daten wird getestet, ob das Netz in der Lage ist, entsprechende Aufgaben zu lösen.

In der Testphase wird keine Gewichtsmodifikation mehr vorgenommen. Nach Abschluss der Testphase kann das neuronale Netz eingesetzt werden. Im Unterschied zur Testphase kann das Netz in der Anwendungsphase weiter trainiert werden oder das Training wird als abgeschlossen betrachtet.

5.3.3 Virtual Reality und Augmented Reality

Der Einsatz von Augmented Reality (AR) und Virtual Reality (VR) in unterschiedlichen Bereichen nimmt in den letzten Jahren stetig zu; dabei sind die möglichen Einsatzfelder sehr unterschiedlich. VR hat sich vor allem im Gamer- und Designbereich etabliert; AR hingegen findet im Bereich Kundenkommunikation zunehmend Anwendung. Die Verfügbarkeit vieler Anwendungen auf dem Smartphone hat diese Entwicklung deutlich begünstigt.

▷ Während man unter **Virtual Reality** die Darstellung und gleichzeitige Wahrnehmung der Wirklichkeit und ihrer physikalischen Eigenschaften in einer in Echtzeit computergenerierten, interaktiven virtuellen Umgebung versteht und die reale Umwelt demzufolge ausgeschaltet wird, zielt **Augmented Reality** auf eine Anreicherung der bestehenden realen Welt um computergenerierte Zusatzobjekte.

Virtual Reality lässt sich als Wahrnehmung der Realität in einer computergenerierten Umgebung beschreiben. Die Umwelt ist interaktiv und die tatsächliche Realität wird dabei ausgeblendet. Bei Virtual Reality wird eine vollkommen künstliche und digitale Umwelt erschaffen. Durch die Anwendung von Computerhardware und Software wird sie für den Anwender scheinbar zu einer realen Umwelt.

Beispiel

Ein typisches Beispiel für Virtual Reality ist ein Flugsimulator. Umgebung und mögliche Anwendungsszenarien werden virtuell aufgebaut und dargestellt. Nur die virtuelle Umgebung erlaubt ein Testen verschiedener Gefahrensituationen und ein Üben der notwendigen Reaktionen.

Im Gegensatz zu Virtual Reality werden bei Augmented Reality keine gänzlich neuen Welten erschaffen, sondern die vorhandene Realität um eine virtuelle Realität ergänzt. In der Literatur hat sich die Definition von Azuma durchgesetzt, der drei Grundcharakteristika von AR definiert:

- Kombination von virtueller Realität und realer Umwelt mit teilweiser Überlagerung
- Interaktion in Echtzeit
- Dreidimensionaler Bezug virtueller und realer Objekte

Die Möglichkeit der Interaktion mit den computergenerierten Zusatzobjekten wird als wesentlicher Aspekt von Augmented Reality gesehen. Eine einheitliche Definition zu Augmented Reality gibt es in der Literatur nicht; meistens wird auf das von Milgram et al. entwickelte „reality-virtuality continuum" Bezug genommen. Dieses postuliert einen stetigen Übergang zwischen realer und virtueller Umgebung (vgl. Abb. 5.10).

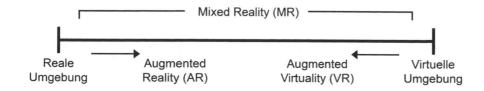

Reality-Virtuality (RV) Continuum

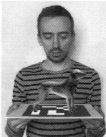

Abb. 5.10   Reality-virtuality continuum

Der linke Bereich des Kontinuums definiert Umgebungen, die sich nur aus realen Objekten zusammensetzen, und umfasst alle Aspekte, die bei Betrachtung einer realen Szene durch eine Person oder durch ein beliebiges Medium wie z. B. Fenster, Fotoapparat etc. beobachtet werden. Der rechte Bereich hingegen definiert Umgebungen, die nur aus virtuellen Objekten bestehen, wie z. B. entsprechende Computerspielsimulationen.

Innerhalb dieses Frameworks wird Mixed Reality als eine Umgebung definiert, in der reale und virtuelle Objekte in beliebiger Weise in einer Darstellung, d. h. zwischen den beiden Extrempunkten des Kontinuums liegend, kombiniert werden. Bei Augmented Reality überwiegt der reale Anteil, bei Augmented Virtuality hingegen der virtuelle Anteil.

Ein Überlagern eines Objekts mit Textinformationen liefert in der Regel nur einen zweidimensionalen Bezug. In solchen Fällen spricht man von AR im weiteren Sinne; sind hingegen alle drei Charakteristika von Augmented Reality gegeben, von AR im engeren Sinne.

Alternativ zur Anreicherung der Realität um virtuelle Objekte kann man sich auch vorstellen, dass reale Objekte durch Überlagerung mit künstlichen Objekten teilweise oder ganz verdeckt werden.

▶ Unter **Mediated** oder **Diminished Reality** versteht man ein Überlagern realer Objekte mit künstlichen Objekten, sodass diese in der Realität ausgeblendet werden.

Beispiel
Mit Hilfe der AR-Technologie lassen sich z. B. virtuelle Objekte in einem realen Raum lagegerecht darstellen, um deren Wirkung im Raum einschätzen zu können (z. B. Möbel, Maschinen).

Mit VR hingegen ist es möglich, in einem vollständig rechnergenerierten virtuellen Objekt (z. B. Haus oder Werksgelände) einen „Rundgang" durchzuführen.

Nutzeneffekte von Augmented Reality und Virtual Reality sind:

- Rechnergestützte Erweiterung der menschlichen Wahrnehmung
  Die computergenerierten Zusatzobjekte erlauben die Darstellung zusätzlicher, wahrnehmungs-erweiternder Aspekte.

- Visualisierung von Informationen
  Umfangreiche und komplexe Informationen
  lassen sich visualisieren und intuitiv vermitteln.
- Unterstützung bei der Bewältigung komplexer
  oder diffiziler Aufgaben
  Wahrnehmungserweiterung vor allem durch
  entsprechende Visualisierung unterstützt Anwender bei diffizilen oder komplexen Aufgaben z. B. in der Medizin, Konstruktion oder
  Produktion bei deren Bewältigung.
- Minimierung der Zeit zur Informationsbe-
  schaffung (Time-to-Content)
  Unter Time-to-Content versteht man die Zeit-
  dauer, die benötigt wird, bis ein Anwender über
  von ihm gewünschte Informationen verfügt.
  Mittels AR oder VR lässt sich der gewünschte
  Content innerhalb kürzester Zeit aufbereiten und
  dem Anwender zur Verfügung stellen. Dabei hat
  der Anwender die Möglichkeit, interaktiv auf die
  Gestaltung und Ausprägung des Contents Einfluss zu nehmen; der Content passt sich den
  Wünschen des Anwenders kontextabhängig an.
- Kombination von haptischem und digitalem
  Erlebnis
  Bei vielen Augmented-Reality-Anwendungen
  verschmilzt haptisches und digitales Erleben;
  der Anwender hält z. B. eine Broschüre unter
  die Kamera, und die Anwendung reagiert entsprechend den Bewegungen des Anwenders.
  Dabei werden verschiedene Sinne des Betrachters angesprochen, was zu einem besonders
  nachhaltigen Kommunikationserlebnis führt.

Bei VR-Anwendungen wird in der Regel das
System in einem ersten Schritt kalibriert, d. h. die
Position der Brille und gegebenenfalls der Bedie-
nelemente wird durch entsprechende Sensoren,
die sich im Raum befinden, vermessen. Die Be-
wegungsfreiheit des Anwenders wird dadurch
entsprechend begrenzt. Bei AR-Systemen erfolgt
die Orientierung anhand von realen Objekten
(„Trackern") oder dem Raum selbst.

▷ Unter **Tracking** versteht man die Erkennung
und Verfolgung von Objekten; die
Bewegungsgeschwindigkeit sowie die
Beschleunigung oder Verzögerung der Objekte
lassen sich berechnen.

▷ **Rendering** ist die Technik der visuellen
Ausgabe, d. h. der Kombination realer und
virtueller Objekte (bei VR nur der virtuellen
Objekte) zu einer neuen Szene.

Das Zusammenspiel aus Tracking und Rendering
ist in Abb. 5.11 dargestellt.

Beim Tracking unterscheidet man im Wesentlichen zwei Verfahren:

- Nichtvisuelles Tracking
  Beim nichtvisuellen Tracking werden lediglich die Sensoren der Geräte wie z. B. Smartphones genutzt. Dazu gehören Kompass, GPS,
  optische Sensoren mit Infrarot oder Trägheits-
  sensoren wie ein Gyroskop für die Neigung
  oder ein Beschleunigungssensor für Bewegungen.
- Visuelles Tracking
  Das Verfahren des visuellen Trackings nutzt
  eine Kamera bzw. den entsprechenden Vi-
  deostrom, der die entsprechenden Objekte
  aufnimmt und dadurch die relative Position
  und Orientierung der Objekte im Abstand zur
  Kamera bestimmt.

Außerdem können Verfahren dahingehend unterschieden werden, ob Marker zum Tracking verwendet werden (engl. „marker-based tracking")
oder ob es sich um ein Verfahren handelt, das auf
Marker verzichtet (engl. „markerless tracking").
Marker wie z. B. QR-Codes sind leicht im Vi-
deostrom erkennbar, z. B. durch Farbe, Form,
Helligkeit oder Kontrast. In den letzten Jahren
sind zunehmend markerlose Trackingverfahren
im Einsatz, da die Verfahren zur Bilderkennung
deutlich optimiert wurden und man daher gerne
auf teils störende Marker verzichtet.

Weiterhin wird unterschieden, ob Kameras auf
das aufzunehmende Objekt gerichtet sind (Outside-In) oder ob die Kameras die Umgebung aufnehmen und mit dem aufzunehmenden Objekt verbunden sind (Inside-Out). In der Praxis üblich ist der
Outside-In-Ansatz, insbesondere wenn Smartphones für AR-Anwendungen genutzt werden.

Interaktionsmöglichkeiten durch den Anwender erfolgen meist durch spezielle Controller, Be-
wegungs- oder Sprachsteuerungssysteme:

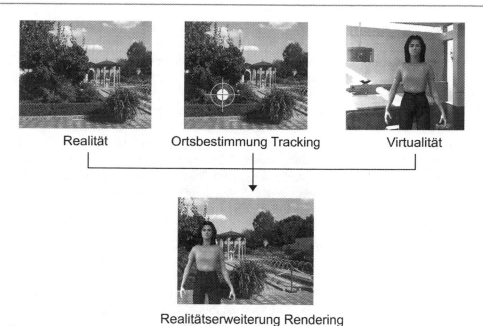

Realität   Ortsbestimmung Tracking   Virtualität

Realitätserweiterung Rendering

Abb. 5.11 Tracking und Rendering

Beispiel

Oculus VR liefert beispielsweise den Controller Oculus Touch mit seiner VR-Brille aus. Die ergonomisch geformten Controller erfassen Bewegungen von Daumen und Zeigefinger sowie die Position der Hände. Der Controller wird mittels zweier USB-Trackingkameras am Rechner angeschlossen.

Die HTC Vive verfügt über ein reales 360-Grad-Tracking in einem Bereich von bis zu 12,5 Quadratmetern. Die HTC Vive nutzt dazu einen aufgesetzten Leap-Motion-Controller, der die Hand- und Fingerbewegungen in einem begrenzten Bereich erkennt und digital umsetzt. So können sehr exakte Interaktionen mit virtuellen Objekten durchgeführt werden.

Ähnlich wie die HTC Vive nutzt die HoloLens von Microsoft (AR-Brille) ebenfalls Gestensteuerung zur Interaktion.

Unterschieden werden folgende Anwendungsszenarien:

- Living Mirror
  Beim Living Mirror erkennt eine Kamera das Gesicht des Betrachters und platziert lagegerecht dreidimensionale Objekte auf dem Gesicht bzw. Kopf. Die Projektion erfolgt üblicherweise über einen großen Bildschirm oder einen Beamer, sodass ein Spiegeleffekt hervorgerufen wird.

- Living Print
  Dieses Szenario basiert auf dem Erkennen eines Printmediums und entsprechender Augmentierung. Dabei wird zwischen verschieden Printmedien unterschieden, seien es Sammelbzw. Grußkarten (Living Card), Prospekte bzw. Broschüren (Living Brochure) oder Verpackungsmaterialien (Living Object). Weitere Möglichkeiten bestehen in der Augmentierung von Büchern (Living Book) oder Spielen (Living Game print-basiert).

- Living Game mobile
  Mobile Endgeräte bilden die Basis von Living Game mobile; dabei werden augmentierte Spiele z. B. auf dem Smartphone zur Anwendung gebracht.

- Living Architecture
  Eine typische Anwendung im Architekturbereich ergibt sich, wenn ein Betrachter einen Eindruck eines Raumes oder eines ganzen Gebäudes „erfahren" möchte, indem er durch Bewegungen wie z. B. Drehen des Kopfes oder Gehen durch einen realen Raum und weitere Aktionen wie z. B. Sprache oder Gestik dessen Darstellung selbst bestimmt.

- Living Poster
Unter einem Living Poster wird eine Werbe-
botschaft im öffentlichen Raum verstanden,
die mit Augmented Reality um manipulative
Informationselemente erweitert wird.
- Living Presentation
Messestände und Präsentationen müssen immer
spektakulärer und interessanter werden, damit
sie in Zeiten der Informationsüberflutung überhaupt noch wahrgenommen werden. Mittels
AR-Technologie lässt sich dieses Ziel erreichen.
Darüber hinaus ist es möglich, reale Objekte,
die durch ihre reine Größe oder Komplexität
nicht live „präsentierbar" sind, darzustellen und
sogar mit diesen zu interagieren.
- Living Meeting
Durch die zunehmende Globalisierung finden
immer mehr Meetings als Tele- oder Videokonferenzen statt. Mittels Augmented Reality
kann man Tele- und Videokonferenzen anrei-
chern, sodass sie fast wie reale Zusammentref-
fen wirken.
- Living Environment
Alle AR-Anwendungen, die mit mobilen Systemen reale Umgebungen oder Einrichtungen
mit Zusatzinformationen jeglicher Art wie
Text, 2D-Objekte, 3D-Objekte, Video- und Au-
diosequenzen erweitern, bezeichnen wir als
Living Environment. Ziel ist zeitnahe Informa-
tionsgewinnung (Time-to-Content) durch den
Anwender allein dadurch, dass durch die Kamera ein Objekt oder eine Kombination von
Objekten erfasst wird und entsprechende Zusatzinformationen bereitgestellt werden; dabei
ist die Kombination mehrerer Sensoren möglich und oftmals gewünscht.

Der Begriff Living verdeutlicht, dass ein bislang
statisches Objekt durch eine entsprechende AR-
Anwendung „zum Leben erweckt wird", sprich
dynamisch agiert bzw. reagiert.

Zusammenfassung

Das Internet der Dinge beschreibt die Möglichkeit des Kommunikationsaustauschs und der Verarbeitung von Daten ganz unterschiedlicher In-

formationsobjekte. Herausforderungen dabei
sind schnelle und sichere Kommunikation sowie
Verarbeitung großer Datenmengen.

Der Begriff „Künstliche Intelligenz" ist
schwer abzugrenzen und bezeichnet in der Regel
die Nutzung neuronaler Netze und entsprechender Lernverfahren. Die Anwendungen sind hierbei vielfältig: Von der Sprach-, Gesichts- oder
Schrifterkennung bis hin zum autonomen Fahren
sind zahllose Anwendungsfälle möglich. Die
Weiterentwicklungen in diesem Bereich werden
die Arbeitswelt und den Alltag voraussichtlich in
hohem Maße beeinflussen.

Augmented Reality (AR) und Virtual Reality
(VR) haben zwischenzeitlich einen sehr hohen
technischen Standard erreicht und werden durch
weitere Kostenreduktion eine immer weitere Verbreitung auch im Endkundenbereich erfahren.
Die Definition geeigneter Anwendungsszenarien
wird dazu führen, dass immer mehr Anwendungen entwickelt und sowohl Arbeitswelt als auch
Alltag beeinflusst werden. Die Bereitstellung geeigneter Hardware wie z. B. Datenbrillen wird ein
entscheidender Treiber dieser Entwicklung sein.

5.3.4 Aufgaben

Aufgabe 1
Was unterscheidet das „Internet der Dinge" vom
klassischen Internet?

Aufgabe 2
Was unterscheidet ein KI-System von Systemen,
die klassisch programmiert wurden?

Aufgabe 3
Was ist der wesentliche Unterschied zwischen
AR und VR? In welchen Situationen bietet sich
die Entwicklung einer VR-Anwendung, wann die
einer AR-Anwendung an?

5.3.5 Lösungen zu Aufgaben

Lösung zu Aufgabe 1
Die Kommunikationsobjekte beim Internet der
Dinge sind autonome und teilweise mobile

Systeme, welche selbstständig miteinander kommunizieren und Services bereitstellen.

Lösung zu Aufgabe 2

Bei der klassischen Programmierung wird mit Hilfe eines starren Algorithmus ein bestimmtes Problem bearbeitet. Bei der Methodik der künstlichen Intelligenz lernt das System, anhand von Beispielen die gestellte Problematik zu verstehen und Entscheidungen zu treffen.

Lösung zu Aufgabe 3

Während man unter Virtual Reality die Darstellung und gleichzeitige Wahrnehmung der Wirklichkeit und ihrer physikalischen Eigenschaften in einer in Echtzeit computergenerierten, interaktiven virtuellen Umgebung versteht und die reale Umwelt demzufolge ausgeschaltet wird, zielt Augmented Reality auf eine Anreicherung der bestehenden realen Welt um computergenerierte Zusatzobjekte.

VR bietet sich dann an, wenn die Umgebung simuliert werden muss, weil sie z. B. nicht zur Verfügung steht oder aufgrund von Gefahrensituationen nachgebildet werden muss. AR ist dann zu bevorzugen, wenn die Umgebung genutzt und der Anwender in einer für ihn gewohnten Umgebung interagieren soll.

Literatur

IT-Sourcing

Hansen, H. R., Mendling, J., & Neumann, G. (2015). *Wirtschaftsinformatik*. München: de Gruyter.

Von Jouanne-Diedrich, H. (2004). Outsourcing-Forschung: Systematisierung und Lessons Learned. In *Informationsmanagement-Konzepte und Strategien für die Praxis*. Heidelberg: dpunkt.

Innovationen in der IT

Back, A., Thoma, S., & Guggisberg, V. (2018). Management von digitalen Innovationen: Hat das Innovationstrichtermodell ausgedient? *Wirtschaftsinformatik & Management, Ausgabe, 10*(2), 24–35.

Christensen, C. M. (1997). *The innovator's dilemma: When new technologies cause great firms to fail.* Boston: Harvard Business School Press, reprint 2016.

Cooper, R. G. (2002). *Top oder Flop in der Produktentwicklung. Erfolgsstrategien: von der Idee zum Launch.* Weinheim: Wiley.

Hofbauer, G. (2004). Erfolgsfaktoren bei der Einführung von Innovationen. Arbeitsberichte – Working Papers TH Ingolstadt, Nr. 3.

Kreutzer, R. T. (2018). *Führungs- und Organisationskonzepte im digitalen Zeitalter kompakt.* Heidelberg: Springer.

Peter, L. (2018). Corporate Company Builder. *Wirtschaftsinformatik & Management, Ausgabe, 10*(2), 68–74.

Rogers, E. M. (2003). *Diffusion of innovations*. New York: Free Press.

Rothwell, R. (1994). Towards the fifth-generation innovation process. *International Marketing Review, 11*(1), 7–31.

Schumpeter, J. A. (1939). *Business cycles. A theoretical, historical and statistical analysis of the capitalist process.* New York/London: McGraw Hill Book Company.

Neue Technologien

Azuma, R. (1997). *A survey of augmented reality.* http://www.cs.unc.edu/~azuma/ARpresence.pdf. Zugegriffen am 15.04.2019.

Borgmeier, A., & Grohmann, A. (2017). *Smart Services und Internet der Dinge: Geschäftsmodelle, Umsetzung und Best practices: Industrie 4.0, Internet of Things (IoT), Machine-to-Machine, Big Data, Augmented Reality Technologie.* München: Hanser.

Dörner, R. (2014). *Virtual und Augmented Reality (VR/AR): Grundlagen und Methoden der Virtuellen und Augmentierten Realität.* Heidelberg: Springer.

Ertel, W. (2013). *Grundkurs Künstliche Intelligenz.* Wiesbaden: Springer Vieweg.

Kruse, R., Borgelt, C., Braune, C., Klawonn, F., Moewes, C., & Steinbrecher, M. (2015). *Computational intelligence.* Wiesbaden: Springer Vieweg.

Mehler-Bicher, A., & Steiger, L. (2014). *Augmented Reality: Theorie und Praxis.* München: de Gruyter.

Milgram, P., Takemura, H., Utsumi, A., & Kishino, F. (1994). *Augmented Reality: A Class of Displays on the Reality-Virtuality Continuum* (S. 282–292). Boston: Telemanipulator and Telepresence Technologies.

Rey, G. D., & Wender, K. F. (2017). *Neuronale Netze – Eine Einführung in die Grundlagen, Anwendungen und Datenauswertung.* Bern: Hans Huber.

Sprenger, F., & Engemann, C. (2015). *Internet der Dinge: Über smarte Objekte, intelligente Umgebungen und die technische Durchdringung der Welt, Digitale Gesellschaft.* Lüneburg: Transcript.

Fazit und Ausblick

6

Die vielen Begriffe, Methoden und Beispiele in diesem Buch zeigen, dass Technologie, Organisation und Prozesse immer gemeinsam betrachtet werden sollten. Die beste Technologie ist wertlos, wenn sie nicht sinnvoll eingesetzt werden kann, weil sie z. B. am tatsächlichen Bedarf vorbeigeht oder vom Nutzer nicht bedient werden kann.

Digitalisierung ist kein Selbstzweck, sondern muss einen Mehrwert bieten. Die vielen Probleme in Unternehmen und im privaten Umgang mit Daten zeigen, dass ein großer Bedarf darin besteht, entsprechende Regeln (z. B. Compliance und Governance) zu formulieren und für deren Einhaltung zu sorgen. Netzwerke, das Internet und darauf aufbauende Dienste wie z. B. das World Wide Web liefern eine große Fülle an Möglichkeiten. Wohl kaum eine andere Technologie hat in den letzten Jahrzehnten zu so einem schnellen Wandel in Wirtschaft und Gesellschaft beigetragen. Die digitale Transformation ist in vollem Gange und wird noch weitere Lebensbereiche und zukünftig möglicherweise auch den Menschen selbst verändern, wenn biologische Systeme mit IT-Systemen erweitert und integriert werden.

Auch wenn sich manche technischen Rahmenbedingungen im Laufe der Zeit ändern und so sehr die Digitalisierung den Alltag in Wirtschaft, Gesellschaft und Ausbildung neugestaltet: Die Wirtschaftsinformatik ist immer an der Schnittstelle zwischen Mensch und IT angesiedelt. IT für Menschen nutzbar zu machen und so zu gestalten, dass sie deren Bedürfnisse erfüllt (und nicht umgekehrt!) ist ihre Kernaufgabe.

Wir wissen heute nicht, welche Themen in zehn Jahren aktuell sein werden. Das Schöne an der Wirtschaftsinformatik ist – sie wird in jedem Fall gebraucht!

© Springer Fachmedien Wiesbaden GmbH, ein Teil von Springer Nature 2019
A. Mehler-Bicher et al., *Wirtschaftsinformatik Klipp und Klar*, WiWi klipp & klar,
https://doi.org/10.1007/978-3-658-26494-9_6

Stichwortverzeichnis

© Springer Fachmedien Wiesbaden GmbH, ein Teil von Springer Nature 2019
A. Mehler-Bicher et al., *Wirtschaftsinformatik Klipp und Klar*, WiWi klipp & klar,
https://doi.org/10.1007/978-3-658-26494-9

Printed in the United States
By Bookmasters